中国科学院教材建设专家委员会规划教材
临床肿瘤学专业系列教材

临床肿瘤妇科学

主　编　张玉泉　王　华
副主编　刘　蓉　苏　敏　陶　红　何爱琴　杨晓清　叶丽华
编著者　(以姓氏笔画为序)
王　华　南通大学第五附属医院(泰州市人民医院)
叶丽华　南通大学第五附属医院(泰州市人民医院)
刘沅林　南通大学附属医院
刘　蓉　南通大学附属肿瘤医院(南通市肿瘤医院)
孙建群　南通大学芜湖临床学院(芜湖市第二人民医院)
苏　敏　南通大学附属医院
杨晓清　南通大学附属医院
李　咏　南通大学附属肿瘤医院(南通市肿瘤医院)
李　莉　南通大学附属医院
何陈云　南通大学附属肿瘤医院(南通市肿瘤医院)
何爱琴　南通大学附属肿瘤医院(南通市肿瘤医院)
张玉泉　南通大学附属医院
陆红霞　南通大学附属医院
陈　晨　南通大学附属医院
倪惠华　南通大学附属医院
徐云钊　南通大学附属医院
高赛楠　南通大学附属医院
陶　红　南通大学芜湖临床学院(芜湖市第二人民医院)
黄晶晶　南通大学附属医院
盛　楠　南通大学附属医院

科学出版社

北　京

内 容 简 介

本书是一部基于“课程教育”和“职业教育”的临床妇科肿瘤学教材。全书共24章。主要内容包括肿瘤妇科学的发展沿革和发展方向；女性生殖道各个器官的良性、恶性肿瘤的病因、病理、临床表现、诊断、治疗、预后；各种妇科肿瘤合并妊娠的临床特点、诊断与治疗；妇科肿瘤的放射治疗、化学治疗、介入治疗及腹腔镜治疗；肿瘤标志物及其在妇科肿瘤临床中的应用；小儿及青少年妇科肿瘤；妇科肿瘤保留生育功能的治疗等。在每一章开头均配有相应的学习目标（掌握、熟悉、了解），让学生能够抓住重点。在编写的过程中，参考了执业医师考试大纲的相关要求，以适应执业医师考试需要；除了对各部分重点、难点问题加以详细介绍外，还涉及相关的研究进展和更新，让学生了解学科发展的前沿动态。

本书可作为医学院校临床医学、肿瘤学、妇产科学专业本科及研究生的教材，亦可供临床医师和其他医学类专业学生参考使用。

图书在版编目（CIP）数据

临床肿瘤妇科学 / 张玉泉，王华主编. —北京：科学出版社，2015.2
中国科学院教材建设专家委员会规划教材 · 临床肿瘤学专业系列教材
ISBN 978-7-03-043276-6

Ⅰ. 临… Ⅱ. ①张… ②王… Ⅲ. 妇科病-肿瘤-诊疗-医学院校-教材
Ⅳ. R737.3

中国版本图书馆 CIP 数据核字（2015）第 024479 号

责任编辑：王 超 胡治国 / 责任校对：张凤琴
责任印制：徐晓晨 / 封面设计：范璧合

科学出版社出版
北京东黄城根北街16号
邮政编码：100717
http://www.sciencep.com

北京凌奇印刷有限责任公司印刷
科学出版社发行 各地新华书店经销

*

2015年2月第 一 版 开本：787×1092 1/16
2019年7月第四次印刷 印张：9 1/2
字数：216 000

定价：48.00 元

（如有印装质量问题，我社负责调换）

丛书编写委员会

丛书前言

随着全球人口的日益老龄化以及环境污染不断加重，癌症的发病率持续升高，已成为当前威胁人类健康最严重的疾病之一，癌症死亡已跃居人类死因第1位。我国的肿瘤发病率及病死率亦在逐年增加，这使肿瘤的防治任务十分艰巨。近年来全国各地纷纷建立肿瘤专科医院，综合医院也都设立肿瘤中心、肿瘤科，这使肿瘤专业医学人才的需求激增，加速培养肿瘤防治专业人才也成为当务之急。随着人们对癌症的发生、发展的分子机制认识的加深、人类基因组和蛋白组学研究的兴起、内镜检新技术的应用及CT、MRI、PET-CT等影像技术的不断更新，使得肿瘤的早期诊断率和治疗效果不断提高。而建立多学科专家协作团队（multidisciplinary team）并以外科为主的多学科综合治疗的理念越来越得到临床医生的认可。

目前临床医学专业教学中有关肿瘤学的内容，大都分散于内科学、外科学、妇科学、儿科学等教科书中，不能全面体现肿瘤学的系统性、先进性、关联性、专业型、外延性。例如：肿瘤流行病学内容；快速发展的肿瘤微创治疗、内镜下肿瘤治疗、肿瘤靶向药物治疗、肿瘤生物治疗等治疗学内容；快速扩展的肿瘤标志物、核素诊断与治疗；新兴的肿瘤康复、肿瘤姑息治疗、肿瘤特殊护理等专业内容。上述相关内容有待教材中修改和补充。因此，有必要将临床肿瘤学作为专门的教科书从临床医学教材中独立出来。

为此，南通大学杏林学院在临床医学专业中开设临床肿瘤学专业方向，以培养临床肿瘤学方面专门人才为目标，并重新构建以我国《本科医学教育标准——临床医学专业》为标准，以临床医学专业主干学科和核心课程、临床肿瘤学课程为主体的临床肿瘤学专门人才培养体系。为了实现以上目标，南通大学杏林学院成立了由南通大学七所附属医院相关专业的专家教授组成的“临床肿瘤学系列教材”编委会，经过近3年的调研和探讨，编写出本套适合培养临床肿瘤学专门人才的系列教材。主要由《临床肿瘤学概论》、《临床肿瘤外科学》、《临床肿瘤内科学》、《临床肿瘤妇科学》、《临床肿瘤放射治疗学》、《临床肿瘤病理学》6本教材以及与之相匹配的临床肿瘤学专业学生所用的《内科学》、《外科学》、《妇产科学》、《儿科学》4本教材，后4本教材中省略了相关肿瘤疾病的内容。

临床肿瘤学系列教材借鉴国内、外同类教材的编写模式，遵循“新、全、实用、高质”的总体思路编写而成。旨在提供一套为临床肿瘤学专业学生及有相关需求的医学工作者所用的教材。力求做到体系创新、理念创新及编写精美。内容上将现有临床医学专业相关教材进行重组和有机融合,按照肿瘤学专门人才培养的逻辑和规律,将教学内容分为普通疾病和肿瘤疾病进行编写。

由于我们的认识深度和编写水平有限,本系列教材在编写过程中可能存在不足之处,欢迎广大医学教育专家及同行们提出宝贵意见。

“临床肿瘤学专业系列教材”编写委员会

2014 年 12 月

前　言

随着医学的发展和科学技术的进步,在对妇科学和肿瘤学不断的深入研究中,肿瘤妇科学逐渐发展成为临床医学学科的重要分支。而我国医学院校尚无专门的肿瘤妇科学教材供临床医学肿瘤学专业本科生使用,鉴于此,本书编写的主要目的是为临床肿瘤学专业的本科生学习妇科肿瘤之用;同时,也可作为其他各专业的医学生、研究生、住院医师和基层的初中级妇科肿瘤工作者的参考书。因此本书是一部定位于全国高等院校、针对医学本科生和研究生、基于“课程教育”和“职业教育”的临床妇科肿瘤学教材。

本书以人民卫生出版社“十二五”规划教材《妇产科学》(第8版)为蓝本,参考大量妇科肿瘤学专著,沿循现代妇科肿瘤学的发展,并结合编者多年的临床实践和教学经验,将妇产科中的肿瘤相关内容进行了系统、有重点的归纳总结。本书有以下特点:①内容全面,全书共24章。绪论介绍了妇科肿瘤学的发展沿革和发展方向,指出在应用循证医学理念指导妇科肿瘤临床决策和肿瘤诊治过程中医患交流的重要性。全书既涉及各个女性生殖道肿瘤的病因、病理、诊断、治疗、预后及预防措施的详述,也对各妇科肿瘤合并妊娠的临床特点、诊断与治疗进行了深入的介绍。教材贯彻当代多学科认识和处理恶性肿瘤的理念、原则,阐述了各种治疗妇科恶性肿瘤的手段及特点,对妇科肿瘤的放射、化学、介入治疗及腹腔镜治疗进行了细致的阐述。本书另立章节分别详述了肿瘤标志物及其在妇科肿瘤临床中的应用、常见的小儿及青少年妇科肿瘤、妇科肿瘤保留生育功能的治疗等,这些内容与同类肿瘤学教材相比是其特色所在,让初学者能全面地对妇科肿瘤有所了解。本书除了对各章的重点、难点问题加以详细介绍外,还涉及相关的研究进展和更新,让学生了解学科发展前沿动态。②设计合理,详略有当。临床肿瘤专业的学生在学习妇产科时将分别使用《临床肿瘤妇科学》和《妇产科学》两本教材。本书将传统妇产科学教材中的肿瘤部分独立出来,结合肿瘤学发展的新理论和新进展,形成了一本新的专科教材——《临床肿瘤妇科学》。在教材编排上设计新颖合理,能够满足临床肿瘤专业的医学生学习妇科肿瘤理论的需要。教材的编写对照了执业医师考试大纲,以便适应执业考试的需要。因为没有专门的教学大纲,因此，在每一章开头均配有相应的学习目标，让学生能够抓住重点。③编写规范。全书统一使用全国自然科学名词审定委员会审定的妇产科专用名词，在介绍每个肿瘤及其相关病变时均配有中英文对照的病名；按中华医学会编辑出版部编写的《法定计量单位在医学上的应用》使用法定计量单位；药物名称按《中华人民共和国药典》1995 年版和人民卫生出版社《新编药物学》第 15 版的法定药名。

本教材由江苏省内外多所南通大学附属的教学医院参与编写，编者均为从事妇产科或妇科肿瘤临床和教学一线的医生，具有硕士或博士的学习经历。经全体编委的共同努力，教材如期完成。在编写过程中，南通大学杏林学院、南通大学附属医院、泰州市人民医院、南通大学附属肿瘤医院、芜湖市第二人民医院及科学出版社等给予了大力支持，在此一并致谢。

由于编者水平有限，本书难免有疏漏和不当之处，敬请读者批评指正。

张玉泉

2014 年于南通

目　录

绪　论

第一节　临床肿瘤妇科学定义及发展概述

临床肿瘤妇科学是临床肿瘤学的一个分支,即妇科肿瘤学。妇科肿瘤学是临床医学学科组成的一部分,是适应医学发展和科学技术进步的重要医学分支。妇科肿瘤的发生发展与性激素、病毒、癌基因以及细胞因子之间的相互作用有关,已取得大量的临床科研成果,使得妇科肿瘤学成为近年来发展较快的一门专门学科。妇科肿瘤学专门介绍女性生殖器肿瘤,包括外阴、阴道、子宫颈、子宫、输卵管、卵巢等良性和恶性肿瘤。

纵观妇科肿瘤学的发展史,实际上是沿着两条途径演变而来的:其一是来自传统妇产科学的肿瘤部分。随着临床各学科分工的日益明确,20 世纪初妇产科学从外科学中独立出来,而肿瘤也是妇产科学中很重要的组成部分;其二是来自肿瘤学,肿瘤学包含肿瘤外科、肿瘤放射、肿瘤化疗等。正是通过妇科诊治途径中扎实的基本功,包括妇科检查、肿瘤分期的判断、妇科并发症的处理、肿瘤途径中肿瘤情况的判断及治疗方案的合理制定之间的结合,才使得妇科肿瘤患者的治疗效果和生活质量得以提高。

通常,我们把 1898 年奥地利医师 Wertheim 实施的子宫广泛切除加盆腔淋巴结切除术看作是妇科恶性肿瘤标准治疗的开始。手术包括了肿瘤原发灶、浸润灶及区域性淋巴结的切除,直到今天,也被认为合乎于恶性肿瘤的治疗原则。同样在 1898 年,Curie 夫妇发现了镭,并很快用之于子宫颈癌的治疗,取得了良好的疗效。由于当时医学水平所限,肿瘤手术的死亡率高、并发症多、生存率低,镭疗很快被广泛接受。妇科医生将恶性肿瘤的治疗重点转向了放射治疗,并打下了多学科治疗妇科肿瘤的基础。至 20 世纪 30 年代末,在欧洲已形成斯德哥尔摩、巴黎、曼彻斯特三大腔内镭疗学派,加之体外放疗与腔内镭疗的配合,子宫颈癌的放疗日趋成熟,疗效得到进一步提高。而手术治疗则停滞了近 30 年,直到 20 世纪 40 年代前后,由于麻醉、输血和抗生素的临床使用,促进了外科手术的发展,改良的妇科肿瘤手术得以复兴。此时镭本身的缺点和对从事放疗人员的放射损害已被认识,20 世纪后半期,镭被其他同位素取代,传统的腔内放疗被腔内后装放射源取代,而计算机的应用在治疗中解决了剂量的即时运算、治疗计划设置、治疗过程的控制问题。

20 世纪 50 年代初,临床医师观察到应用氮芥治疗卵巢癌的效果,从而开始了化疗药物治疗妇科恶性肿瘤的历史。此后化疗新药不断出现,联合化疗及较为满意的辅助药物的临床应用,促进了妇科肿瘤化疗的发展。化疗对滋养细胞肿瘤的根治效果,以及对卵巢上皮癌和卵巢生殖细胞肿瘤的较好治疗作用,使其成为了治疗妇科恶性肿瘤不可或缺的手段。

在妇科肿瘤治疗发展的同时,其他的肿瘤治疗也在发展,包含了肿瘤外科、肿瘤放射及肿瘤化疗的肿瘤学已形成了一个医学分支。到 20 世纪 70 年代,妇科肿瘤学作为一个独立的分科而被承认,与此同时,身为妇科肿瘤医师则要具备手术、放疗、化疗和病理的相关知识。此时在国际上,妇科肿瘤学术组织也陆续出现,更促进了妇科肿瘤学的发展。1990 年,我国抗癌协会在原有的子宫颈癌专业委员会(1986 年组成)的基础上,成立了妇科肿瘤专业委员会,2004 年,中华医学会妇科肿瘤学会成立,我国妇科肿瘤学的发展进入了新时期。

20 世纪 90 年代后,医学发展迅速,特别是影像学和分子生物学的发展,要求妇科肿瘤医师具备影像学和分子生物学的相关知识。CT、MRI、正电子发射体层显像(PET)等影像表现是妇科肿瘤诊治中的重要参考依据。肿瘤分子生物学发展迅速,已不仅仅局限于肿瘤标志物的检查,而且发展到肿瘤生物治疗及靶向治疗,并以其高效低毒的优点,逐渐成为了肿瘤治疗的发展方向和趋势。计算机已进入了临床医学的各个领域,现代妇科肿瘤学伴随着相关学科和科技的发展,也进入了新的阶段。

第二节　我国妇科肿瘤学发展概况

一、病因研究

妇科肿瘤的促癌、抑癌病因是复杂、多因素的。破解肿瘤病因,落实去除病因的一级预防尤为重要。20 世纪 80 年代前,妇科肿瘤的病因研究多局限于对有关子宫颈癌发病因素的调查,如婚产、初次性交年龄、性伴侣数、包皮垢、性病史及子宫颈局部病变等。在江西、北京,科研人员做过疱疹病毒-2(HSV-2)及人巨细胞病毒(HCMV)和宫颈癌发病相关性的研究。80 年代后,随着 Zur Hausen 提出的人乳头瘤病毒(human papilloma virus,HPV)为子宫颈癌病因的深入研究,我国也将研究重点转向了 HPV,HPV 与子宫颈癌的发生及与子宫颈癌前病变的关系和疫苗的制备研究被列入了国家“八五”“九五”“十五”重点课题。已经明确了 HPV16、HPV18 为我国主要的致子宫颈癌及其癌前病变的高危类型。目前,HPV 的四价及二价疫苗已在多个地区试用。

20 世纪 80 年代后,分子生物学技术用于检测我国妇科肿瘤癌基因和抑癌基因的表达,探讨它们与肿瘤发病、进展、预后的关系,并寻找出一些与治疗有关的新靶点,解释临床存在的问题,并为新药研究提供了依据。将基因芯片、蛋白质组研究用于检测众多基因的表达,能够比较出不同状态基因表达的变化,将癌变过程的研究更深入了一步。

二、临床诊断

1. 细胞病理学　20 世纪 50 年代初,杨大望引进了巴氏细胞学,主要用于临床发现早期宫颈癌和宫颈癌普查。1978 年,她制定了以巴氏分级(The Bethesda System)为基础的宫颈细胞学分级,对我国宫颈癌普查、早期宫颈癌的发现起了较大的作用。20 世纪 80 年代末,TBS 分类系统的出现较好地结合了细胞学、组织学与临床处理方案,刘淑范等对其术语解释及薄层液基细胞学(thinprep cytologic test,TCT)在我国的运用和推广做了大量工作。目前,我国多数医院用液基细胞学取代了巴氏细胞学。妇科肿瘤细胞学检查也从宫颈细胞涂片检查发展到穿刺取腹水、吸取子宫内膜细胞学等检查。

2. 肿瘤标志物　肿瘤标志物一直被肿瘤临床所关注,其作为诊断、监测、随访肿瘤的依据。妇科肿瘤学目前采用的有价值的标志物包括 HCG、CA125、AFP、CEA、SCCA 等。近年,也有研究用多种标志物、多基因联合检测来提高检查的特异性及敏感度,但临床上尚需进一步研究。

3. 影像学诊断　超声诊断能迅速、准确地显示盆腔病变的部位、性质,一直以来在妇科肿瘤诊断中被广泛地应用。近年来,彩色多普勒、介入性超声、三维立体超声在临床诊断学上显示出了广阔的应用前景。随着免疫学、分子生物学及肿瘤核医学的飞速发展,肿瘤放射免疫显像技术开始应用于临床,为卵巢癌的影像学诊断开辟了一条新的途径。相比 CT、MRI 等成像技术,正电子发射体层显像/计算机体层成像(PET/CT)的应用,可为临床提供解剖结构基础上的代谢、受体和酶等信息,对肿瘤的鉴别和定位诊断有更加明显的优势。

三、临床治疗

1. 手术

(1) 子宫颈癌手术:新中国成立以后,才开始进行子宫颈癌的根治性手术。有资料见证的是上海市第一人民医院林元英于 1951 年开始作子宫广泛切除术及淋巴切除术,而首先发表论文的是江西的杨学志(1956 年)。1958 年,金显宅、刘炽明在中国医学科学院肿瘤医院行脏器切除术(exenteration),张志毅则发表了"晚期妇科恶性肿瘤盆腔脏器清除术 18 例分析"。关于阴式宫颈癌手术切除,张其本在他所著的《子宫颈癌手术学》中提到:1955 年始做此手术,但首次发表论文的是上海第二医学院附属仁济医院妇产科(1960 年)。此后,有关子宫颈癌手术的著作陆续问世。这些专著的出版,促进了子宫颈癌手术的发展和提高。

20 世纪 90 年代后,子宫广泛切除及盆腔淋巴结切除很快普及。进入 21 世纪,腹腔镜下子宫广泛切除及淋巴切除(包括腹腔镜下淋巴切除加阴式子宫广泛切除)亦很快发展。对年轻、要求保留生育功能的妇女也开展了子宫颈广泛切除术。亦有医师将淋巴清扫范围扩大到腹主动脉旁淋巴结。

(2) 子宫内膜癌手术:以往多是以全子宫双附件切除为基本手术方式,20 世纪后期,手术范围扩大,特别是 1988 年 FIGO 手术分期出现以后,手术范围包括了Ⅰ期高危类型行全子宫双附件切除加盆腔淋巴结切除及腹主动脉旁淋巴结取样术。

(3) 卵巢癌:首选治疗方法为手术。20 世纪 70 年代以前多系全子宫及双附件切除,之后全子宫、双附件、大网膜、阑尾切除成为了常规手术方法。90 年代以后,又重视腹膜后淋巴结切除。肿瘤减灭术联合术后化疗成为了晚期卵巢癌的主要治疗方式。90 年代亦开展了卵巢癌再探术,取得了一定的临床效果。

2. 放射治疗

(1) 子宫颈癌:1960 年以前,我国子宫颈癌镭疗基本上是沿袭欧洲三大学派的方法。1958 年,中国医学科学院肿瘤医院成立,其致力于北京型镭容器的研究及临床使用,制定了我国治疗子宫颈癌的原则和方法,使治疗水平有了大幅提高。20 世纪 70 年代以后,开始了腔内后装治疗子宫颈癌,并逐渐取代了传统腔内放疗。进入 90 年代,又经历了后装机换代、后装机国产化。90 年代以后,腔内后装放疗 WD-18(Ir-192)S 系列及 Cf-252 SL(n)系列的标准程序,简化了后装治疗过程,得到了广泛的运用。

(2) 子宫内膜癌:20 世纪 80 年代中后期,中国医学科学院肿瘤医院开始关注子宫内膜癌的放疗问题,并报道了单纯放疗 5 年生存率为 48.9%,治疗效果不够理想。在开始后装治疗后,对其放疗进行了改进。以 A、F 两个参照点来评估内膜癌腔内治疗剂量的合理性,改善了内膜癌Ⅰ、Ⅱ期单纯放疗的治疗效果,5 年生存率由 50% 提高到了 65.4%。21 世纪以后,放疗新技术如 X 刀、γ 刀、三维适形照射(3-dimensional conformal radiation,3-DCRT)、调强放疗(intensity modulated radiation therapy,IMRT)的应用,开阔了妇科放疗的新视野。

3. 化疗　在以往很长的时期,化疗被当作姑息治疗方法。我国在绒癌的根治性化疗方面做了大量出色的工作,走在世界的前列。1958 年,宋鸿钊开始研究绒癌的化疗,研究和完善了从单药化疗到多药、多途径联合用药的方案,使绒癌的死亡率由1949～1958年的90.2%降至21.4%,其中Ⅰ、Ⅱ期均无死亡。此项研究改变了绒癌传统的以手术为主的治疗方法,使其成为了化疗能够治愈的肿瘤。

4. 综合治疗 综合治疗是当今肿瘤治疗发展的方向。妇科肿瘤综合治疗开展的较早,也是妇科肿瘤治疗的特点,近年来又获得了长足的发展。

(1)卵巢癌:手术与化疗的综合治疗已成为卵巢癌的基本治疗方法。20世纪80年代以后,以铂类为主的联合化疗与手术的综合治疗在我国普遍开展。联合化疗取代单药化疗,全身及腹腔用药、介入化疗、新辅助化疗(手术前化疗,使局部肿瘤缩小后再手术)等均应用于临床,不同程度地提高了疗效。卵巢生殖细胞癌手术与化疗的综合治疗取得了明显进步,采用VAC、PVB、BEP化疗方案治疗恶性生殖细胞肿瘤明显改善了患者的预后。

(2)子宫内膜癌:其治疗为放化疗与手术的综合治疗。近年来,术后放化疗是Ⅰ期高危和Ⅱ期内膜癌最主要的术后辅助治疗,可降低局部复发率,改善无瘤生存期。对Ⅲ期和Ⅳ期内膜癌,通过放疗和手术及化疗联合应用,可提高疗效。

(3)外阴癌:20世纪60年代后期,逐渐开展了外阴癌的手术、放疗综合治疗。外阴癌放疗主要为术前、术后照射,用于缩小肿瘤,保留尿道、肛门,以及术后对切缘的放疗,淋巴区的治疗包括腹股沟及盆腔淋巴结。

(4)子宫颈癌:20世纪90年代以后,我国已开始关注子宫颈癌放化疗的综合治疗,以期能够提高子宫颈癌患者的生存率。子宫颈癌新辅助化疗及高危患者术前放疗、术后同步放、化疗在临床中的应用颇广。

(5)绒癌:化疗虽然已是根治绒癌的有效方法,但团块状转移灶、耐药等仍是绒癌治疗的难点。因此,化疗与手术、放疗的综合治疗也受到了关注。

5. 生物治疗与导向治疗 以增加机体免疫力和预防及逆转细胞癌化的生物反应调节剂已经在临床应用了多年,如干扰素、白介素、造血生长因子、肿瘤疫苗等,在肿瘤辅助性治疗中的作用不容忽视。以基因研究为基础的导向治疗,从较早的*p*53基因治疗到目前抗血管内皮生长因子抗体,用于晚期、耐药的卵巢癌病例,多与化疗联合用药。目前不仅要关注其疗效,也要注意其并发症。

第三节 妇科肿瘤学发展方向

1. 重视妇科肿瘤的普查和预防 妇科恶性肿瘤是影响女性生命的主要危险因素之一,因此妇科肿瘤的普查和预防尤其重要。目前,需健全妇女防癌保健网,确定普查人群,施行合理的筛查计划,完善普查方法,及时发现和规范处理癌前病变。我国宫颈癌筛查指南已确定有3年以上性行为或21岁以上有性行为的妇女为筛查对象,每年查1次TCT、HPV,无高危因素的妇女65岁以上可停止筛查。近年来,HPV疫苗接种已成为新的预防宫颈癌的方法。

2. 用循证医学指导临床决策 循证医学是指审慎、明确及批判地应用现有的最佳证据为每个患者制定诊疗决策。在肿瘤治疗学的研究中,不断有对过度治疗的修正,以及对理论和经验上提示有效方法的否定。而这些研究的结论及其依据的指标,应当是和患者根本利益最相关的生命质量指标,包括治疗死亡率、并发症、不良事件发生率和生命质量等。妇科肿瘤的临床决策已开始从经验医学转向循证医学。我们应用信息搜寻技术来获取妇科肿瘤在临床中最有价值的证据来制订诊治方案,应用信息评估技术来评价新的诊治方案的效果,并应用医疗决策技术来规范妇科肿瘤的治疗。

3. 妇科肿瘤治疗的规范化和人性化　1996年,美国国家综合癌症网(NCCN)组织了美国17所著名癌症中心的有关专家制定了一系列恶性肿瘤的诊治指南,得到了广泛的认可。1998年,中国妇科肿瘤学组(CGOG)制定的《妇科常见恶性肿瘤诊断与治疗规范(草案)》(简称《规范》),对我国妇科恶性肿瘤的诊治起着指导性的作用。

以往妇科肿瘤治疗的指导思想是:手术范围越大,治疗越彻底,效果越好。但是妇科肿瘤的治疗是把双刃剑,在治疗肿瘤的同时,治疗方法本身也会带来许多不良反应,从而影响到患者的器官功能和生活质量。妇科肿瘤的治疗应该以人为本,在制订治疗方案时首先要明确治疗的目的,其次要衡量治疗方法的利弊。在治疗妇科肿瘤的同时要充分考虑到患者的生活质量,及时处理各种并发症,尽可能保留组织器官的功能。年轻妇科恶性肿瘤患者保留其生育功能的治疗已成为了可能。保留患者生育功能的手术备受关注,根治性子宫颈切除术治疗早期子宫颈癌为年轻的子宫颈癌患者保留其生育功能带来了生机。近年来,保留自主神经的广泛全子宫切除术的开展使患者术后膀胱功能障碍的发生率有所下降。此外,还要注意妇科肿瘤给患者及其家属在心理上带来的影响,应给予及时的解释和疏导。

4. 高新技术不断用于妇科肿瘤的诊断和治疗　手术、化疗和放疗三大基本手段仍是治疗妇科肿瘤的基本方法。随着高新技术的不断发展,一些新的治疗手段将会应用于妇科肿瘤临床。微创和机械化将是妇科肿瘤手术的发展方向。腹腔镜手术以其特有的临床效果和微创优势,在妇科肿瘤中的应用日益受到重视,正在改变着妇科肿瘤医生的传统理念,显示出广泛的应用前景。近来,针对传统腹腔镜器械的局限性,机器人辅助的微创手术凭借器械的灵活性、操作的直观性、3D视频、人类工程学和自主性而逐步发展起来,但在妇科肿瘤中的应用尚处于初级阶段。超声雾化技术、激光手术技术和各种吻合器的应用将会明显地提高妇科肿瘤手术的彻底性,降低手术并发症。微点阵、蛋白质组表达等新技术的应用,基因转移技术的改进,将为妇科肿瘤的生物治疗提供强有力的技术支持,生物治疗成为妇科肿瘤常规治疗模式的目标将会实现。

5. 注重医患交流的学习和研究　世界医学教育《福冈宣言》指出,所有医生必须学会交流和处理人际关系。医患交流贯穿于医疗活动的全过程。肿瘤诊断的最初程序是采集病史,专业的临床肿瘤医生应该努力提高与患者交流的技巧,提高病史采集的可靠程度和诊断水平。在肿瘤治疗时,应把治疗的目的、方法及其优缺点,以及治疗对患者的要求等信息充分地输送给患者或其家属,取得患者的充分配合,从而达到治疗的目的。因此,有必要不断地加强医生与患者的沟通,将医患交流作为妇科肿瘤医学生的必修课是医学发展的必然趋势。

(杨晓清　苏　敏　王　华　张玉泉)

第一章　外阴良性肿瘤

学习目标

了解外阴良性肿瘤的分类及治疗原则。

外阴的良性肿瘤比较少见，根据肿块的来源可划分为五大类：上皮来源的肿瘤、上皮附件来源的肿瘤、中胚叶来源的肿瘤、神经源性肿瘤、瘤样病变。其中较为常见的有上皮来源的乳头瘤，上皮附件来源的汗腺瘤，中胚叶来源的纤维瘤、平滑肌瘤。其他肿瘤则少见。

一、外阴乳头瘤

外阴乳头瘤(vulvar papillomatosis)：多见于围绝经期和绝经后妇女，是由局部炎症慢性刺激外阴皮肤或黏膜，逐渐形成的表面向外生长的乳头状突起，是以上皮增生为主的病变。主诉多为发现外阴肿块和瘙痒。多见于大阴唇，也可见于阴阜、阴蒂和肛门周围。检查见表面多个小乳头状突起，覆有油脂性物质，呈指状，突出于皮肤表面，可单发或多发，实性，质硬，其大小有数毫米至数厘米。表面常因反复摩擦可破溃、出血、感染。镜下见复层扁平上皮，上皮的钉脚变粗并向真皮纤维结缔组织内伸展。2%～3%的外阴乳头瘤有恶变倾向，故应手术切除，术中行冰冻切片，若证实有恶变，应作较广泛的外阴切除。该病应与疣状乳头状瘤、外阴湿疣、软纤维瘤和外阴癌鉴别。

二、外阴汗腺瘤

外阴汗腺瘤(hidradenoma)：多见于青春期后，比较少见。多为良性，极少恶变。由汗腺上皮增生而成。多位于大阴唇上部的实性小结节，生长缓慢，边界清晰，突出于皮肤表面，包膜完整，与表皮不粘连，直径为1～2cm。镜下见高柱状或立方形的腺上皮交织形成绒毛状突起。病理特征为分泌型柱状细胞下衬有一层肌上皮细胞。临床上患者多无明显症状，有时因囊内的乳头状生长可破溃于壁外，伴少量出血，感染时可有瘙痒和疼痛。治疗原则为先做活组织检查，确诊后再行局部切除。

三、外阴纤维瘤

外阴纤维瘤(fibroma)：最常见的外阴良性肿瘤，恶变少见。来源于外阴结缔组织，由成纤维细胞增生而成。多见于大阴唇或阴阜，常单发，质软，生长较缓慢。初起为硬的皮下结节，继而可增大，形成有蒂的硬的实性块物，大小不一，表面可有溃疡和坏死。其切面为致密、灰白色的纤维结构。临床上多无明显症状，偶尔因摩擦致表面溃疡，出现下坠及疼痛症状。病理表现为成纤维细胞增生，无异型性。治疗原则为沿肿瘤根部切除。

四、外阴平滑肌瘤

外阴平滑肌瘤(leiomyoma):来源于外阴平滑肌、毛囊立毛肌或血管平滑肌。多发生于生育年龄的妇女,主要发生在大阴唇、阴蒂及小阴唇。质地略硬,表面光滑,边界清楚,活动度好,突出于皮肤表面。体积小时一般无症状。病理表现为平滑肌细胞排列成束状,与胶原纤维束纵横交错或形成漩涡状结构,常伴退行性变。治疗原则为肌瘤切除术。

五、其他外阴良性肿瘤

外阴的其他良性肿瘤还包括上皮来源的软垂疣、痣;上皮附件来源的皮脂腺腺瘤;中胚叶来源的脂肪瘤、粒细胞成肌细胞瘤;神经源性的神经鞘瘤、神经纤维瘤;瘤样病变包括疣、巴氏腺囊肿、血管瘤、中肾管囊肿。

(高赛楠　刘　蓉　王　华　张玉泉)

第二章　外阴上皮内瘤变

学习目标

了解外阴上皮内瘤变的定义、分型、诊断及处理。

外阴上皮内瘤变(vulvar intraepithelial neoplasia，VIN)是指病变局限于外阴表皮内，未向周围间质浸润及转移。包括外阴鳞状细胞上皮内瘤变和外阴非鳞状细胞上皮内瘤变(Paget病、未浸润的黑色素细胞瘤)，多见于45岁左右的妇女。近年来，VIN的发生率有所增加，并有年轻化趋势。年轻患者的VIN常自然消退，但60岁以上或伴有免疫抑制的年轻患者可能转变为浸润癌。

【病因】 尚不明确。普通型VIN常与HPV感染有关，尤其与HPV16感染关系密切。*p*53基因异常可能与分化型VIN向鳞癌发展有关。其他危险因素有性病、肛门-生殖道瘤变、免疫抑制及吸烟。

【病理特征及分类】 上皮内瘤变的病理特征为上皮内细胞分化不良、核异常和核分裂象增加，严重时向上扩展，甚至占据上皮全层。1986年，国际外阴疾病研究协会(ISSVD)根据该病理特征按病变程度将VIN分为VIN Ⅰ、VIN Ⅱ、VIN Ⅲ。然而随着研究发现，并无证据表明VIN在病程中经历由VIN Ⅰ至VIN Ⅲ的发展过程，Ⅰ至Ⅲ的分级标准不能反映其自然病程发展。因此，2004年ISSVD对VIN分类定义进行了修正(表2-1)。2004年新定义认为，VIN Ⅰ主要是HPV感染的反应性改变，VIN仅指高级别VIN病变即VIN Ⅱ、VIN Ⅲ。并将VIN作如下分类：

(1)普通型VIN：包括疣型VIN、基底细胞型VIN、混合型VIN。多与高危型HPV感染相关，年轻女性多见，常合并生殖道其他部位瘤变(CIN最常见)，与外阴浸润性鳞状上皮癌及基底细胞癌有关。

(2)分化型VIN：与HPV感染无关，病变在苔藓性硬化基础上发生，主要为溃疡，疣状疹或过度角化斑。多发于绝经后妇女。另外，Paget病等不能归入这两类，属于未分类型VIN。

表2-1　外阴上皮内瘤样病变分类及特征(ISSVD，2004年)

分类	特征	
	肉眼	镜下
1. 普通型VIN(VIN，usual type)	皮肤病损界限清晰(与HPV感染有关)	
(1)疣型VIN(VIN，warty type)	呈湿疣样外观	见挖空细胞、角化不全及角化过度细胞，上皮棘层肥厚，细胞异型性明显
(2)基底细胞型VIN(VIN，basaloid type)	呈扁平样增生改变或非乳头瘤病变	上皮层增厚，表皮内见大量增殖的、呈基底细胞样的未分化细胞从基底层向上扩展，挖空细胞少于疣型VIN
(3)混合型VIN(VIN，mixedtype)	兼有疣型和基底细胞型VIN两种表现	

续表

分类	特征	
	肉眼	镜下
2. 分化型 VIN（VIN，differentiated type）	与 HPV 感染无关	
	局部隆起、溃疡、疣状丘疹或过度角化斑片	细胞分化好，细胞异型性局限于上皮基底层基底细胞角化不良，表皮网脊内常有角蛋白形成
3. 未分化型 VIN（VIN，unclassified type）	其他不能归入普通型或分化型 VIN，如 Paget 病	

【临床表现】

（1）症状：与外阴营养不良一样，主要为瘙痒、皮肤破损、烧灼感、溃疡等。

（2）体征：最常见于会阴、阴蒂周围及小阴唇。可累及肛周及尿道周围。表现为丘疹或斑点，单个或多个，融合或分散，灰白或粉红色；少数为略高出表面的色素沉着。通常多中心病灶更常见于较年轻的女性，绝经后妇女多为单发病灶。

【诊断】 活组织病理学检查可确诊，对任何可疑病变应作多点活组织检查。为排除浸润癌，取材时需根据病灶情况决定取材深度，一般不需达皮下脂肪层。为提高活检阳性率，可采用局部涂抹 3%～5% 的乙酸或 1% 的甲苯胺蓝，在阴道镜下观察外阴及肛周血管情况，在血管不典型处取材。也可行阴道内 HPV 检测协助诊断。

【治疗】 治疗原则为消除病灶，缓解临床症状，预防 VIN 向恶性转化。治疗方案的选择应考虑以下因素：①患者因素，包括年龄、一般情况、症状、心理状态、随诊情况等；②疾病相关因素，如病灶大小、数量、位置，病理类型，恶变风险等；③治疗效果，以及对外阴外观、结构、功能的影响。

1. 局部治疗

（1）药物治疗：①5% 的氟尿嘧啶（5-FU）软膏，外阴病灶涂抹，每日 1 次。②免疫反应调节剂咪喹莫特。

（2）物理治疗：主要有激光气化、激光切除、冷冻、电灼及光动力学治疗，此法治疗后能保留外阴外观，疗效较好，注意浸润癌风险高及溃疡者禁用。

2. 手术治疗　对药物或物理治疗失败，病灶广泛或复发的 VIN 可予手术切除。手术治疗能完全消除病灶并进行彻底的病理学诊断。

（1）局部浅表切除术：适用于病灶局限者。切除边缘应超过肿物外缘 1cm。

（2）外阴皮肤切除术：适用于年轻患者。切除部分或全部外阴的皮肤，保留皮下组织，维持外阴形态，缺损区由大腿或臀部皮肤移植。

（3）单纯外阴切除术：适用于老年人和广泛性 VIN 病变患者。切除范围包括外阴皮肤及部分皮下组织，与根治性手术的区别是单纯切除不需切除会阴筋膜。

外阴 Paget 病的治疗以手术切除为主。对单发病灶者可行局部病灶广泛切除；对多中心或较广泛病灶可行单纯外阴切除术，切除正常皮肤需距肿物边缘 2.5cm 以上。

【预后】 约 38% 的 VIN 可自然消退，治疗后 VIN 的复发率为 10%～20%。VIN 治疗后需长期随访，前半年每 3 个月 1 次，此后每 6 个月 1 次，至少随访 5 年。

（盛　楠　刘　蓉　王　华　张玉泉）

第三章　外阴恶性肿瘤

学习目标

1. 掌握外阴鳞状上皮癌的临床表现、诊断、临床分期和处理。
2. 了解其他外阴恶性肿瘤的临床表现、诊断及处理。

第一节　外阴鳞状细胞癌

外阴鳞状细胞癌是最常见的外阴恶性肿瘤，占外阴恶性肿瘤的80%～90%。发病率随年龄增长而增加，多见于60岁以上妇女。发生部位多位于大、小阴唇和阴蒂处。

【病因】　尚不完全清楚。可能与以下因素有关：HPV病毒感染，其中以HPV16、HPV18、HPV31等感染较多见；外阴癌患者常并发外阴色素减退疾病，慢性外阴营养不良者5%～10%可能发展为外阴癌；其他如免疫功能低下，外阴受慢性长期刺激如乳头瘤、尖锐湿疣、慢性溃疡等也可发生癌变。

【临床表现】

（1）症状：主要为久治不愈的外阴瘙痒和各种不同形态的肿物，如结节状、菜花状、溃疡状。肿物合并感染或较晚期癌可出现疼痛、渗液和出血。若癌灶位于前庭处，可能出现排尿困难。

（2）体征：外阴鳞状上皮癌可发生于外阴任何部位，多发生于大、小阴唇，尤以右侧大阴唇多见。早期局部丘疹、结节或小溃疡；晚期见不规则肿块，伴或不伴破溃或呈乳头样肿瘤。若癌灶已转移至腹股沟淋巴结，可扪及一侧或双侧腹股沟淋巴结增大、质硬、固定。

【转移途径】　中晚期外阴鳞状上皮癌多发生转移，主要转移途径有：

（1）直接浸润：较常见。癌灶逐渐增大，沿皮肤、黏膜向尿道、会阴中心腱和阴道蔓延，晚期可累及耻骨、肛门和膀胱等。

（2）淋巴转移：外阴鳞状细胞癌几乎都可经过淋巴道转移。其转移途径一为癌灶多向同侧淋巴结转移，先转移至腹股沟淋巴结，再至腹股深淋巴结，并经此进入盆腔内的髂内、髂外、闭孔淋巴结等，最后转移至腹主动脉旁淋巴结和左锁骨下淋巴结。转移途径二是阴蒂、前庭处癌灶可以直接转移至腹股沟深淋巴结。若癌灶累及阴道、尿道、膀胱、直肠，可直接转移至盆腔淋巴结。但总体来说，外阴鳞状细胞癌盆腔淋巴结转移并不常见，约9%。

（3）血行播散：罕见，晚期可经血行播散，多见于肺、骨等。

【诊断】　外阴鳞状细胞癌位于体表，结合病史、临床表现及活组织病理检查，可以确诊。

1. 病史及症状　外阴鳞状细胞癌发病年龄多在60～80岁，有反复外阴瘙痒，色素减退，结节、溃疡、肿块病史。

2. 妇科检查　早期可为外阴小结节或溃疡，晚期可累及整个外阴伴破溃、渗出、感染。检查时应注意癌灶大小、部位、与周围器官的关系及双侧腹股沟淋巴结有无增大。

3. 辅助检查

(1) 病理组织学检查是确诊外阴癌的唯一方法。对所有外阴赘生物,包括菜花灶、溃疡灶、白色病灶等均需作活体组织检查。活检时无明显病灶者,可用阴道镜和甲苯胺蓝进行外阴染色,在镜下蓝染部位作活检,以提高活检阳性率。对有合并坏死的病灶,取材应足够深,避免误取坏死组织。

(2) B超检查、CT、MRI等有助于诊断。术前行腹股沟区CT或MRI可以帮助判断有无淋巴结转移。

【临床分期】 目前采用国际妇产科联盟(FIGO)2009年最新分期(表3-1)。

表3-1　外阴癌分期(FIGO,2009年)

分期	癌肿累及范围
Ⅰ期	肿瘤局限于外阴
ⅠA期	局限于外阴或外阴和会阴,肿瘤最大直径≤2cm,伴间质浸润≤1mm,无淋巴结转移
ⅠB期	肿瘤局限于外阴或外阴和会阴,肿瘤最大直径>2cm或伴间质浸润>1mm,无淋巴结转移
Ⅱ期	肿瘤有或无侵犯下列任何部位:下1/3尿道、下1/3阴道、肛门,但无淋巴结转移
Ⅲ期	肿瘤有或无侵犯下列任何部位:下1/3尿道、下1/3阴道、肛门,有腹股沟-股淋巴结转移
ⅢA期	(1)1个淋巴结转移(≥5mm) (2)1~2个淋巴结转移(<5mm)
ⅢB期	(1)2个或以上淋巴结转移(≥5mm) (2)3个或以上淋巴结转移(<5mm)
ⅢC期	淋巴结阳性伴淋巴结包膜外转移
Ⅳ期	肿瘤侵犯其他区域(上2/3尿道,上2/3阴道)或远处转移
ⅣA期	肿瘤累及下列部位 (1)上尿道和(或)阴道黏膜,膀胱黏膜,直肠黏膜,或达盆壁 (2)腹股沟-股淋巴结固定或溃疡形成
ⅣB期	任何远处转移,包括盆腔淋巴结转移

注:浸润深度指肿瘤邻近最表浅真皮乳头的表皮-间质连接处至浸润最深点

【治疗】 手术治疗为主,晚期辅以放射治疗与化学药物治疗综合治疗。对早期外阴癌患者治疗上应强调个体化,根据病情的具体情况采用最适合的治疗方法,在不影响预后的前提下,尽量缩小手术范围,减少手术创伤和并发症;尽量保留外阴生理结构,改善患者生活质量。对于晚期的患者则应用综合治疗的方法,将放化疗和手术治疗结合起来,尽量减少患者的痛苦,改善预后,提高生活质量。

1. 手术治疗

ⅠA期:单侧病变者可行外阴局部扩大切除术,手术切缘距离肿瘤边缘2~3cm;多病灶者可行外阴单纯切除术。此期手术通常不需要切除腹股沟淋巴结。

ⅠB期:行外阴广泛切除术及双侧腹股沟淋巴结切除术。

Ⅱ期:外阴广泛切除术,并切除受累的尿道、阴道与肛门皮肤及双侧腹股沟淋巴结切除术。

Ⅲ期:同Ⅱ期,并行部分下尿道、阴道与肛门皮肤切除及双侧腹股沟淋巴结切除术。

Ⅳ期:外阴广泛切除术,直肠下段和肛管切除术,人工肛门形成术及双侧腹股沟、盆腔淋巴结清扫术。若癌灶浸润尿道上段与膀胱,则需作相应切除术。

2. 放射治疗　外阴鳞状细胞癌的放射治疗包括应用高能放射治疗机(直线加速器)行体外放射治疗和用放射治疗针(铱-192 针等)进行组织间内插值疗法。

外阴鳞癌虽对放射线敏感,但外阴正常组织对放射线耐受性差,使外阴癌灶接受剂量难以达到最佳放射剂量。一般外阴组织能耐受 40 ~ 45Gy,而有效的治疗剂量则为 55 ~ 60Gy。近年来,由于放疗设备和技术的改进,放疗副反应已明显降低。

外阴癌放疗指征为:①晚期病例先行放疗,待癌灶缩小后,再行手术治疗;②外阴广泛切除后行盆腔照射;③复发癌或复发可能性大的,如淋巴结阳性、手术切缘癌细胞残留,脉管有癌栓,病灶靠近尿道及直肠近端。

3. 化学药物治疗　目前所有抗癌药对于外阴癌的疗效不理想。仅作为较晚期癌或复发癌的综合治疗手段。常用的化疗方案有单药顺铂与放疗协同治疗;也可选择 FP 方案(5-FU+DDP)等联合化疗方案。常采用静脉注射和局部动脉给药,后者可提高局部药物浓度。

【预后】　预后与病灶大小、部位、细胞分化程度、浸润深度、临床分期、有无淋巴结转移、治疗措施等有关。无淋巴结转移的Ⅰ、Ⅱ期外阴癌手术治愈率>90%;淋巴结阳性者,治愈率仅为 30% 左右,预后差。

【随访】　治疗后随访时间:第 1 年,每 1 ~ 2 个月 1 次;第 2 年,每 3 个月 1 次;第 3 ~ 5 年,每半年 1 次;第 5 年以后,每年 1 次。

第二节　其他外阴恶性肿瘤

一、外阴恶性黑色素瘤

外阴恶性黑色素瘤(vulvar melanoma)占外阴恶性肿瘤的 2% ~ 3%,常来自结合痣或复合痣,其恶性程度高,5 年生存率仅 36% ~ 54%。任何年龄妇女均可发生,多见于小阴唇、阴蒂,特征是病灶稍隆起,有色素沉着,结节状或表面有溃疡;患者常诉外阴瘙痒、出血、色素沉着范围增大。典型者诊断并不困难,但要区别良恶性,需根据病理检查结果确诊。

治疗原则是行外阴广泛切除术及腹股沟淋巴结清扫术,晚期患者术后需配合顺铂、长春新碱、达卡巴嗪等联合治疗。预后与病灶部位、大小、有无淋巴结转移、浸润深度、尿道及阴道是否波及、远处有无转移、手术范围等有关。由于外阴部黑痣有潜在恶变的可能,应及早切除,切除范围应在病灶外 1 ~ 2cm,深部应达正常组织。

二、外阴基底细胞癌

外阴基底细胞癌(basel cell carcinoma of the vulva)很少见。多见于 55 ~ 60 岁妇女,可能来源于表皮的原始基底细胞或毛囊。

临床表现为大阴唇有小肿块,发展缓慢,很少侵犯淋巴结;也可在小阴唇、阴蒂和阴唇系带出现。病灶早期呈灰色,位于变薄的上皮下,小结节直径常常<2cm。主要症状为局部瘙痒和烧灼感,也可无症状。镜下见肿瘤组织自表皮基底层长出,细胞成堆伸向间质,基底细胞排列呈腺圈状,中央为间质,有黏液变性。本病很少转移。若在外阴部仅见一个病灶,应检查全身皮肤有无基底细胞瘤。本病也常伴其他原发性恶性肿瘤如乳房、胃、直肠、肺、

子宫颈、子宫内膜及卵巢癌等。

根据临床表现和检查诊断一般无困难,但需作病理组织学检查以确诊。注意与前庭大腺癌相鉴别。

治疗原则是以手术为主,行局部广泛切除术,不需作外阴根治术及腹股沟淋巴结清扫术;若病灶较广泛,则行外阴广泛切除术。若复发需再次手术。外阴基底细胞癌治愈率很高,5 年生存率为 80%~95% 。

三、外阴腺癌

外阴腺癌(adenocarcinoma of vulvar)较鳞状细胞癌少见,主要来自外阴的腺体组织,包括前庭大腺、尿道旁腺和汗腺,以前庭大腺癌多见。

1. 前庭大腺癌 前庭大腺发生的癌变少见,仅占外阴恶性肿瘤的 5% 。其中 50% 以上为腺癌,鳞状细胞癌约占 30% 。50~60 岁为发病的高峰年龄。发病的原因尚不明确,可能与慢性前庭大腺炎症有关。

前庭大腺癌最常见的症状是阴道疼痛和肿胀,中晚期患者前庭大腺肿物溃破,可出现溃疡、渗出、流血。妇科检查时于阴唇下 1/3 可见肿胀,能触及深部质硬、结节状的肿块。随着肿瘤发展肿物破溃浸润阴道和会阴,并转移至腹股沟淋巴结。根据症状、体征一般不难诊断,确诊需作病理组织学检查。前庭大腺癌除腹股沟淋巴结转移外,也可直接到达盆腔淋巴结,出现闭孔淋巴结转移,因此术前盆腔 CT、MRI 能帮助了解有无盆腔转移。

前庭大腺癌以手术治疗为主,中晚期可辅以放射性治疗和化学药物治疗。手术治疗采用的术式为外阴广泛切除术,部分肛提肌、坐骨直肠窝脂肪和受累的阴道壁广泛切除,以及腹股沟淋巴结清扫术。有效的化疗药物为顺铂和环磷酰胺,而放射治疗对前庭大腺癌的治疗效果差。

前庭大腺癌总的生存率与病期有关,Ⅰ期的 5 年生存率可达 80% 。切除不彻底的前庭大腺癌常会复发。

2. 尿道旁腺癌 尿道旁腺癌非常罕见,发生于阴道前庭尿道开口周围的尿道旁腺。尿道旁腺癌主要是腺癌结构,有透亮细胞型和乳头状型。早期症状为排尿困难,尿道出血和尿道出现结节状或红色的血性肿物。中晚期可向阴道口、外阴前庭扩展,出现明显的溃疡或血性肿块,可能出现腹股沟和盆腔淋巴结转移。应注意与尿道肉阜鉴别,可予尿道口肿物活检以明确诊断。

尿道旁腺癌的治疗与尿道癌相同,治疗方式主要有:①放射治疗,尿道旁腺癌放射治疗的效果良好。由于尿道组织能耐受较高的放射剂量,使该处病灶能够达到足够的治疗放射剂量,因此,早期的尿道旁腺癌采用组织内插值放疗即可获得良好的效果;晚期则还需补充尿道区的体外放射。②可采用外阴广泛切除术,部分前庭尿道切除术,以及腹股沟淋巴结清扫术。

尿道旁腺癌十分罕见,有报道称放射治疗 5 年生存率约 30% ,早期患者可达 60% 。

3. 外阴汗腺癌 外阴汗腺癌也十分罕见,仅占外阴恶性肿瘤的 0.5% 。外阴汗腺癌症状不明显,可表现为外阴瘙痒,出现溃疡后可合并感染、渗出。查体可见肿瘤常位于大阴唇,直径常<1cm,表面皮肤完整,也可出现浅表溃疡。病灶多为实性,以单发多见。汗腺癌恶性程度低,进展缓慢。早期外阴汗腺癌行局部病灶广泛切除术即可治愈;中晚期则需行

外阴广泛切除术及腹股沟淋巴结清扫术；另外，中晚期患者除手术治疗外还可以辅助以化学药物治疗，选用药物与前庭大腺癌相同。早期患者一般预后良好，晚期病例出现淋巴转移或肺转移则预后差。

四、外阴肉瘤

外阴肉瘤(sarcoma of the vulvar)发病率低，占外阴肿瘤的1.1%~2%。包括平滑肌肉瘤、脂肪肉瘤、淋巴肉瘤、横纹肌肉瘤、纤维肉瘤、血管肉瘤，表皮样肉瘤和恶性神经鞘瘤等一大组恶性肿瘤。外阴肉瘤发病年龄分布广，平均年龄约45岁。好发部位为大阴唇、阴蒂和尿道周围。早期时肿块小、位于皮下，无明显临床症状；肿块逐渐增大，侵犯皮肤出现溃疡，伴疼痛及出血。查体可见外阴肿块多位于大阴唇，肿块呈圆形或长圆形，直径1~5cm，早期皮肤表面完整，随着病变发展可出现溃疡、出血和感染。凡外阴皮下肿块逐渐增大，尤其短期内迅速增大者，应怀疑软组织恶性肿瘤。诊断依据病理组织检查。

外阴肉瘤的治疗以手术为主，手术方式常采取根治性外阴切除术及腹股沟淋巴结清扫术；腹股沟淋巴结阳性则行盆腔淋巴结清扫术。病期稍晚，组织上和分裂象活跃的肉瘤，术后辅助以化疗可以改善预后。过去认为外阴肉瘤放疗无效，现在证实软组织肉瘤术后补充放射性治疗是有益的，可减少术后局部复发率，改善预后。

外阴肉瘤少见，根据已有资料的生存数据分析，5年生存率约25%。

(盛 楠 刘 蓉 王 华 张玉泉)

第四章　阴道类似肿瘤及阴道良性肿瘤

学习目标

了解阴道类似肿瘤及阴道良性肿瘤的分类及治疗。

第一节　阴道囊肿

正常阴道没有腺体存在,但偶可发现孤立的迷走的隐窝,并由此形成含有液体的潴留性囊肿。阴道囊肿(vaginal cyst)是最常见的阴道良性肿瘤,大多是在阴道发育过程中由副中肾管及泌尿生殖窦胚胎组织残留形成的,并非赘生性或增生性肿瘤。其分为表皮包含囊肿(获得性)和 Gartner 管囊肿(先天性)两类。前者较常见,后者少见。

【分类】

1. 表皮包涵囊肿　表皮包涵囊肿是阴道真皮内复层扁平上皮包裹脱落的上皮细胞形成的囊肿。多由于分娩时阴道黏膜受损,或阴道手术缝合时阴道黏膜被卷入阴道深层,伤口愈合后此黏膜继续增生脱落并液化形成囊肿等原因而形成。病理学检查多为复层扁平细胞。一般无症状,常于检查时发现。

2. Gartner 囊肿　Gartner 囊肿又称中肾管囊肿、胚胎遗留性囊肿。该囊肿较少见,由残留的中肾管(Wolffian 管)阻塞导致分泌物潴留形成。通常没有症状,常规体检时在阴道侧壁发现。体检时多可看到或触及阴道壁下凸起的有张力的囊肿,或在阴道侧壁,或下段的前壁呈成串或多发存在,如葡萄或乒乓球大小,囊肿壁薄为单房。多数病例可以仅观察,不需特殊治疗。如果出现症状,一般是性交不适、阴道疼痛,使用子宫托或其他阴道器具时受阻,则可行造口术或剔除术。

【诊断】　根据症状及检查结果,诊断一般无困难。但对于较大囊肿则需与膀胱脱垂、子宫直肠窝疝及尿道憩室相鉴别。

【治疗】　以手术切除为主。如囊肿位置不太高,手术则不困难,但在剥离过程中需注意且勿伤及尿道或膀胱。如果囊肿大而位于穹隆深部,且向阔韧带内扩展时,则不可能经阴道将其完整的切除,即使同时经腹部手术,也非常困难,此时可将囊肿残端的边缘分别和阴道黏膜切口的相应边缘缝在一起造口,再用纱条填塞阴道,压迫残留囊腔,有可能使残留的囊壁完全粘连闭合,即使不能粘连闭合,也不至于再肿胀起来。术前需谨慎评估囊肿的大小、位置及深度,避免不必要的损伤。

第二节　阴道腺病

己烯雌酚(diethylstilbestrol,DES)是一种合成的非甾体雌激素,20 世纪中期,美国将其大量用于存在妊娠问题的妇女。这些妇女的女儿,宫内接触了 DES,出现了阴道透明细胞腺癌和生殖道异常发生率升高。这些异常包括阴道横膈、包裹阴道和子宫颈的圆环形嵴和子宫颈项圈。此外，这些女性阴道黏膜正常鳞状上皮内可见柱状上皮区域，称为阴道腺病。其典型表现为红色点状颗粒。常见的症状和体征包括阴道疼痛、异常排液、阴道出血，特别是性交后出血。

阴道腺病是指阴道壁或子宫颈阴道部表面或表皮黏膜下结缔组织内出现腺体组织或增生的腺组织结构。正常的阴道壁和子宫颈鳞状上皮覆盖部一般无腺体组织存在，阴道壁出现的腺组织被认为是胚胎时期副中肾管残余。病灶腺上皮可转化为正常鳞状上皮，也可发生恶变。

【病因及诱因】

(1) 患者在胚胎 8～18 周时，接触过母体服用的大剂量合成雌激素——DES。

(2) 青春发育期卵巢功能的建立产生雌激素，可促使阴道腺病的发生。

(3) 碱性的阴道环境，适宜腺病的发生。阴道感染滴虫或霉菌性阴道炎等，可促使潜伏的阴道腺病出现临床症状。

【临床表现】

1. 症状 患者多数无明显自觉症状。病变范围较广或累及黏膜表面时，常有白带增多症状，白带呈稀薄黏液状或血性白带，还可表现为性交后出血、性交痛及阴道灼热感。

2. 妇科检查 阴道腺病病灶多位于阴道穹隆部，阴道上、中段后侧壁。窥器检查可见阴道黏膜呈糜烂状，红色颗粒样、红色斑点状、浅表溃疡状，触之可出血。有的可呈息肉样突起，有的呈单个或多个囊肿样突起于阴道壁，有的可表现为阴道黏膜折叠成环形绕子宫颈外口。阴道触诊有时可触及阴道黏膜下硬节状或砂粒样病灶，直径一般在 0.5～5cm。若病变在子宫颈者，可发现子宫颈横嵴或皱襞或子宫颈发育不良，子宫颈鸡冠样突起或子宫颈外翻等表现。

【诊断及鉴别诊断】

(1) 病史：详细询问病史了解有无 DES 接触史，可作为诊断的参考。

(2) 妇科检查：对整个阴道和子宫颈进行仔细查看，注意阴道壁有无红斑、溃疡、结节和息肉状突起。触诊为重要检查，可证实阴道横嵴及其后面的硬结、溃疡，也可触到阴道黏膜下的硬结。

(3) 细胞学检查：对可疑患者，在阴道壁病变部位刮片，如发现有黏液柱状细胞或鳞化细胞，即提示阴道腺病。

(4) 阴道镜检查：一般认为这是诊断阴道腺病的可靠方法。进行阴道镜检查，阴道腺病的诊断率占 91%。阴道镜检查对阴道腺病的随访观察、早期发现上皮不典型增生及癌变有较大帮助。

(5) 活组织检查：是阴道腺病的确诊依据。必要时应作多处活检。

【治疗】

(1) 阴道炎症：阴道炎症病变可诱发潜伏的阴道腺病出现症状，故对阴道各种炎症应积极对因治疗。

(2) 增加阴道酸度：阴道环境高度酸化（pH1.8～2.4）可促进腺上皮鳞化，可采用局部坐浴、冲洗阴道，如 0.5% 乙酸冲洗阴道、硼酸粉 8～10g 坐浴等。

(3) 物理化学治疗：对病变表浅且较小者，可采用激光、冷冻、电灼等治疗。不典型增生或已恶变者，处理原则同阴道癌。

【预防】 妊娠期避免滥用雌激素，以减少和防止阴道腺病的发生。对宫内有过 DES 影响的妇女,应定期实行妇科检查,加强随访。

第三节　阴道良性肿瘤

阴道良性肿瘤少见,主要有阴道平滑肌瘤、乳头状瘤、纤维瘤、血管瘤等。

通常是单个生长,多发生在阴道壁上。肿瘤小者无明显症状,增大时可出现阴道下坠感或性感不快。

【分类】　阴道良性肿瘤主要来源于神经鞘细胞。肿瘤位于阴道黏膜下,呈大小不等的多发性结节,边界不清楚,触之软而有弹性感。一般无症状,偶有生长较大者,可产生阴道不适或性交困难。

阴道平滑肌瘤(vaginal leiomyoma)主要来源于阴道壁内肌组织或血管壁肌组织。肌细胞异常过度增生,形成团块。多为单个生长,常发生于阴道前壁。镜下可见平滑肌瘤细胞被纤维结缔组织分隔。

阴道乳头状瘤(papillomatoses)为一种良性黏膜病变。临床表现多样,在阴道黏膜处可呈现为小而扁平状、丝状、乳头瘤状或融合成团块,亦可呈菜花样,大小不等,触之易出血。镜下可见表面为薄层鳞状上皮,中心为纤维结缔组织。

【临床表现】　阴道良性肿瘤形状大小不一,一般直径为2~3cm,外表光滑,固定,触之有囊性感。若囊肿较小,常无明显症状,但偶尔可生长很大,而引起性交困难或性交疼痛,甚至阻碍分娩,有时压迫膀胱三角区,引起小便次数增加。

【诊断及鉴别诊断】　确诊依据活体组织病理检查。妇科检查及三合诊可协助诊断。

阴道平滑肌瘤需与阴道纤维瘤、阴道平滑肌肉瘤鉴别,阴道乳头状瘤需与尖锐湿疣鉴别。

【治疗】　治疗上均选择手术切除,治疗后组织送病理检查。

(陈　晨　刘　蓉　王　华　张玉泉)

第五章　阴道上皮内瘤变

学习目标

熟悉阴道上皮内瘤样病变的病理学诊断与分级。

阴道上皮内瘤变(vaginal intraepithelial neopalsia, VAIN)包括阴道鳞状上皮不典型增生和阴道上皮原位癌。与外阴和子宫颈的鳞状上皮一样,可从轻度不典型增生到中、重度不典型增生,最后发展为原位癌。阴道上皮内瘤样病变可以为子宫颈上皮内瘤变的延续,也可单独存在。

【病理学诊断与分级】 阴道上皮内瘤变根据镜下所见分为三级。轻度(VAIN Ⅰ):鳞状上皮下1/3层细胞增生,细胞轻度异型,极性存在,核分裂象少见,中上层细胞分化成熟。中度(VAIN Ⅱ):鳞状上皮细胞下2/3层以内的细胞中度异型,极性稍紊乱,核分裂象多见。上1/3层内的细胞分化成熟。重度(VAIN Ⅲ):鳞状上皮下2/3层以上的细胞重度异型,极性丧失,核分裂多,细胞排列紊乱,边界消失,无极性。当发展到整个上皮层时则为原位癌。

【临床表现】 无特殊症状,偶有白带增多或少量阴道流血。检查可见阴道内边界较清楚的颗粒状病灶。

【诊断】

(1) 阴道细胞学检查:如患者曾因CIN行全子宫切除术,则每年均需行阴道细胞学检查;而对于因良性疾病行全子宫切除术的患者,每3年需行阴道细胞学检查,刮片检查有疑问者应行阴道镜检查。

(2) 阴道镜检查:可见白色病灶,边界清晰,有血管斑点。Lugol溶液可使病灶染成淡黄色,正常黏膜为深褐色。对于绝经后或放射治疗后阴道萎缩的患者应给予阴道内应用雌激素4~6周后再行阴道镜检查。

(3) 阴道活组织检查:对于阴道镜下可疑病灶应行活组织检查。最常见的病灶部位为阴道的上1/3。

【治疗】

(1) 阴道HPV感染或VAIN Ⅰ级患者一般不需特殊治疗,多能自然消退。

(2) 5% 5-FU软膏局部应用:将软膏涂抹于病灶表面,6次为一疗程,局部应用1~2疗程后,80%的患者可痊愈。对病变广泛者应首选局部药物治疗。

(3) CO_2激光治疗:对大多数阴道上皮内瘤变有效,也适用于局部药物治疗无效患者。但在激光治疗之前需排除浸润病变存在。如有疑问,则不能予激光治疗,而应给予手术治疗。

(4) 手术治疗:对于单个病灶可行局部或部分阴道切除术,尤其是穹隆部的病灶。病灶广泛或多发者,可行全阴道切除术,并行人工阴道重建术。

(5) 放射治疗:对年老体弱,无性生活要求的VAIN Ⅲ患者可给予腔内放射治疗。

(陆红霞　刘　蓉　王　华　张玉泉)

第六章　阴道恶性肿瘤

学习目标

1. 了解阴道癌的病因及转移途径。
2. 熟悉阴道癌的诊断及治疗原则。

第一节　原发性阴道鳞状细胞癌

【发病率】　相比子宫颈癌和外阴癌，原发性阴道癌是比较少见的。国外学者估计阴道癌与子宫颈癌发生率之比为1∶45，与外阴癌发生率之比为1∶3。据统计，外阴癌每年发生率为5/100万。

【发病因素】　确切发病因素尚不清楚，可能与下列因素有关。

（1）年龄因素：流行病学调查显示年龄是最重要的因素，发病高峰年龄段为60～70岁。

（2）阴道黏膜的局部慢性刺激：有作者认为，放置子宫托或子宫脱垂与肿瘤发生有一定的关系。

（3）液体或细胞碎片积聚于后穹隆，成为肿瘤刺激原长期刺激阴道而发生肿瘤。

（4）与子宫切除及盆腔放射治疗有关。

【病理】　大体所见：肿瘤可呈结节样、菜花样及硬块，有时可见溃疡。镜下可分为：角化大细胞癌、非角化大细胞癌、低分化梭形细胞癌。以非角化大细胞癌多见。

【临床表现】

（1）阴道流血：大约60%的患者表现为阴道出血，为点滴状阴道出血，有时可有大量出血。

（2）阴道排液：大约20%的患者主诉阴道排液增多，伴或不伴阴道出血。排液可为水样、米汤样或混有血液。有此症状的患者75%为晚期。

（3）体征：肿瘤外观可表现为：外生性（息肉样，乳头状）；内生性（硬结，浸润）；扁平病灶。其中外生性最常见，扁平病灶最少见。浸润性病灶发展最快，预后最差。

（4）早期病例即可发生黏膜下浸润和邻近器官的浸润，溃疡形成较晚。早期病例常向腔内生长，随后向阴道外扩散，最后有破坏浸润性生长。

【诊断】　原发性阴道癌的诊断标准：原发病灶在阴道壁；子宫颈活检未发现恶性肿瘤；其他部位未发现恶性肿瘤。确诊需病理学检查。

检查时需注意：

（1）窥阴器及扪诊仔细探查整个阴道黏膜，并记录发病的部位及病灶的大小。同时检查子宫颈、外阴及尿道，如在上述部位发现肿瘤，必须先排除转移病灶，才能做出原发性浸润性阴道癌的诊断。

(2) 双合诊可估计病灶累及阴道周围组织的范围、协助判断阴道直肠隔有无浸润及盆壁有无浸润。

(3) 肿瘤及其边缘和子宫颈应常规行活检。

(4) 根据组织学检查结果,确定双侧腹股沟淋巴结有无转移。

(5) 阴道镜及直肠镜检查可帮助分期。

【临床分期】 目前主要采用 FIGO 分期,详见表 6-1。

表 6-1 阴道癌分期(FIGO)

分期	癌肿累及范围
0 期	原位癌;上皮内瘤变Ⅲ级
Ⅰ期	病灶局限于阴道壁
Ⅱ期	病灶扩展到阴道壁下组织但未达盆壁
Ⅲ期	癌灶扩展到骨盆壁
Ⅳ期	癌灶扩展超出真骨盆或累及膀胱、直肠黏膜
ⅣA 期	癌侵犯邻近器官
ⅣB 期	癌转移到远处器官

【转移途径】 阴道癌的转移途径主要是直接浸润和淋巴转移。阴道壁组织血管及淋巴循环丰富,肿瘤易迅速增大并转移。

(1) 直接浸润:阴道前壁癌灶向前发展可累及膀胱及尿道,后壁病灶可累及直肠及直肠旁组织,向上累及子宫颈,向外累及外阴,向两侧累及阴道旁组织。

(2) 淋巴转移:阴道上 1/3 淋巴引流到盆腔淋巴结;阴道下 1/3 引流到腹股沟淋巴结,有时可转移到髂外淋巴结;阴道中 1/3 可经上下两条途径引流。

【治疗】 原发性阴道癌的治疗必须个体化。治疗方法的选择取决于:疾病的期别;肿瘤的大小;处于阴道的部位;是否有转移;患者的年龄。

1. 手术治疗 由于阴道浸润癌与周围器官的间隙小,如保留其周围的器官(膀胱、尿道和直肠),切除肿瘤周围组织的安全范围很小,很难达到根治性切除的目的。因此,阴道浸润癌的手术治疗受到限制。以下情况可考虑选择手术。

(1) Ⅰ期患者病变位于阴道后壁上部,应行广泛全子宫切除,部分阴道壁切除和盆腔淋巴结切除。若患者以前已行全子宫切除,则予广泛性上部阴道切除和盆腔淋巴结清扫术。

(2) 近阴道口较小病灶,可行广泛外阴切除及腹股沟深、浅淋巴结切除。

(3) 对于Ⅳ期患者,尤其是合并直肠阴道瘘或膀胱阴道瘘的,应先行放射治疗,然后行前盆、后盆或全盆器官去除术。

2. 放射治疗 放射治疗适用于Ⅰ~Ⅳ期所有的病例,是大多数患者首选的治疗方法,如果掌握得好,不仅并发症较少,还能保全器官功能。早期患者可行单纯放疗,晚期患者可行放疗加化疗。

(1) 病灶表浅的Ⅰ期患者可单用腔内放疗。

(2) 对大病灶及Ⅲ期患者,可行盆腔外照射 50Gy,加腔内放疗,总剂量不少于 70Gy。

（3）病灶累及阴道下1/3者行腹股沟淋巴结区放疗，加腔内放疗。

常见并发症包括：阴道和宫旁组织纤维化、放射性膀胱炎和直肠炎、尿道狭窄、局部坏死。严重者可出现直肠、阴道狭窄和直肠阴道瘘，膀胱阴道瘘与盆腔脓肿。放射治疗各期别阴道癌的5年生存率为50%。

第二节　阴道恶性黑色素瘤

恶性黑色素瘤是第二位常见的阴道恶性肿瘤，占所有阴道恶性肿瘤的3%～5%，多由阴道黑痣引起。高危发病年龄为50～60岁，死亡率高，5年生存率为15%～20%。

【发病原因】　该病的发生与种族、免疫系统状态及遗传有关。恶性黑色素瘤的来源有下列三种：原有的痣尤其是交界痣是主要来源；恶性前期病变（恶性雀斑）；正常皮肤。

【病理】

（1）大体所见：黏膜表面可见黑色或棕黑色肿块，大小不定，表面可有溃疡。由于瘤组织向外浸润发展，主瘤周围可见小的子瘤。

（2）镜下所见：瘤细胞可呈圆形、多角形或梭形，成串、成片或假腺泡样排列。胞质透明，内含黑素颗粒。表皮真皮交界处上皮细胞团生长活跃。下列染色技术可帮助检测：Fontana组化染色、免疫组织化学检测HMB45、新鲜组织做多巴反应及酪氨酸酶反应。

【临床表现】

（1）症状：常见症状为阴道流血、阴道异常分泌物和阴道肿块。其他症状有疼痛、排尿不畅、排便不畅、下腹不适及腹股沟肿块。

（2）体征：肿瘤常呈乳头状及息肉样生长，表面可有溃疡坏死，最常发生于下1/3阴道前壁。病灶周围常有小的卫星病灶，肿瘤表面常为黑色或蓝黑色，5%表面无色素。

【治疗】　阴道恶性黑色素瘤的治疗首选手术。

（1）手术治疗：手术范围应根据病灶的部位、大小及深浅决定。如病灶位于阴道上段，需作阴道切除术、广泛全子宫切除术及盆腔淋巴结清除术。如病灶位于阴道下段，在阴道口附近，则需作阴道切除术及双侧腹股沟淋巴结清除术。如病变晚、浸润深，则需作前、后或全盆腔清除术。

（2）放射治疗：转移或复发的患者可采用放射治疗，可作为姑息治疗起到延长生命的作用。

（3）化学治疗：可作为手术后的辅助治疗，消除残余病灶，提高生存率。

（4）免疫治疗：近年来，免疫治疗恶性黑色素瘤取得较好的疗效。一般采用干扰素或白细胞介素治疗，也可采用非特异性的免疫治疗如卡介苗。

【预后】　阴道恶性黑色素瘤生长非常迅速，短期即可出现腹股沟淋巴结转移。预后很差，5年生存率低于20%。

第三节　其他阴道恶性肿瘤

其他阴道恶性肿瘤包括阴道透明细胞腺癌（vaginal clear cell adenocarcinoma）、阴道肉瘤(vaginal sarcoma)及继发性阴道恶性肿瘤。

一、阴道透明细胞腺癌

大多数阴道透明细胞腺癌患者的发病年龄为18～24岁。一般认为患者在胚胎期尤其是孕18周前与母亲口服雌激素有关。阴道腺病与阴道透明细胞癌有一定的关系。

【病理】 大体观可呈息肉状或结节状,表面可有溃疡。镜下可见癌细胞胞质透亮,细胞排列呈实质状。可呈腺管型、囊型、乳头型及囊腺型。

【临床表现】 大部分患者诉阴道流血,白带增多。大约20%的患者无自觉症状。阴道检查见阴道前壁上1/3病灶,可呈息肉样、结节状或乳头状赘生物。常向腔内生长。确诊需根据病理检查结果。

【治疗】 目前尚无有效的治疗方案。对于阴道上段肿瘤可行广泛子宫切除,部分阴道切除和盆腔淋巴结清扫术,卵巢正常者可保留。放射治疗对晚期患者有一定疗效。

二、阴 道 肉 瘤

很罕见,仅占阴道恶性肿瘤的2%以下。可发生于任何年龄的妇女。常见下列类型。

1. 平滑肌肉瘤 平滑肌肉瘤(leiomyosarcoma)是成年人最常见的阴道肉瘤。常发生于阴道上段的黏膜下组织。镜下可见梭形细胞。核异型,分裂象>5/10高倍视野。经淋巴或血行转移,以血行转移最常见。核分裂象越多,预后越差。

(1) 临床表现:患者常诉阴道肿块,有时有阴道血性排液。可有阴道或直肠疼痛。检查可见阴道内肿块直径3～10cm。肿瘤可以充塞阴道,甚至脱出外阴。

(2) 治疗:首选手术治疗。化疗及放疗作为辅助治疗。手术方式为局部广泛切除,若肿瘤位于阴道上段则加行广泛子宫切除及盆腔淋巴结清扫。如病情较晚,则加行邻近器官的切除(膀胱或直肠)。

2. 胚胎横纹肌肉瘤 胚胎横纹肌肉瘤(embryonal rhabdomyosarcoma)又称葡萄状肉瘤(sarcoma botryoides),是发生于婴幼儿阴道最常见的恶性肿瘤。多见于阴道顶或阴道上段的前壁。肿瘤起源于上皮下结缔组织,也可发生于生殖道以外的组织。具体发病机制尚不清楚。

(1) 病理:大体所见:多个息肉样突出,可充满阴道甚至脱出于阴道口外。病灶多见于阴道前壁。镜下所见:黏膜下有一层致密组织,内有深染的异型梭形细胞,排列密集,称为形成层。疏松的黏液组织中可见横纹肌母细胞和胚胎性横纹肌细胞。

(2) 临床表现:初期时可无症状,病情进展可出现阴道流血。妇科检查可发现息肉样组织。有时在阴道口可见到透亮、水肿的葡萄状肉瘤。

(3) 诊断:根据症状及体征,诊断不困难,确诊需依赖病理检查。

(4) 治疗:常采用联合治疗。以手术治疗为主,辅以放射治疗及化学治疗。手术应采用根治术,范围为全子宫、全阴道、部分外阴切除和盆腔淋巴结清扫术。晚期患者甚至需行全盆腔清除术。

三、继发性阴道恶性肿瘤

由于发生于阴道的继发性肿瘤远多于原发性阴道肿瘤，诊断阴道恶性肿瘤时首先需排除阴道继发性肿瘤。不仅生殖道的肿瘤如子宫内膜癌、卵巢癌、子宫颈癌会转移至阴道，其他器官如肾脏、乳房、直肠、胰腺的肿瘤也可转移到阴道，甚至以阴道转移瘤为首发症状。

（陆红霞　刘　蓉　王　华　张玉泉）

第七章 子宫良性肿瘤

学习目标

掌握子宫肌瘤的类型、病理、临床表现、诊断、鉴别诊断和治疗原则。

第一节 子 宫 肌 瘤

子宫肌瘤(uterus myoma)由平滑肌和结缔组织组成,是女性生殖系统最常见的良性肿瘤,其患病率占育龄妇女的 20%~25%,多见于 30~50 岁妇女,20 岁前少见,随着年龄增长,发病率增加,50 岁时发生率高达 70%~80%,但绝经后发病率降低。因子宫肌瘤多无或很少有症状,故临床报道发病率远低于子宫肌瘤真实发病率。

【病因学】

1. 性甾体激素

(1) 雌激素:青春期前极少发生子宫肌瘤,子宫肌瘤随妊娠增大,而绝经后子宫肌瘤缩小,由此提示雌激素是子宫肌瘤生长的主要促进因素。研究表明子宫肌瘤局部是高雌激素状态,循环中雌二醇和孕激素水平均无增加,提示子宫肌瘤的生长来源于末端器官对性激素的敏感性增加。此外,雌激素是高效的有丝分裂原,可促进子宫肌细胞、子宫肌瘤细胞等的增殖。

(2) 孕激素:孕激素也是子宫肌瘤生长的主要促进因素,其可通过多种途径参与这一过程:①参与增殖和凋亡相关基因的调节;②参与多种生长因子及其受体的调节。

子宫肌瘤的发病机制中,卵巢甾体激素及其受体起关键性的作用。在子宫肌瘤细胞中,雌激素和孕激素对细胞增殖活性都有上调作用,而正常子宫平滑肌细胞中仅雌激素对其有上调作用,故肌层细胞转变成肌瘤细胞受雌、孕激素的双重影响,两者之间通过自分泌和旁分泌作用互相调节,雌激素可增加肌细胞孕激素受体含量,孕激素反过来又可进一步促进和维持雌激素的变化,两者相互影响,共同促进子宫肌瘤的生长。

2. 其他激素 如催乳素(PRL)、生长激素(GH)等,均可能与子宫肌瘤的发病机制相关。

3. 细胞遗传学 细胞遗传学研究显示 25%~50% 子宫肌瘤存在细胞遗传学的异常,包括 12 号和 14 号染色体长臂片段相互换位、12 号染色体长臂重排、7 号染色体长臂部分缺失等。

4. 分子生物学 分子生物学研究提示子宫肌瘤是由单克隆平滑肌细胞增殖而成,多发性子宫肌瘤是由不同克隆细胞形成。

【分类及病理】

1. 按肌瘤生长部位 按肌瘤生长部位分为子宫体肌瘤(90%~96%)和子宫颈肌瘤(2.2%~10%)。

2. 按肌瘤与子宫肌壁的关系 按肌瘤与子宫肌壁的关系分为三类,见图 7-1。

(1) 肌壁间肌瘤(intramural myoma):最多见,占60%~70%,肌瘤位于子宫肌层内,周围均被肌层包围,肌瘤与肌壁间界限清晰,将包绕肌瘤被挤压的子宫肌壁纤维称为假包膜。

(2) 浆膜下肌瘤(subserous myoma):占20%~30%,肌瘤向子宫浆膜面生长,并突出于子宫表面,肌瘤表面仅由子宫浆膜覆盖。若瘤体继续向浆膜面生长,仅有一蒂与子宫相连,称为带蒂浆膜下肌瘤(pedunculated myoma),营养由蒂部血管供应。若血供不足肌瘤可变性坏死。若蒂部扭转断裂,肌瘤脱落形成游离性肌瘤,若脱落的肌瘤与邻近器官发生粘连,并获得血供而生长,则称为寄生性肌瘤(parasitic myoma)或游走性肌瘤。若肌瘤位于子宫体侧壁向宫旁生长突出于阔韧带两叶之间,称为阔韧带肌瘤。

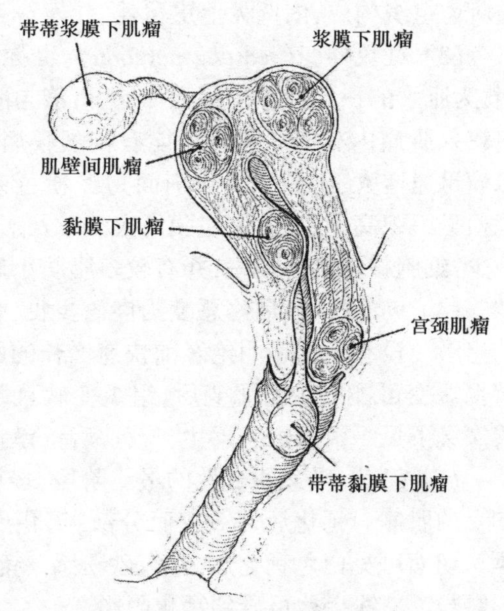

图7-1　不同解剖部位的子宫肌瘤

(3) 黏膜下肌瘤(submucous myoma):约占10%。贴近宫腔的肌瘤向宫腔方向生长,突出于宫腔,表面仅为黏膜层覆盖。黏膜下肌瘤易形成蒂,在宫腔内生长犹如异物,引起反射性子宫收缩,加之重力作用,肌瘤可被挤出子宫颈外口,甚至突出阴道。

子宫肌瘤常为多个,上述肌瘤可两种甚至三种同时发生在同一个子宫,称为多发性子宫肌瘤。子宫颈肌瘤可生长在子宫颈前唇或后唇黏膜下,突向颈管可形成带蒂子宫颈肌瘤,而子宫颈肌壁间肌瘤可随肌瘤逐渐增大而使子宫颈拉长,或突向阴道或嵌顿充满盆腔,巨大子宫颈可将子宫或膀胱上推至下腹部,使盆腔解剖关系变化,从而使手术难度和危险性增加。

【病理】

1. 巨检　肌瘤为实质性球形包块,表面光滑。肌瘤长大或多个相融合时,呈不规则形状。典型的肌瘤切面隆起,呈特征性的编织状或漩涡状结构,质硬,灰白色,与周围组织界限非常清楚,有假包膜形成。

2. 镜检　典型的平滑肌瘤通常界限清楚,由交错排列的平滑肌束构成,细胞束之间有多少不等透明变性的胶原,并可将肿瘤分割成大小不等的结节。肌细胞大小均匀,排列成漩涡状或栅状。极少情况下尚有一些特殊的组织学类型,如富细胞性、奇异型、核分裂活跃、上皮样平滑肌瘤及静脉内和播散性腹膜平滑肌瘤等,这些特殊类型平滑肌瘤的性质及恶性潜能尚有待确定。

【肌瘤变性】　肌瘤变性较常见,约见于65%的病例。肌瘤越大,越容易出现变性。变性与缺血和激素等因素的影响有关。常见的变性有:

(1) 玻璃样变(hyaline degeneration):又称透明变性,最常见。肌瘤剖面漩涡状结构消失,由均匀透明样物质取代。镜下见病变区肌细胞消失,为均匀透明无结构区。

(2) 囊性变(cystic degeneration):子宫肌瘤玻璃样变继续发展,肌细胞坏死液化即可发生囊性变,此时子宫肌瘤变软。肌瘤内出现大小不等的囊腔,其间有结缔组织相隔,数个囊腔也可融合成大囊腔,腔内含清亮无色液体,也可凝固成胶冻状。镜下见囊腔为玻璃样变的肌瘤组织构成,内壁无上皮覆盖。

(3) 红色样变(red degeneration):也称渐进性坏死(necrobiosis),多见于妊娠期或产褥期,为肌瘤的一种特殊类型的坏死,可能与肌瘤内小血管退行性变引起血栓、溶血及血红蛋白渗入肌瘤内有关。患者可能有剧烈腹痛伴恶心、呕吐、发热,白细胞计数升高,检查发现肌瘤迅速增大、压痛。肌瘤剖面为深粉色或红色,肉样,质软,编织状或漩涡状结构消失。镜检见组织高度水肿,假包膜内大静脉及瘤体内小静脉血栓形成,广泛出血伴溶血,肌细胞减少,细胞核常溶解消失,并有较多脂肪小球沉积。

(4) 肉瘤样变:肌瘤恶变为肉瘤少见,仅为0.4%~1.3%,多见于绝经后伴疼痛和出血的患者。没有证据表明绝经前快速增长的肌瘤有恶变的可能,但若绝经后妇女肌瘤增大应警惕恶变可能。肌瘤恶变后,组织变软且脆,切面灰黄色,似生鱼肉状,与周围组织界限不清。镜下见平滑肌细胞增生,排列紊乱,漩涡状结构消失,细胞有异型性。

(5) 钙化:是透明变性的最终阶段,多见于蒂部细小、血供不足的浆膜下肌瘤及绝经后妇女的肌瘤。钙化灶常稀少而分散,钙化明显时整个肌瘤变硬如石,称为“子宫石”,很少见。切面可见白色钙化灶,常有砂粉感。镜下可见钙化区为层状沉积,呈圆形,有深蓝色微细颗粒。X线摄片可看到钙化阴影。

【临床表现】

1. 症状　多无明显症状,仅在体检时偶然发现。有无症状及症状轻重主要取决于肌瘤的部位、大小、数目及其并发症。常见症状有以下几种。

(1) 月经改变:是子宫肌瘤最常见的症状。临床可表现为经量增多及经期延长。多见于黏膜下肌瘤及大的肌壁间肌瘤,浆膜下肌瘤则很少导致月经改变。月经改变的原因主要为肌瘤使宫腔增大,子宫内膜面积增加并影响子宫收缩,此外肌瘤可能使肿瘤附近的静脉受挤压,导致子宫内膜静脉丛充血与扩张,从而引起经量增多、经期延长。黏膜下肌瘤伴有坏死感染时,可有不规则阴道流血或血样脓性排液。长期经量增多可继发贫血,出现乏力、头晕、心悸等症状。

(2) 下腹包块:子宫位于盆腔深部,肌瘤较小时在腹部摸不到肿块,当肌瘤逐渐增大使子宫超过3个月妊娠大时则可从腹部触及肿块。

(3) 白带增多:子宫黏膜下肌瘤或子宫颈黏膜下肌瘤均可引起白带增多,肿瘤一旦感染,可有大量脓样白带。若有溃烂、坏死、出血时,可有血性或脓血性、有恶臭的阴道排液。肌壁间肌瘤使宫腔面积增大,内膜腺体分泌增多,并伴有盆腔充血,亦可致使白带增多。

(4) 压迫症状:子宫前壁肌瘤贴近膀胱可产生膀胱刺激症状,如尿频、尿急;子宫颈肌瘤向前长大也可引起膀胱受压导致耻骨上部不适、尿频、尿潴留或充溢性尿失禁,巨型子宫颈前唇肌瘤充满阴道压迫尿道可发生排尿困难;子宫后壁或峡部肌瘤可引起下腹坠胀不适、便秘等症状。阔韧带肌瘤或子宫颈巨大肌瘤向侧方发展,嵌入盆腔内压迫输尿管使上泌尿路受阻,形成输尿管扩张甚至发生肾盂积水。

(5) 疼痛:肌瘤一般不产生疼痛症状,若出现疼痛,多因肌瘤本身发生病理性改变或合并盆腔其他疾病所致,少数黏膜下肌瘤可有痛经症状。肌瘤红色样变时有急性下腹痛,伴呕吐、发热及肿瘤局部压痛;浆膜下肌瘤蒂扭转可有急性腹痛;子宫黏膜下肌瘤由宫腔向外排出时也可引起腹痛。

(6) 不孕与流产:肌瘤的部位、大小、数目可能和受孕与妊娠结局有一定的关系。黏膜下和引起宫腔变形的肌壁间肌瘤可引起不孕或流产。

(7) 其他:下腹坠胀、腰酸背痛,经期加重。

2. 体征　大肌瘤可在下腹部扪及实质性不规则肿块。妇科检查扪及子宫增大,表面不规则单个或多个结节状突起。浆膜下肌瘤可扪及单个实质性球状肿块与子宫有蒂相连。黏膜下肌瘤位于宫腔内者子宫均匀增大,脱出于子宫颈外口者,窥器检查即可看到子宫颈口处有肿物,粉红色,表面光滑,子宫颈四周边缘清楚。若伴感染时可有坏死、出血及脓性分泌物。有时子宫颈肌瘤向侧方发展而形成阔韧带底部的肿瘤,三合诊可协助了解盆腔情况。

【诊断与鉴别诊断】　根据病史、体征、B 超等辅助检查,子宫肌瘤诊断多无困难。

(1) 病史和妇科检查:是诊断的基本方法,绝大多数子宫肌瘤可以由此得到诊断。

(2) B 型超声:是常用的辅助检查,能区分子宫肌瘤与其他盆腔肿块。

(3) MRI:可准确判断肌瘤大小、数目和位置。

(4) 其他:如有需要,可选择宫腔镜、腹腔镜、子宫输卵管造影等协助诊断。

子宫肌瘤应与下列疾病鉴别诊断:

1. 妊娠子宫　一般肌瘤质硬,妊娠子宫质软,不难区分,但肌瘤囊性变时质地较软,应注意与妊娠子宫相鉴别。妊娠者根据停经史、早孕反应,子宫随停经月份增大变软,借助尿或血 HCG 测定、B 型超声可确诊。

2. 卵巢肿瘤　两者一般不易混淆,但需注意实质性卵巢肿瘤与带蒂浆膜下肌瘤鉴别,肌瘤囊性变与卵巢囊肿鉴别。根据肿块与子宫的关系,并借助 B 型超声协助诊断,必要时腹腔镜检查可明确诊断。

3. 子宫腺肌病　子宫腺肌病也可表现为子宫增大、月经量增多等,好发于中年妇女,其病史及妇科检查与子宫肌瘤有类似之处。重要的鉴别点是子宫腺肌病的临床特点是继发性痛经进行性加重,子宫多呈均匀增大,一般为 10 ~ 12 周妊娠大小。B 型超声检查有助于诊断。但有时两者可以并存。

4. 子宫恶性肿瘤

(1) 子宫肉瘤:好发于老年妇女,生长迅速,多有腹痛、腹部包块及不规则阴道流血,B 型超声及磁共振检查有助于鉴别。

(2) 子宫内膜癌:以绝经后阴道流血为主要症状,好发于老年女性,子宫呈均匀增大或正常,质软。应注意围绝经期妇女肌瘤可合并子宫内膜癌。诊刮或宫腔镜有助于鉴别。子宫肌瘤患者术前常规做诊刮有助于排除子宫内膜癌。

(3) 子宫颈癌:有不规则阴道流血及白带增多或不正常阴道排液等症状,外生型较易鉴别,内生型子宫颈癌应与子宫颈黏膜下肌瘤鉴别。可借助子宫颈脱落细胞学检查、子宫颈活检、子宫颈管搔刮及分段诊刮等检查加以鉴别。

5. 其他　卵巢子宫内膜异位囊肿、盆腔炎性包块、子宫内翻、子宫肥大症或子宫纤维化、子宫畸形等,可根据病史、体征及 B 型超声等加以鉴别。

【治疗】　子宫肌瘤具有激素依赖性,恶变率低,生长缓慢,无症状的肌瘤对月经、生育及健康均无明显影响。治疗需根据患者的年龄、有无症状、肌瘤的部位、大小、数目、婚育状况及患者的全身情况等全面考虑,制订个体化的治疗方案,达到既解除病痛,又提高生活质量的目的。

1. 期待疗法　期待疗法即定期随访观察,不作特殊处理。主要适用于无症状者,尤其子宫小于 10 周妊娠大小者,特别是近绝经期妇女。绝经后肌瘤多可萎缩,症状可消失。每

3～6个月随访1次，若出现症状可考虑进一步治疗。

2. 药物治疗　药物治疗适用于症状轻、近绝经年龄或全身情况不宜手术者。

(1) 促性腺激素释放激素类似物(gonadotropin-releasing hormone agonist，GnRH-a)：采用大剂量连续或长期非脉冲式给药，抑制FSH和LH分泌，从而降低雌激素至绝经后水平，以缓解症状并抑制肌瘤生长使其萎缩，但停药后又逐渐增大到原来大小。用药6个月以上可产生绝经综合征、骨质疏松等不良反应，故长期用药受限制。应用指征：①缩小肌瘤以利于妊娠；②术前治疗控制症状、纠正贫血；③术前应用缩小肌瘤，降低手术难度，或使经阴道或腹腔镜手术成为可能；④对近绝经妇女，提前过渡到自然绝经，避免手术。一般应用长效制剂，每月皮下注射1次。常用药物有亮丙瑞林(leuprorelin)每次3.75mg，或戈舍瑞林(goserelin)每次3.6mg。

(2) 米非司酮(mifepristone)：具有抗孕激素的作用。每日12.5mg口服，连续3个月，可作为术前用药或提前绝经使用，但不宜长期使用，因其拮抗孕激素后，子宫内膜长期受到雌激素刺激，增加子宫内膜增生的风险。

(3) 其他：如孕三烯酮、选择性雌激素受体调节剂、选择性孕激素受体调节剂、左炔诺孕酮宫内缓释系统(LNG-IUS)、芳香化酶抑制剂等。

3. 手术治疗　手术适应证：①月经过多致继发贫血，药物治疗无效；②严重腹痛、性交痛或慢性腹痛、有蒂肌瘤扭转引起的急性腹痛；③肌瘤体积大或引起膀胱、直肠等压迫症状；④能确定肌瘤是不孕或反复流产的唯一原因者；⑤疑有肉瘤变。

手术可经腹、经阴道或经宫腔镜及腹腔镜进行。手术方式有：

(1) 肌瘤切除术(myomectomy)：适用于希望保留生育功能的患者，或虽无生育要求，但不愿意切除子宫的患者。黏膜下肌瘤或大部分突向宫腔的肌壁间肌瘤可宫腔镜下切除。突入阴道的黏膜下肌瘤经阴道摘除。术后复发率一般在20%～30%，亦有资料表明复发率高达50%，约1/3需再次手术。

(2) 子宫切除术(hysterectomy)：不要求保留生育功能或疑有恶变者，可行子宫切除术，包括全子宫切除和次全子宫切除。术前应行子宫颈细胞学检查，排除子宫颈上皮内瘤变或子宫颈癌。发生于围绝经期的子宫肌瘤术前需要注意排除合并子宫内膜癌。

4. 其他治疗

(1) 子宫动脉栓塞术(uterine artery embolization，UAE)：通过阻断子宫动脉及其分支，减少肌瘤的血供，从而延缓肌瘤的生长，缓解症状。该方法作为子宫切除术和子宫肌瘤切除术及药物治疗的替代治疗方法，具有微创、高效、安全、恢复快、保留子宫、住院时间短、并发症少等优点，但该方法可能引起卵巢功能减退并增加潜在的妊娠并发症的风险，对于有生育要求的妇女一般不建议使用。

(2) 宫腔镜子宫内膜切除术：适用于月经量多、没有生育要求但希望保留子宫或由于全身情况差不能耐受子宫切除术的患者。

第二节　其他子宫良性肿瘤

一、子宫颈乳头状瘤

子宫颈乳头状瘤又称子宫颈鳞状上皮乳头状瘤，较少见，位于子宫颈阴道部。

1. 组织病理学　大体所见为子宫颈表面可见的乳头状突起，直径一般<1cm。镜下所见主要为棘层细胞增生，排列整齐，有层次，核分裂象少见，细胞内含糖原，上皮层增厚呈乳头状，肿瘤的中心由纤维结缔组织组成。子宫颈乳头状瘤属于良性肿瘤，但有少部分发生恶变。

2. 临床表现　常无明显症状。如有症状，可表现为白带增多。妇科检查时可见子宫颈上乳头状突起，多为单发。

3. 诊断　妇科检查见子宫颈上小乳头状突起，需作子宫颈活检及取乳头状突起送病检方可明确诊断。

4. 鉴别诊断

（1）尖锐湿疣：常多发，由病毒引起，并可累及阴道和外阴，基底较宽，镜下可见挖空细胞。尖锐湿疣有时可自行消退，而乳头状瘤一般不自行消退。

（2）子宫颈鳞状细胞癌：鳞状细胞癌组织脆，易出血，根据病理学检查可鉴别。

（3）鳞状细胞疣状癌：疣状癌质脆，根据病理学检查可鉴别。

5. 治疗　原则是病灶切除。

二、子宫颈乳头状纤维腺瘤

子宫颈乳头状纤维腺瘤是极为少见的良性肿瘤，多见于绝经期及老年妇女。镜下见肿瘤主要为纤维间质组织，见分枝状的孔隙内有乳头向腔内突出，覆盖上皮由单层柱状上皮组成。诊断主要依据病理检查。治疗原则为手术切除病灶。

【子宫颈绒毛状腺瘤】　极罕见，又称肠腺瘤样瘤，来自子宫颈内膜肠腺化生。肿瘤为细长指状、乳头状生长，表面有细小绒毛分支，绒毛表面为复层柱状上皮细胞，核分裂正常，细胞可有轻微异形，其中心为少量纤维结缔组织。治疗原则是全子宫切除，术后需随访。

（李　莉　苏　敏　王　华　张玉泉）

第八章　子宫颈上皮内瘤变

学习目标

掌握子宫颈上皮内瘤变组织学诊断、分级依据及治疗措施。

子宫颈上皮内瘤变(cervical intraepithelial neoplasia, CIN)是与子宫颈浸润癌密切相关的一组癌前病变,它反映了子宫颈癌发生发展的连续过程。CIN 有两种不同的结局:一是病变可自然消退,很少发展为浸润癌(大部分低级别 CIN);二是病变具有癌变潜能,可能发展为浸润癌,被视为癌前病变(高级别 CIN)。

CIN 还包括腺上皮内瘤变,比较少见,本节仅介绍子宫颈鳞状上皮内瘤变。

一、病　　因

流行病学调查发现 CIN 和子宫颈癌两者病因相同,可能与下列因素有关。

(1) 病毒感染:HPV 感染,在接近 90% 的 CIN 和 99% 以上的子宫颈癌组织发现有高危型 HPV 感染,其中约 70% 与 HPV16、HPV18 型有关,单纯疱疹病毒(HSV-Ⅱ)、沙眼衣原体(CT)感染等。

(2) 性生活紊乱、早婚、早孕、多产、多次婚姻、经济状况低下和免疫抑制等因素相关。青春期子宫颈发育尚未成熟,对致癌物较敏感。分娩次数增多,子宫颈创伤概率也增加,分娩及妊娠内分泌及营养也有改变,患子宫颈癌的危险增加。孕妇免疫力较低,HPV DNA 检出率很高。

(3) 配偶为高危男子:配偶有阴茎癌、前列腺癌、男性包皮垢、配偶前妻患子宫颈癌。

目前研究较多的是 HPV 感染和 CIN 之间的关系。HPV 是一组 DNA 病毒,普遍存在于生物界,在人类主要感染上皮细胞,HPV 感染引起局部上皮增生,在子宫颈则引起子宫颈上皮不典型增生。目前,已分离出 100 余种 HPV 亚型。依其致癌性可分为 3 类:①低危型,如 HPV6、11 型,可引起 CIN Ⅰ;②中危型,如 HPV31、33 型,可引起 CIN Ⅰ ~ CIN Ⅲ;③高危型,如 HPV16、18、45、56 等型,可引起 CIN Ⅱ ~ CIN Ⅲ。CIN 病变发生发展的危险因素中,HPV 感染最为重要。CIN 组织中 HPV DNA 的阳性检出率可达 90%,而正常子宫颈组织中仅 4% HPV 感染。引起 CIN 发生与发展的机制:首先 HPV 经子宫颈上皮感染基底层细胞,初次 HPV 感染可能自然消退,消退与否取决于 HPV 的侵袭力和患者的免疫状态;当患者免疫功能减退或 HPV 侵袭力较强时,HPV 感染可能扩散并引起上皮细胞的不典型增生,此过程中可能是 HPV DNA 整合到宿主 DNA 中,干扰细胞周期调控,并使抑癌基因 *p53*、*Rb* 等失活,从而诱发正常鳞状上皮细胞转化为上皮的不典型增生及病变进一步发展。

二、组织学发生和发展

子宫颈组织的特殊性　子宫颈是一圆柱形组织,长 2.5 ~ 3cm,子宫颈上皮由子宫颈阴道部鳞状上皮和子宫颈管柱状上皮组成。

(1) 子宫颈阴道部鳞状上皮:由浅至深分为浅表带、中间带和基底带。基底带由基底细胞和旁基底细胞组成。基底细胞为储备细胞,无明显细胞增殖表现,但在某些因素如HPV、精子、精液蛋白等的刺激下,也可以增生成为不典型鳞状细胞或分化为成熟鳞状细胞。

(2)子宫颈管柱状上皮:柱状上皮为分化良好的细胞,但柱状上皮下细胞为储备细胞,具有分化或增殖能力。柱状上皮下储备细胞的起源有两种不同观点:①直接来源于柱状细胞;②来源于子宫颈鳞状上皮的基底细胞。

(3) 子宫颈上皮移行带区(transformation zone)也称为转化区,因其位于子宫颈鳞状上皮与柱状上皮交接部,又称为鳞-柱状交接部。鳞-柱状交接部又分为原始鳞-柱状交接部和生理鳞-柱状交接部。

正常子宫颈上皮的生理:子宫颈上皮是由子宫颈阴道部鳞状上皮与子宫颈管柱状上皮共同组成,两者交接部位在子宫颈外口,称原始鳞-柱交接部或鳞柱交界。但此交接部并非恒定,当新生女婴在母体内受到胎儿-胎盘单位分泌的高雌激素影响时,柱状上皮向外扩展,占据一部分子宫颈阴道部;当幼女期由母体来的雌激素作用消失后,柱状上皮退至子宫颈管内;当青春期和生育期,尤其是妊娠期,雌激素增多使柱状上皮又外移至子宫颈阴道部;当绝经后雌激素水平低落,柱状上皮再度内移至子宫颈管,这种随体内雌激素水平变化而移位的鳞-柱交接部称生理性鳞-柱交接部,在原始鳞-柱交接部和生理性鳞-柱交接部间所形成的区域称移行带区。

移行带区鳞状上皮代替柱状上皮的机制有两种:①鳞状上皮化生(squamous metaplasia),当鳞柱交界位于子宫颈阴道部时,暴露于阴道的柱状上皮受阴道酸性影响,柱状上皮下未分化储备细胞(reserve cell)开始增生,并逐渐转化为鳞状上皮,柱状上皮随之脱落,而被复层鳞状细胞所代替。化生的鳞状上皮偶可分化为成熟的角化细胞,但一般为大小形态一致、形圆而核大的未成熟鳞状细胞,无明显表层、中层、底层之分,也无核深染、异型或异常分裂象。化生的鳞状上皮既不同于子宫颈阴道部的正常鳞状上皮;又不同于不典型增生,因而不应混淆。子宫颈管腺上皮也可鳞化而形成鳞化腺体。②鳞状上皮化(squamous epithelization),子宫颈阴道部鳞状上皮直接长入柱状上皮与其基底膜之间,直至柱状上皮完全脱落而被鳞状上皮所替代。鳞状上皮化多见于子宫颈糜烂愈合过程中,愈合后的上皮与子宫颈阴道部的鳞状上皮无区别。

移行带区成熟的化生鳞状上皮对致癌物的刺激相对不敏感,但未成熟的化生鳞状上皮却代谢活跃,在某些外来致癌因素如HPV、精子、精液蛋白等的刺激下,发生细胞异常增生、分化不良、排列紊乱、细胞核异常、有丝分裂增加,形成子宫颈上皮内瘤样病变,并继续发展成镜下早期浸润癌和浸润癌。

三、CIN 病理学诊断和分级

CIN 分为 3 级,反映了 CIN 发生的连续病理过程(图 8-1)。

CIN Ⅰ级:即轻度异型,上皮下 1/3 层细胞核增大,核质比例略增大,核染色稍加深,核分裂象少,细胞极性正常。

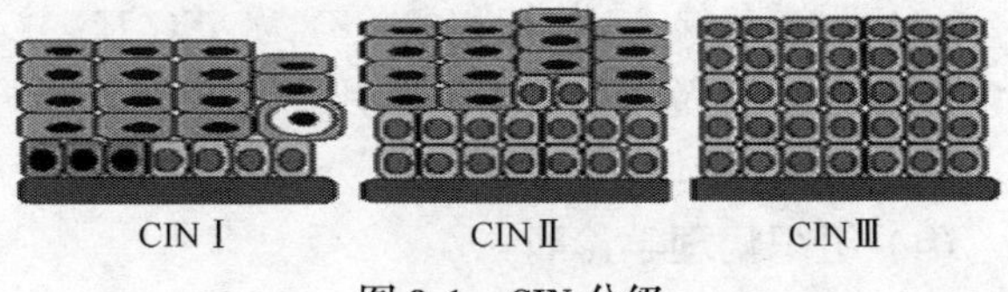

图 8-1　CIN 分级

CIN Ⅱ级:即中度异型,上皮下 1/3 ~ 2/3 层细胞核明显增大,核质比例增大,核深染,核分裂象较多,细胞数明显增多,细胞极性尚存。

CINⅢ级:包括重度异型和原位癌,病变细胞占据 2/3 层以上或全部上皮层,细胞核常增大,核质比例增大,染色较深,核分裂象多,细胞拥挤,排列紊乱,无极性。

四、临床表现

一般无特殊症状,偶有阴道排液增多;也可在性生活或妇科检查后发生接触性出血。妇科检查子宫颈可光滑,或见局部红斑、子宫颈糜烂样表现。

五、诊　断

子宫颈上皮内瘤变诊断程序　包括:①子宫颈细胞病理学;②阴道镜检查;③组织病理学诊断。

(1) 子宫颈细胞学:是 CIN 及早期子宫颈癌筛查的基本方法,也是诊断的必需步骤,细胞学检查特异性高,但敏感性较低。可选用巴氏涂片法或液基细胞涂片法。筛查应在性生活开始 3 年后,或 21 岁以后开始,并定期复查。不论采用传统的巴氏制片还是薄层制片,建议采用子宫颈细胞病理学诊断的 TBS(the bethesda system)报告系统。

1) 细胞学诊断分类:鳞状细胞异常:①非典型鳞状细胞(atypical squamous cells, ASC):无明确诊断意义的非典型鳞状细胞(atypical squamous cells of undetermined signification, ASC-US)和非典型鳞状细胞不除外高度鳞状上皮内病变(atypical squamous cells cannot exclude high grade squamous intraepithelial lesion, ASC-H);②鳞状上皮内低度病变(low grade squamous intraepithelial lesion, LSIL),包括核周挖空细胞和轻度非典型增生或 CINⅠ;③鳞状上皮内高度病变(high grade squamous intraepithelial lesion, HSIL),包括中、重度非典型增生(CINⅡ和 CINⅢ)和原位癌(carcinoma in situ, CIS);④鳞状细胞癌(squamous cell carcinoma, SCC)。

腺细胞异常:①非典型腺细胞(atypical glandular cells, AGC):非典型子宫颈管腺细胞和非典型宫内膜腺细胞;②非典型颈管腺细胞倾向瘤变;③子宫颈管原位腺癌;④腺癌(子宫颈管、宫内膜或不能明确来源)。

2) 细胞学异常处理:①对无明确诊断意义的非典型鳞状细胞(ASC-US)病例,应作 HPV 检测;②非典型腺细胞病例处理:所有病例都应作 HPV 检测、阴道镜和颈管检查及子宫内膜检查。

(2) 高危型 HPV DNA 检测:相对于细胞学检查其敏感性较高,特异性较低,可与细胞学检查联合应用于子宫颈癌筛查。当细胞学为无明确诊断意义的非典型鳞状细胞(ASC-US)时,应进行高危型 HPV DNA 检测,阳性者行阴道镜检查,阴性者 6 ~ 12 个月后复查细胞学。但由于年轻妇女的 HPV 感染率较高,且大多为一过性感染,推荐用于 30 岁以后的女性,在子宫颈癌高发地区可在 25 岁以后开始检测。

(3) 阴道镜检查:若细胞学检查为 ASC-US 并高危 HPV DNA 检测阳性,或低度鳞状上皮内病变(LSIL)及以上者,应作阴道镜检查及活检,HSIL 的病例,必须作阴道镜检查及活检,也可直接作锥切。

(4) 组织病理学诊断

1) 子宫颈活组织检查:是确诊子宫颈鳞状上皮内瘤变的最可靠方法。任何肉眼可见病灶,均应单点或多点活检。若无明显病变,可选择在子宫颈转化区3、6、9、12点处活检。

2）子宫颈管内膜刮取术(endocervical curettage,ECC):当细胞学异常而阴道镜检查阴性或镜下活检阴性时,应常规做ECC;绝经前后的妇女子宫颈萎缩或光滑时,ECC更有意义。

3）CINⅠ环行电切术(LEEP)或诊断性子宫颈锥切术:适应证:①子宫颈细胞学多次阳性,阴道镜检查阴性或镜下活检阴性,颈管刮除术阴性;②子宫颈细胞学诊断较阴道镜下活检重,或提示可疑浸润癌;③CIN Ⅱ、CIN Ⅲ病变或ECC阳性;④子宫颈细胞学提示腺上皮异常,无论ECC结果如何;⑤阴道镜检查或镜下活检怀疑早期浸润癌或怀疑子宫颈原位腺癌。

六、治　　疗

1. CINⅠ的处理

(1）治疗指征:CINI约60%会自然消退,CINⅠ并细胞学结果为HSIL或以上的病例需治疗,其他可观察。

(2）治疗方法:阴道镜检查满意者可用冷冻、电灼、激光、微波等物理治疗;阴道镜检查不满意者或ECC阳性者应采用CINⅠ锥切治疗。

(3）随访:6个月后复查细胞学,如无异常1年以后复查细胞学和HPV。如细胞学结果大于ASC-US或高危型HPV阳性,需作阴道镜检查。

2. CINⅡ、CINⅢ的处理

(1）观察:妊娠期的CINⅡ、CINⅢ可观察,每2个月进行1次阴道镜检查,产后6~8周再次进行评估后处理。约20% CINⅡ会发展为CINⅢ,5%发展为浸润癌。故所有的CINⅡ和CINⅢ均需治疗。

(2）治疗:阴道镜检查满意的CINⅡ可选择LEEP或物理治疗,但之前必须行ECC。阴道镜检查不满意的CINⅡ和所有CINⅢ通常采用子宫颈锥切术,包括子宫颈环形电切除术(LEEP)和冷刀锥切术。经子宫颈锥切确诊,年龄较大、无生育要求、合并有其他手术指征的妇科良性疾病的CIN Ⅲ也可行全子宫切除术。

(3）随访:每3~6个月行细胞学、HPV检测或细胞学、阴道镜检查,连续3次正常后,可选择每年1次的细胞学或细胞学、HPV及阴道镜随访。

(刘　蓉　叶丽华　王　华　张玉泉)

第九章　子宫颈恶性肿瘤

学习目标

1. 了解子宫颈癌流行病学和病因。
2. 熟悉子宫颈癌的病理变化和转移途径。
3. 掌握子宫颈癌早期诊断方法和临床分期、临床表现、治疗原则、防治措施。
4. 了解子宫颈残端癌的概念。

第一节　子宫颈癌

子宫颈癌(cervical cancer)是全球妇女中仅次于乳腺癌和结直肠癌的第3位常见的恶性肿瘤,是目前唯一一个病因明确的妇科恶性肿瘤,与高危型HPV的持续感染相关。高发年龄为50~55岁。近40年来,国内外由于子宫颈细胞学筛查的普遍应用,使子宫颈癌和癌前病变得以早期发现和治疗,子宫颈癌发病率和死亡率明显下降。

(一) 病因

同“子宫颈上皮内瘤变”。

(二) 组织发生和发展

HPV感染,CIN形成后持续发展,突破上皮下基底膜浸润间质,形成子宫颈浸润癌(图9-1)。

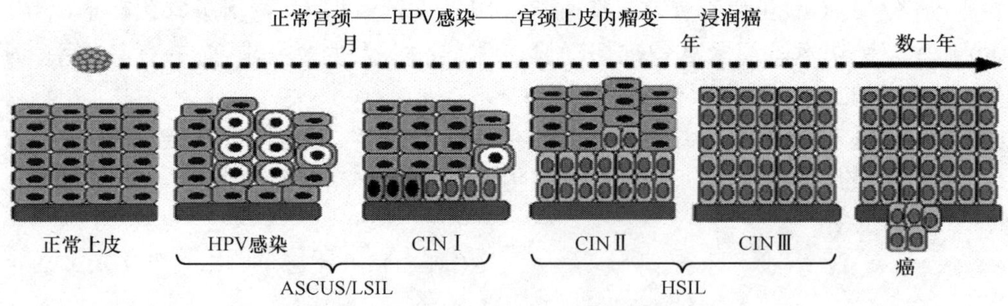

图9-1　子宫颈癌组织发生和发展过程

HPV病毒是一种双链DNA病毒,妇女一生中80%可感染HPV,通常在8~10个月内被自然清除,只有少数(5%)妇女呈持续感染状态。根据子宫颈癌与HPV病毒的关系,HPV分为高危型和低危型,高危型与子宫颈癌有关。子宫颈鳞状细胞癌中HPV16型和HPV18、HPV33型多见,子宫颈腺癌中HPV18、HPV45型较常见。

(三) 病理

1. 鳞状细胞癌　鳞状细胞癌占子宫颈癌的75%~80%。

（1）巨检：微小浸润癌肉眼观察无明显异常，随病变发展，可形成3种类型。

1）外生型：癌灶向外生长呈乳头或菜花状肿物。

2）内生型：癌来自子宫颈管或癌灶向子宫颈深部组织浸润，子宫颈肥大变硬，呈桶状。

3）溃疡型：上述二型合并感染坏死后可形成溃疡。

（2）显微镜检

1）微小浸润癌：在原位癌基础上癌细胞突破基底膜，浸润间质。但浸润深度不超过5mm，宽度不超过7mm，且无癌灶互相融合现象，也无侵犯间质内血管迹象。

2）浸润癌：指癌灶浸润间质范围超出微小浸润癌，根据癌细胞分化程度可分为：①鳞癌Ⅰ级为高分化鳞癌（角化性大细胞型）；②鳞癌Ⅱ级为中分化鳞癌（非角化性大细胞型）；③鳞癌Ⅲ级为低分化鳞癌（小细胞型）。

2. 腺癌　近年来腺癌的发生率有上升趋势，占子宫颈癌的20%～25%。

（1）巨检：来源于子宫颈管，呈乳头状；自子宫颈管内向子宫颈外口突出生长，常可侵犯宫旁组织；病灶向子宫颈管内生长时，子宫颈外观可正常，因子宫颈管膨大，形如桶状。

（2）显微镜检

1）黏液性腺癌：来源于子宫颈管柱状黏液细胞，癌细胞呈乳突状突入腺腔。可分为高、中、低分化腺癌。

2）恶性腺瘤：又称微偏腺癌（minimal deviation adenocarcinoma，MDC），属高分化子宫颈管黏膜腺癌，呈点状突起伸入子宫颈间质深层，此癌具有高度浸润的生长过程，常有淋巴结转移，患者预后差。

3）腺鳞癌：由储备细胞同时向腺细胞和鳞状细胞分化发展而形成，癌细胞中含有腺癌和鳞癌两种成分。

4）其他：少见，有神经内分泌癌、未分化癌、混合上皮肿瘤、黑色素瘤、淋巴瘤等。

（四）转移途径

主要为直接蔓延和淋巴转移，血液转移少见。

（1）直接蔓延：最常见，癌组织向邻近器官及组织扩散。向下侵犯阴道；向上可累及子宫颈管及宫腔；向两侧扩散累及主韧带及子宫颈阴道旁直至骨盆壁；癌灶压迫或侵及输尿管时，可引起输尿管阻塞及肾积水，晚期向前后侵犯膀胱及直肠。

（2）淋巴转移：癌灶局部浸润后侵入淋巴管形成癌栓，在淋巴管内扩散，进入淋巴结。淋巴结转移率与临床期别有关。最初受累淋巴结有：子宫颈旁、闭孔、髂内、髂外、髂总、骶前淋巴结为淋巴结转移一级组，其次受累的淋巴结为腹股沟深浅淋巴结、主动脉旁淋巴结为二级组。晚期还可以出现锁骨上淋巴结转移。

（3）血液转移：较少见，常发生在晚期，主要转移部位有肺、肝、骨等。

（五）临床分期

（1）采用FIGO（2009年）的临床分期标准（表9-1，图9-2）。

（2）临床分期在治疗前进行，分期一经确定不能再更改，治疗后也不再更改。

（3）取消0期，原位癌不进入分期。

表 9-1 子宫颈癌临床分期(FIGO,2009)

分期	癌肿累及范围
Ⅰ期	癌灶局限于子宫颈(癌扩散到子宫体在分期中未予考虑)
ⅠA 期	肉眼未见癌灶,仅在显微镜下才能发现的微灶型浸润癌。间质浸润深度<5mm,宽度≤7mm
ⅠA1 期	间质浸润深度≤3mm,宽度≤7mm
ⅠA2 期	间质浸润深度>3mm 且<5mm,宽度≤7mm
ⅠB 期	癌灶局限于子宫颈或镜下病灶>ⅠA 期
ⅠB1 期	癌灶直径≤4cm
ⅠB2 期	癌灶直径>4cm
Ⅱ期	癌灶扩展至子宫颈以外,但未达盆壁。癌累及阴道,但未达阴道下 1/3
ⅡA 期	癌累及阴道为主,无明显宫旁浸润
ⅡA1 期	癌灶最大径线≤4cm
ⅡA2 期	癌灶最大径线>4cm
ⅡB 期	有明显的宫旁浸润,但未达盆壁,有或无阴道累及
Ⅲ期	癌浸润达盆壁,直肠检查子宫颈肿瘤与盆壁间无间隙,癌灶累阴道达下 1/3,有肾盂积水或肾衰竭(非癌所致的肾功能损害除外)
ⅢA 期	癌累及阴道下 1/3,没有扩展到骨盆壁
ⅢB 期	癌浸润宫旁为主,已达盆壁,或出现肾盂积水和肾衰竭
Ⅳ期	癌扩散至真骨盆以外,或侵犯膀胱黏膜及直肠黏膜
ⅣA 期	癌累及邻近器官,或侵及膀胱和(或)直肠黏膜
ⅣB 期	癌浸润超出真骨盆,有远处转移

(六) 临床表现

1. 症状 早期无症状与慢性子宫颈炎难区别,一旦出现症状,主要表现为:

(1) 阴道排液:早期常无症状或仅有少许分泌物,随着肿瘤进展,阴道分泌物增多,晚期癌肿伴有感染坏死时,分泌物呈脓性,有腥臭或恶臭味。

(2) 阴道流血:常表现为接触性出血,即性生活或妇科检查后阴道出血;也可为不规则阴道流血;晚期阴道出血较多,亦有大量出血甚至休克者;长期反复出血者易导致贫血。

(3) 晚期继发症状:根据病灶浸润范围、累及的器官而出现一系列症状。癌肿压迫输尿管引起输尿管梗阻、肾盂积水、腰痛,严重者导致肾衰竭;侵犯膀胱或直肠,可出现尿频、尿急、血尿、肛门肿胀、便血等;侵犯达盆壁,压迫盆壁神经,可出现骶髂部或坐骨神经痛;晚期患者可出现贫血、恶病质等全身衰竭症状。

2. 体征 微小浸润癌可无明显病灶,子宫颈光滑或仅见不同程度的糜烂。随病情发展,可出现不同的体征。①外生型:癌肿向外生长,如菜花状,质较脆。②内生型:癌组织向子宫颈管深部组织浸润生长,使子宫颈管逐渐增大,质硬,常呈“桶状”。③溃疡型:无论何种类型子宫颈癌,晚期均可形成溃疡空洞。阴道壁受累时,可见阴道壁变硬或赘生物生长。宫旁受累时,子宫颈旁组织增厚、质硬,结节状或形成冰冻骨盆。

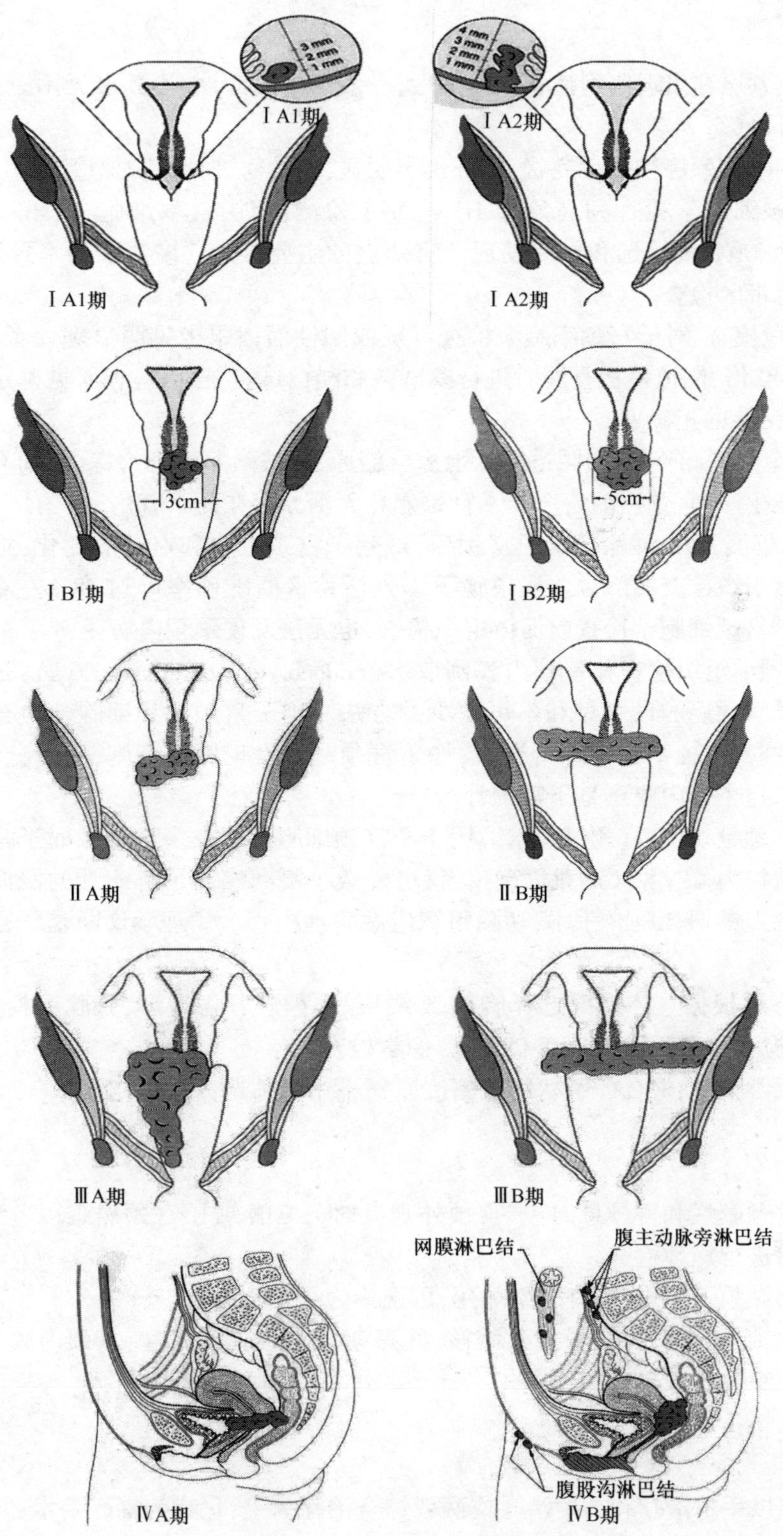

图 9-2　子宫颈癌临床分期

（七）诊断

（1）子宫颈癌在出现典型症状和体征后，一般已为浸润癌，诊断多无困难，子宫颈活组织病理检查可确诊。

（2）早期子宫颈癌往往无症状，体征也不明显，确诊需进行三阶梯诊断。

1）子宫颈细胞学检查和高危型 HPV DNA 检测：薄层液基细胞学（thinprep cytologic test，TCT）检查，是目前筛选和早期发现子宫颈癌的主要方法。该法准确率可达 95%，必须在子宫颈移行带区检查。

2）阴道镜检查：对子宫颈细胞学检查可疑或阳性而肉眼未见明显癌灶者，阴道镜可将病变放大 6～40 倍，阴道镜检查同时进行碘试验和醋白试验，根据检查所见确定活组织检查部位，以提高活检的正确率。

a. 碘试验：正常子宫颈和阴道鳞状上皮含糖原，可被碘溶液染为棕色，而异常鳞状上皮如鳞状上皮化生、子宫颈癌前病变及子宫颈癌均无糖原存在而不着色。

b. 醋白试验：3% 乙酸涂抹于子宫颈后，观察子宫颈上皮和血管的变化，根据醋白上皮的情况判断活组织检查的部位。阴道镜下多点活检诊断准确率可达 98% 左右。但此方法既不能代替子宫颈细胞学检查或活体组织检查，也无法发现颈管内病变。

3）子宫颈活组织检查和颈管内膜刮取术（endocervical curettage，ECC）：是确诊子宫颈癌前病变和子宫颈癌的最可靠和不可缺少的方法。当子宫颈刮片细胞学检查可疑或阳性而活检为阴性时，应搔刮子宫颈管送检；如子宫颈刮片发现腺癌细胞，应行分段诊刮术，以明确腺癌是来自子宫内膜还是子宫颈管。

（3）子宫颈锥切术：宫颈锥切术适用于子宫颈细胞学检查多次阳性而子宫颈活检阴性者或子宫颈活检为 CINⅡ、CINⅢ需确诊者，可疑微小浸润癌需了解病灶的浸润深度和宽度等。可采用冷刀锥切，LEEP 手术，切除组织应做病理检查。病理学诊断是子宫颈癌诊断的金标准。

（4）确诊后根据具体情况选择胸部 X 线摄片、静脉肾盂造影、膀胱镜检查、直肠镜检查、B 型超声检查及 CT、MRI、PET-CT 等影像学检查。

（5）免疫学检查：SCCA（鳞状细胞癌抗原），不用于筛选，可用于随访。

（八）鉴别诊断

（1）子宫颈糜烂和宫颈息肉：子宫颈外观有时与 CIN 或子宫颈癌难以鉴别，应作子宫颈刮片或活检进行病理检查。

（2）子宫黏膜下肌瘤：如有感染坏死，可误诊为子宫颈癌。

（3）其他少见的病变：如子宫颈结核、妊娠期子宫颈乳头状瘤、宫颈内膜异位症等，需取子宫颈活组织检查进行鉴别。

（九）治疗

子宫颈癌以手术治疗和放射治疗或两者综合治疗为主，化疗为辅。手术适用于ⅠA 期、ⅠB 期、ⅡA 期及中心复发性患者，放疗适用于各期患者。要根据临床分期、患者年龄、生育要求、全身情况、设备医疗技术水平、放射敏感性等加以考虑。总原则为采用手术和放疗为主、化疗为辅的综合治疗。

1. 手术治疗

手术方式包括:子宫颈锥形切除术、筋膜外全子宫切除术、改良式广泛子宫切除术、广泛性子宫切除术、广泛性子宫颈切除术、盆腔淋巴结清扫术、卵巢移位术、阴道延长术。

手术范围:

(1) 筋膜外全子宫切除术:①全子宫切除,切除全部子宫颈组织;②不游离输尿管,仅将输尿管推向侧方;③年轻患者可保留卵巢或附件;④阴道切除 0.5~1.0cm,以减少残端复发。

(2) 改良式广泛全子宫切除术:①全子宫切除,切除宫旁组织及韧带,在子宫筋膜外进行切除全部子宫颈;②暴露宫旁输尿管,必要时打开隧道,游离输尿管;③年轻患者可保留附件或卵巢;④阴道、宫旁切除≤3cm。

(3) 广泛性子宫切除:①全子宫切除,切除宫旁组织及韧带 3cm、切除全部子宫颈;②暴露宫旁输尿管,必要时打开隧道、游离输尿管;③年轻患者可保留附件或卵巢;④阴道切除 3cm。

(4) 广泛性子宫颈切除术:①游离输尿管和子宫动脉;②切除主韧带和骶韧带;③经阴道切除 80% 子宫颈和上 1/3 阴道,一般在子宫峡部下方 5~10mm 处离断。

(5) 盆腔淋巴结切除:切除双侧髂总淋巴结,髂外,淋巴结,髂内淋巴结,腹股沟深淋巴结,闭孔淋巴结。

手术途径:可选择开腹手术、经阴道加腹腔镜或全部步骤经腹腔镜手术。

手术适应证:ⅠA、ⅠB、ⅡA 期患者。

1) ⅠA1 期患者:无淋巴脉管间隙浸润者行筋膜外全子宫切除术。有淋巴脉管间隙浸润者按ⅠA2 期处理。<45 岁的鳞癌患者可以保留卵巢,年轻患者也可行子宫颈锥切。

2) ⅠA2 期:行改良广泛子宫切除术(次广泛子宫切除术)及盆腔淋巴结切除术;<45 岁的鳞癌患者可以保留卵巢;要求保留生育功能的年轻患者,可行广泛性子宫颈切除术及盆腔淋巴结切除术。

3) ⅠB1 期和ⅡA1 期:行广泛子宫切除术及盆腔淋巴结切除术,如果髂总淋巴结阳性,或腹主动脉旁淋巴结增大可疑阳性,可行腹主动脉淋巴结取样。也有采用新辅助化疗后行广泛子宫切除术;化疗可使子宫颈病灶缩小,利于手术,并控制亚临床转移。子宫颈肿瘤直径<2cm 的年轻患者,可行广泛性子宫颈切除术及盆腔淋巴结切除术。<45 岁的鳞癌患者,如卵巢正常,可保留双卵巢。估计术后需放疗的患者,应将保留的卵巢移位至结肠旁沟,固定并用银夹标志,使卵巢离开放疗照射野得以保留卵巢功能。年轻患者术中可行腹膜代阴道延长术,保留阴道功能,避免影响术后性生活。

4) 术后辅助治疗的高危因素:手术切缘阳性,宫旁组织阳性,盆腔淋巴结阳性,间质浸润深度>1/2,肿瘤>4cm,淋巴脉管间隙受侵。

上述情况给予含铂剂的同步放化疗,如腹主动脉旁淋巴结阳性,除盆腔+腔内近距离放疗,再作腹主动脉旁淋巴区域放疗。

手术后并发症的防治:

(1) 尿潴留:指子宫颈癌术后 2 周残余尿>100ml者,是子宫颈癌手术常见的并发症之一。主要是因手术切除子宫颈病灶周围可能受侵的组织,如子宫主、骶韧带和阴道及阴道旁组织,而支配这些器官的交感和副交感神经自直肠两侧下行夹在这些韧带中,故切除的范围多少与膀胱直肠功能恢复成正比。术后要保留尿管 2 周,拔尿管后测残余尿,如残余尿>100ml时继续保留尿管导尿 1 周,伴继发感染者积极加强控制感染，训练膀胱功能。

(2) 输尿管阴道瘘：输尿管在手术中可有不同程度的受损，致局部血供不好而发生组织坏死、穿孔，结果形成瘘，一般在术后 3～14 天出现，最早的症状是体温突然上升，患者下腹区域性胀痛，继而阴道排液增加，有尿液性物流出。可予膀胱内注入亚甲蓝液，行膀胱镜和静脉肾盂造影确定瘘的位置及大小。可在膀胱镜下放输尿导管作支架，小瘘口可自愈，瘘口大者需手术治疗。

(3) 淋巴囊肿：术后 2～7 天发生，患者初有下腹疼痛，一侧或两侧可扪到条形椭圆包块、边界清、有压痛，伴感染时可发热，疼痛加重。预防淋巴囊肿，手术清扫淋巴时需仔细结扎，术后在盆腔后腹膜放置硅胶引流管，充分引流淋巴液。

(4) 血栓形成：清扫淋巴时在血管周围操作致其内膜损伤，血流速度减慢，术后下肢水肿、疼痛，70% 发生在左下肢。术中操作轻柔、熟练，及早下床活动可预防血栓形成。一旦发生应及早使用溶栓、抗凝药物。

2. 放射治疗 放射治疗是治疗子宫颈癌的主要方法，适用于ⅠB2 期、ⅡA2 期及其以后各期患者，全身情况不适宜手术的早期患者，手术治疗后病理检查发现有高危因素的辅助治疗。放射治疗包括体外照射和腔内照射。体外照射采用直线加速器、钴-60 等，主要针对原发灶以外的转移灶，包括盆腔淋巴结；腔内照射多用后装治疗机，放射源有铱-192(Ir)、铯-137(Cs)等，主要针对子宫颈原发病灶。

放射治疗在子宫颈癌治疗中的优势：

1) 适应证广泛，Ⅰ～Ⅳ期患者均适合行放射治疗，80% 以上的病例为中晚期，即使对Ⅳ期也能起到姑息作用。

2) 阴道、子宫腔呈一自然腔隙，可置入放射源直接针对原发灶进行照射。

3) 子宫颈癌的发展在相当长的一段时间内，局限在子宫颈局部和盆腔内。

4) 无论鳞癌还是腺癌对放疗均有一定的敏感性，放射治疗对子宫颈的原发灶及淋巴转移灶均能达到杀灭效应。

5) 放射治疗达到子宫颈癌根治剂量时，直肠膀胱受量基本在其耐受量范围以内。

6) 治疗效果好，早期子宫颈癌放疗与手术的疗效相当，晚期子宫颈癌放疗的 5 年生存率也可达到 30%～50%。有些病例即使得不到根治疗效，也能获得满意的姑息效果，能减轻症状，延长生存期。

放射治疗的并发症及其处理详见第二十一章。

3. 子宫颈癌的化疗

(1) 目的：减少肿瘤负荷和消灭微小病灶，为手术创造条件，减少放射剂量，增加放疗敏感性。

(2) 方法：多采用静脉化疗，也可用动脉局部灌注化疗。

化疗适应证：近 10 余年来，化疗作为晚期或复发病例的辅助治疗，已取得了一定疗效。术前新辅助化疗适用于ⅠB2 期及ⅡA2 期癌灶大者，或者年轻的ⅡB 期希望手术并保留卵巢功能的患者，缩小病灶后再行手术。

(3) 常用抗癌药物：有顺铂、卡铂、氟尿嘧啶和紫杉醇等。

常采用的化疗方案：用以铂类为基础的联合化疗方案，如 TP(紫杉醇与顺铂) Taxol 135～175 mg/m^{2}静脉滴注 d1、DDP 75 mg/m^{2}静脉滴注 d1；FP(顺铂与氟尿嘧啶) DDP 20 mg/m^{2}静脉滴注 d1～d5、5-FU 500mg/m^{2}静脉滴注 d1～d5 等。多采用静脉化疗，也可用动脉局部灌注化疗。

（十）预后

与临床分期、组织学类型、淋巴结转移、治疗方法等有关，有淋巴结转移者预后差。据FIGO资料显示，子宫颈癌的5年生存率Ⅰ期为90%～100%，Ⅱ期50%～70%，Ⅲ期30%～50%，Ⅳ期10%。患者的死亡原因有肿瘤压迫双侧输尿管引起的尿毒症、癌灶侵犯大血管引起的出血、感染及恶液质等。

（十一）随访

子宫颈癌治疗后的复发率在1年内为50%，在2年内为75%～80%。随访时间：第1年2～3个月1次，第2年3～6个月1次，第3～5年每6个月1次，第6年后每年1次。随访内容包括盆腔检查、阴道脱落细胞学检查、胸部X线摄片、血常规及子宫颈鳞状细胞癌抗原（SCCA）检查等。

（十二）预防

子宫颈癌病因明确、筛查方法较完善，是可以预防的肿瘤。开展性卫生教育，提倡晚婚、少孕。

子宫颈癌的预防分为三级预防：

应用疫苗（一级预防）　对青少年女性及早使用疫苗，预防HPV感染。自2006年第一个HPV疫苗上市以来，大量临床试验显示HPV疫苗能有效防止HPV16、HPV18相关CIN的发生。因此，条件成熟时推广HPV疫苗注射（一级预防），可通过阻断HPV感染预防子宫颈癌的发生。

子宫颈筛查（二级预防）　健全妇女防癌保健网，广泛开展预防子宫颈癌相关知识的宣教，提高接受子宫颈癌筛查和预防性传播、性疾病的自觉性。

检查治疗（三级预防）　对发现异常结果的妇女，需进一步检查治疗，把病变阻断在癌前期或早期。

第二节　子宫颈残端癌

子宫颈残端癌（stump carcinoma of the cervix）是指子宫次全切除术后，在残留的子宫颈部发现的癌变。根据子宫次全切除术至发现子宫颈残端癌的时间间隔，可分为两类：①真性残端癌（genuine stump carcinoma），指在子宫次全切除术后2年以上新发生的癌，也可在数年或更长的时间发生，占子宫颈残端癌的95.5%。临床上所指的子宫颈残端癌为此类型。②假性残端癌或残留癌（pseudo stump carcinoma），指在子宫次全切除术后2年以内发现者，多于术前已有癌的存在，但未能发现，不能诊断为子宫颈残端癌。子宫颈残端癌的病因、临床表现均与子宫颈癌相似。

【发病率】　子宫颈残端癌在临床上较少见，为子宫颈癌的一个特殊类型。其发生率的高低与施行子宫次全切除术的多少有关。国外文献报道为1.2%～10.7%，国内报道为0.44%～0.7%。

【病理】　病理类型：以鳞状细胞癌为主，占87.6%～96%，腺癌占4%～12.4%；而其他类型如腺鳞癌、小细胞癌、未分化癌共占约 1.5%。

【转移途径】 和子宫颈癌相似,以局部蔓延及淋巴转移为主,其次为血道转移。由于手术操作,使子宫颈周围的组织,包括淋巴系统被扰乱及破坏,术后建立起的广泛侧支循环淋巴网,增加了淋巴转移的可能性。

【诊断】

1. 诊断和临床分期 根据患者有次全子宫切除的病史,临床症状、体征及病理结果等进行诊断;对可疑或难以确诊的病例,如高分化腺癌,可进行多次子宫颈活检,子宫颈管搔刮或子宫颈锥切术,以免误诊和漏诊;其他的辅助检查与一般子宫颈癌相同。

子宫颈残端癌的临床分期原则按照 2009 年 FIGO 的子宫颈癌分期标准。

2. 临床诊断 与一般子宫颈癌一样,早期发现和早期诊断非常重要。检查方法有以下几种:①子宫颈细胞学检查;②阴道镜检查;③活体组织检查;④子宫颈管搔刮术;⑤盆腔三合诊检查。

【治疗】 子宫颈残端癌的治疗,存在一定的特殊性。由于子宫体已切除,盆腔解剖关系发生了改变,器官之间的粘连,给手术带来了一定的困难,也使放疗时腔内放射源的放置受限,剂量分布不理想,而达不到最佳剂量,因此治疗子宫颈残端癌必须强调个体化原则,要充分考虑患者年龄、肿瘤分期、瘤体大小、病理类型、解剖改变、残存子宫颈管长短、患者全身状况和医疗技术水平等对治疗效果的影响。

1. 手术治疗 一般主张早期残端癌,包括Ⅰ期和Ⅱa 期的病例,以手术治疗为宜。手术范围按子宫颈癌根治术进行,术者要有熟练的操作技巧,术中应小心分离膀胱与直肠,游离输尿管下段时,更要注意解剖关系,避免器官损伤。

2. 放疗 适用于子宫颈残端癌的各个期别,其总体原则与一般子宫颈癌相同。子宫颈残端癌因具特殊性,其放疗方法又不同于一般子宫颈癌:①子宫颈残端癌放疗的难点在于缺少了宫体及子宫颈管短小,腔内放疗剂量受到了一定的限制,使靶区剂量难以通过后装治疗来提高,只能通过增加全盆腔照射量来提高靶区剂量,放疗总剂量普遍比一般子宫颈癌为低;②腔内剂量不足,体外或阴道剂量会相应提高,使放疗并发症有所增加;术后粘连、血运障碍、对放射的耐受量降低等因素也增加了放疗的并发症。

全盆照射剂量在 30~50Gy 选择,同时行腔内后装治疗;子宫颈的大体积肿瘤可采用组织内插植治疗,有利于局部肿瘤的控制;如果子宫颈管长度为 2.5~3cm,可增加腔内治疗剂量,但要减少体外全盆照射剂量;肿瘤侵犯阴道中下 1/3 者,给予阴道黏膜下(0.5cm)照射,剂量 20~30Gy;Ⅳ期则行姑息性治疗。

3. 并发症

(1) 手术并发症:如前所述,手术易损伤输尿管下段、膀胱和直肠,导致各种瘘的发生,症状多出现在术后 7~14 天。通过提高术者的手术技巧及术中及时发现并处理损伤可以减少术后并发症的发生。

(2) 放疗并发症:近期并发症包括放疗中出现的胃肠道反应,多数能自行恢复;晚期并发症有放射性直肠炎,放射性膀胱炎,阴道直肠瘘,膀胱直肠瘘及阴道、直肠、膀胱纤维化,很难治愈,其发生率明显高于一般子宫颈癌。

【预后和随访】 子宫颈残端癌的预后因素同一般子宫颈癌,临床期别是影响预后的主要因素。其他因素有病理类型及淋巴结转移情况。

因为腔内放射剂量普遍低于一般子宫颈癌,故子宫颈残端癌患者的局部复发率高。治疗失败仍以盆腔复发,尤其是中心性复发为主。

随访:参见子宫颈癌章节。

【预防】 多数学者认为减少次全子宫切除病例数并非能控制子宫颈残端癌的发生,最关键的是在决定行子宫次全切除之前必须严格检查排除子宫颈癌;次全子宫切除术后残留的子宫颈仍需常规进行防癌检查,内容包括病史、妇科检查、子宫颈细胞学、HPV 检测等,如临床可疑或细胞学异常,转行阴道镜检查,在阴道镜指导下活检,必要时进行子宫颈管搔刮术,明确子宫颈有无病变,是预防子宫颈残端癌发生的关键。

(刘　蓉　叶丽华　王　华　张玉泉)

第十章　子宫体恶性肿瘤

学习目标

1. 了解子宫内膜癌的发病情况和致病因素。
2. 掌握子宫内膜增生过长与内膜癌的关系和子宫内膜癌的临床分期。
3. 掌握子宫内膜癌的病理、转移途径、临床表现、诊断及鉴别诊断。
4. 掌握子宫内膜癌的诊断方法。
5. 掌握子宫内膜癌治疗中根据不同情况手术、化疗、放疗和高效孕酮的应用。
6. 熟悉子宫肉瘤的病理、诊断和治疗。

第一节　子宫内膜癌

子宫内膜癌(endometrial carcinoma)是指子宫内膜发生的上皮性恶性肿瘤,绝大多数为腺癌。平均发病年龄为60岁。为女性生殖道常见的三大恶性肿瘤之一,占女性生殖道恶性肿瘤的20%~30%,近年来发病率有上升趋势。

【病因】　确切病因仍不清楚。目前认为子宫内膜癌有两种发病类型。

Ⅰ型:雌激素依赖型(estrogen-dependent)。雌激素对子宫内膜的长期持续刺激,产生子宫内膜增生症(单纯型、复杂型与不典型增生过长),继而癌变。临床上可见于无排卵性功血、多囊卵巢综合征、功能性卵巢肿瘤、绝经后长期服用雌激素而无孕酮拮抗等。该型占子宫内膜癌的大多数,易发生在肥胖、高血压、糖尿病、未婚、少产的妇女,肿瘤分化较好,雌孕激素受体阳性率高,预后好。

Ⅱ型:非雌激素依赖型(estrogen-independent)。其发病与雌激素无明确关系。该型子宫内膜癌的病理形态属于少见类型,如子宫内膜浆液性癌、透明细胞癌、腺鳞癌、黏液腺癌等。多见于老年体瘦妇女,肿瘤恶性度高、分化差、雌孕激素受体多呈阴性,预后不良。

【病理】

1. 巨检　病变多见于宫底部内膜,以子宫两角附近居多。依病变形态和范围分为弥散型和局灶型。

(1) 弥散型:子宫内膜大部或全部为癌组织侵犯,癌灶常呈菜花样物从内膜表层长出并突向宫腔内。充满宫腔甚至脱出于宫口外。癌组织灰白色或淡黄色,表面有出血、坏死,有时形成溃疡。虽广泛累及内膜,但较少浸润肌层,晚期侵犯肌壁全层并扩展至子宫颈管。一旦癌灶阻塞子宫颈管则可导致宫腔积脓。

(2) 局灶型:癌灶局限于宫腔,多见于宫底部或宫角部,呈息肉或小菜花状,表面有溃疡。易出血。极早期病变很小。诊刮可能将其刮净。局限型癌灶易侵犯肌层。有时病变虽小,但却已浸润深肌层。

2. 镜检

(1) 内膜样腺癌：占 80%～90%。内膜腺体高度异常增生，上皮复层，并形成筛孔状结构。癌细胞异型明显，核大、不规则、深染，核分裂活跃，分化差的腺癌腺体少，腺结构消失，成实性癌块。

(2) 腺癌伴鳞状上皮分化：腺癌组织中含有鳞状上皮成分。按鳞状上皮的良恶性，良性为棘腺癌（腺角化癌），恶性为鳞腺癌，介于两者之间的称腺癌伴鳞状上皮不典型增生。

(3) 浆液性腺癌：复杂的乳头样结构，裂隙样腺体，明显的细胞复层和芽状结构形成，核异型性较大，约 1/3 患者伴砂粒体。恶性程度很高，易广泛累及肌层、脉管；无明显肌层浸润时，也可能发生腹腔播散。

(4) 黏液性癌：约占 5%，肿瘤半数以上由胞质内充满黏液的细胞组成，大多数腺体结构分化良好，病理形态与内膜样癌相似，预后较好。

(5) 透明细胞癌：占不足 5%。癌细胞呈实性片状、腺管状或乳头状排列，癌细胞胞质丰富、透亮，核异型居中，或由鞋钉状细胞组成。恶性程度较高，易早期转移。

【转移途径】 内膜癌生长缓慢，局限在内膜的时间较长，也有极少数发展较快。转移途径主要为直接蔓延、淋巴转移，晚期有血行转移。

1. 直接蔓延 癌灶初期沿子宫内膜蔓延生长，向上经宫角至输卵管，向下至子宫颈管，并继续蔓延至阴道。也可经肌层浸润至子宫浆膜面而延至输卵管、卵巢。并可广泛种植在盆腔腹膜、直肠子宫陷凹及大网膜。

2. 淋巴转移 为内膜癌的主要转移途径。当癌肿浸润至深肌层，或扩散到子宫颈管，或癌组织分化不良时，易发生淋巴转移。其转移途径与癌灶的生长部位有关。宫底部癌灶沿阔韧带上部淋巴管网，经骨盆漏斗韧带至卵巢，向上至腹主动脉旁淋巴结。宫角部癌灶沿圆韧带至腹股沟淋巴结。子宫下段及子宫颈管癌灶与子宫颈癌淋巴转移途径相同，可至宫旁、髂内、髂外、髂总淋巴结。子宫后壁癌灶可沿宫骶韧带扩散到直肠淋巴结。内膜癌也可向子宫前方扩散到膀胱，通过逆行引流到阴道前壁。

3. 血行转移 少见。晚期经血行转移至肺、肝、骨等处。

【分期】 子宫内膜癌的分期，采用 FIGO（2009 年）修订的手术病理分期（表 10-1）。

表 10-1　子宫内膜癌手术病理分期（FIGO，2009 年）

分期	癌肿累及范围
Ⅰ期	肿瘤局限于子宫体
ⅠA 期	肿瘤浸润深度<1/2 肌层
ⅠB 期	肿瘤浸润深度≥1/2 肌层
Ⅱ期	肿瘤侵犯子宫颈间质，但无子宫体外蔓延
Ⅲ期	肿瘤局部和（或）区域扩散
ⅢA 期	肿瘤累及浆膜层和（或）附件
ⅢB 期	阴道和（或）宫旁受累
ⅢC 期	盆腔淋巴结和（或）腹主动脉旁淋巴结转移
ⅢC1 期	盆腔淋巴结阳性
ⅢC2 期	腹主动脉旁淋巴结阳性伴（或不伴）盆腔淋巴结阳性

续表

分期	癌肿素及范围
Ⅳ期	肿瘤侵及膀胱和(或)直肠黏膜,和(或)远处转移
ⅣA 期	肿瘤侵及膀胱和(或)直肠黏膜
ⅣB 期	远处转移,包括腹腔内和(或)腹股沟淋巴结转移

【临床表现】

1. 症状 90%的患者出现阴道流血或阴道排液症状,在诊断时无症状者不足5%。

(1) 阴道流血:主要表现绝经后阴道流血,量一般不多,大量出血者少见,或为持续性或间歇性流血;尚未绝经者则诉经量增多、经期延长或经间期出血。

(2) 阴道排液:少数患者诉排液增多,早期多为浆液性或浆液血性排液,晚期合并感染则有脓血性排液,并有恶臭。

(3) 疼痛:通常不引起疼痛。晚期癌瘤浸润周围组织或压迫神经引起下腹及腰骶部疼痛,并向下肢及足部放射。癌灶侵犯子宫颈,阻塞子宫颈管导致子宫腔积脓时,出现下腹胀痛及痉挛样疼痛。

(4) 全身症状:晚期患者常伴全身症状,如贫血、消瘦、恶病质、发热等。

2. 体征 早期时妇科检查无明显异常,当病情逐渐发展,子宫增大、稍软;晚期时偶见癌组织自宫口脱出。质脆,触之易出血。若合并宫腔积脓,子宫明显增大、极软。癌灶向周围浸润,子宫固定,或在宫旁,或在盆腔内扪及不规则结节块状物。

【诊断】 除根据病史、症状和体征外,最后确诊需根据分段刮宫病理检查结果。

1. 病史 注意本病的高危因素,如老年、肥胖、绝经延迟、少孕或不孕等。并需询问家族肿瘤史。

2. 临床表现 根据上述症状、体征,即可疑为子宫内膜癌。围绝经期妇女月经紊乱或绝经后再现不规则阴道流血,均应先除外内膜癌后,再按良性疾病处理。

3. 诊断性刮宫 是确诊内膜癌最常用最可靠的方法。先用小刮匙环刮子宫颈管,再进宫腔搔刮内膜,取得的刮出物分瓶标记送病理检查。分段刮宫操作要小心,以免穿孔,尤其当刮出多量豆腐渣样组织疑为内膜癌时。只要刮出物已足够送病理检查,即应停止操作。

4. 其他辅助诊断方法

(1) 子宫内膜抽吸活检:方法简便,国外报道其诊断的准确性与诊断性刮宫相当,但国内尚未普遍开展。

(2) B 型超声检查:极早期时见子宫正常大,仅见宫腔线紊乱、中断。典型子宫内膜癌声像图为子宫增大或绝经后子宫相对增大,宫腔内见实质不均回声区,形态不规则,宫腔线消失,有时见肌层内不规则回声紊乱区,边界不清,可做出肌层浸润程度的诊断。

(3) 宫腔镜检查:可直接观察宫腔及子宫颈管内有无癌灶存在,癌灶大小及部位,直视下取材活检,对局灶型子宫内膜癌的诊断更为准确。

(4) 磁共振成像(MRI):对肌层浸润深度和子宫颈间质浸润有较准确的判断,计算机体层成像(CT)可协助判断有无子宫外转移。

【鉴别诊断】 子宫内膜癌需与下列疾病作鉴别。

（1）功能失调性子宫出血：以月经紊乱、经量增多、经期延长及不规则阴道流血为主要表现。妇科检查无异常发现，诊断性刮宫和活组织检查可以确诊。

（2）萎缩性阴道炎：主要表现为血性白带。检查时可见阴道黏膜变薄、充血或有出血点、分泌物增多等表现。必要时可先抗感染治疗，再作诊断性刮宫。

（3）子宫黏膜下肌瘤或子宫内膜息肉：有月经过多或不规则阴道流血，可行B型超声检查、宫腔镜检查及诊断性刮宫以明确诊断。

（4）内生型子宫颈癌、子宫肉瘤及输卵管癌：均可有阴道排液增多或不规则流血。内生型子宫颈癌因癌灶位于子宫颈管内，子宫颈管变粗、硬或呈桶状。子宫肉瘤可有子宫明显增大、质软。输卵管癌以间歇性阴道排液、阴道流血、下腹隐痛为主要症状，可有附件包块。分段诊刮及影像学检查可协助鉴别。

【预防】 预防及早期发现子宫内膜癌的措施有：①围绝经期妇女月经紊乱或不规则阴道流血者应先除外内膜癌；②绝经后妇女出现阴道流血应警惕内膜癌的可能；③正确掌握使用雌激素的指征；④对有高危因素的人群，如肥胖、不孕、绝经延迟、长期应用雌激素及他莫昔芬等，应密切随访或监测。

【治疗】 治疗应根据肿瘤累及范围及组织学类型，结合患者年龄及全身情况制订适宜的治疗方案。主要的治疗方法为手术、放疗及药物（化学药物及激素）治疗。早期患者以手术治疗为主，术后根据高危因素选择辅助治疗。

1. 手术治疗 为首选的治疗方法。手术目的：一是进行手术-病理分期；二是切除病变子宫及其他可能存在的转移病灶。术中首先结扎输卵管伞端，留取腹水或腹腔冲洗液进行细胞学检查，然后全面探查腹腔内脏器，对可疑病变取样送病理检查。子宫切除标本应在术中常规剖视，确定肌层侵犯深度，必要时可行冷冻切片检查，以进一步决定手术范围。切除的标本应常规进行病理学检查，并行雌、孕激素受体检测，作为术后选用辅助治疗的依据。

Ⅰ期患者行筋膜外全子宫切除术及双侧附件切除术。有下述情况之一者，行盆腔淋巴结切除术及腹主动脉旁淋巴结取样：①可疑的盆腔和（或）腹主动脉旁淋巴结转移；②特殊病理类型，如浆液性腺癌、透明细胞癌、鳞状细胞癌、癌肉瘤、未分化癌等；③子宫内膜样腺癌G3；④深肌层浸润；⑤癌灶累及宫腔面积超过50%。Ⅱ期患者行改良根治性子宫切除术及双侧附件切除术，同时行盆腔淋巴结切除术及腹主动脉旁淋巴结取样。Ⅲ期和Ⅳ期患者的手术应个体化，尽可能切除所有肉眼可见的病灶，手术范围也与卵巢癌相同，进行肿瘤细胞减灭术。

2. 放疗 是治疗子宫内膜癌的有效方法之一。单纯放疗仅用于有手术禁忌证或无法手术切除的晚期患者。对Ⅰ期G1、不能接受手术治疗者，可选用单纯腔内照射，其他各期均应采用腔内、腔外照射联合治疗。术后放疗是Ⅰ期高危和Ⅱ期内膜癌最主要的术后辅助治疗，可降低局部复发，改善无瘤生存期。术后辅助放疗可能使有深肌层浸润、G3及淋巴结转移者获益。对Ⅲ期和Ⅳ期病例，通过放疗和手术及化疗联合应用，可提高疗效。

3. 化疗　为晚期或复发子宫内膜癌的综合治疗措施之一,也可用于术后有复发高危因素患者的治疗,以期减少盆腔外的远处转移。常用化疗药物有顺铂、紫杉醇、环磷酰胺,氟尿嘧啶、丝裂霉素、依托泊苷等。可单独或联合应用,也可与孕激素合并应用。

4. 孕激素治疗　对晚期或复发癌患者、不能手术切除或年轻、早期、要求保留生育功能者,均可考虑孕激素治疗。其机制可能是孕激素与癌细胞孕激素受体结合形成复合物进入细胞核,延缓 DNA 和 RNA 的复制,从而抑制癌细胞的生长。对分化好、生长缓慢、雌孕激素受体含量高的子宫内膜癌治疗效果较好。孕激素以高效、大剂量、长期应用为宜,至少应用 12 周以上方可评定疗效。孕激素受体(PR)阳性者有效率可达 80%。常用药物:口服醋酸甲羟孕酮200~400mg/d;己酸孕酮 500mg,肌内注射每周 2 次。长期使用可有水钠潴留、浮肿或药物性肝炎等不良反应,停药后逐渐好转。

5. 抗雌激素制剂　他莫昔芬为一种非甾体类抗雌激素药物,并有微弱的雌激素作用,也可用以治疗子宫内膜癌。其适应证与孕激素治疗相同。一般剂量为 10~20mg,每日口服 2 次,长期或分疗程应用。

【预后】　影响子宫内膜癌预后的高危因素有:非子宫内膜样癌或低分化腺癌、深肌层浸润、脉管间隙受侵、肿瘤体积大、子宫颈转移、淋巴结转移和子宫外转移等。

【随访】　完成治疗后应定期随访,及时确定有无复发。随访内容应包括详细询问病史、盆腔检查、阴道细胞学涂片、胸部 X 线摄片、血清 CA125 检测等,必要时可作 CT 及 MRI 检查。随访时间:一般术后 2~3 年内每 3 个月随访 1 次,3 年后每 6 个月 1 次,5 年后每年 1 次。

第二节　子 宫 肉 瘤

子宫肉瘤(uterine　sarcoma)罕见,是恶性程度高的女性生殖道肿瘤,来源于子宫肌层、肌层内结缔组织和内膜间质,占子宫恶性肿瘤的 2%~4%,多见于 40~60 岁以上的妇女。

【组织发生及病理】　根据不同的组织发生来源,主要有以下几种。

1. 子宫平滑肌肉瘤　子宫平滑肌肉瘤(leiomyosarcoma)最多见,分为原发性和继发性两种。原发性平滑肌肉瘤是指由具有平滑肌分化的细胞组成的恶性肿瘤,是子宫最常见的恶性间叶性肿瘤,发自子宫肌壁或肌壁间血管壁的平滑肌组织。此种肉瘤呈弥漫性生长,与子宫壁之间无明显界限,无包膜。继发性平滑肌肉瘤为原已存在的平滑肌瘤恶变,肌瘤恶变常自肌瘤中心部分开始,向周围扩展直到整个肌瘤发展为肉瘤,此时往往侵及包膜。通常肿瘤的体积较大,切面为均匀一致的黄色或红色结构,呈鱼肉状或豆渣样。镜下平滑肌肉瘤细胞呈梭形,细胞大小不一致,形态各异,排列紊乱,有核异型,染色质深,核仁明显,细胞质呈碱性,有时有巨细胞出现。核分裂象>5/10HP。继发性子宫肉瘤的预后比原发性子宫肉瘤好。子宫平滑肌肉瘤易发生盆腔血管、淋巴结及肺转移。

2. 子宫内膜间质肉瘤　子宫内膜间质肉瘤(endometrial stromal sarcoma,ESS)来自子宫内膜间质细胞,分三类。

(1) 子宫内膜间质结节:病灶局限于子宫,边界清楚,质硬无浸润,无淋巴管或血管侵袭,通常核分裂象<5/10HP。

(2) 子宫内膜间质肉瘤(既往称为低度恶性子宫内膜间质肉瘤):有向宫旁组织转移的倾向,较少发生淋巴及肺转移。复发迟,平均初始治疗后5年复发。大体见子宫球状增大,有颗粒样或小团块状突起,质如橡皮,富有弹性。切面见肿瘤呈息肉状或结节状,子宫内膜突向宫腔或侵及肌层,有时息肉有长蒂可达子宫颈口外。瘤组织呈鱼肉状,均匀一致,呈黄色。镜下见子宫内膜间质细胞形态大小一致,细胞质少,核分裂象<10/10HP。

(3) 高度或未分化子宫内膜肉瘤:少见,恶性程度高,预后差。大体见肿瘤多发生在子宫底部,呈息肉状向宫腔突起,质软且脆,常伴有出血坏死。切面呈灰黄色,鱼肉状。当侵入肌层时,肌壁则呈局限性或弥漫性增厚。镜下肿瘤细胞分化程度差,细胞大小不一致,核深染,异型性明显,核分裂象>10/10HP。

3. 上皮和间叶混合性肉瘤　指肿瘤中由上皮和间叶两种成分组成的恶性肿瘤,根据上皮成分的良恶性,又分为腺肉瘤和癌肉瘤。

(1) 腺肉瘤(adenosarcoma):是含有良性腺上皮成分及肉瘤样间叶成分的双向分化肿瘤。多见于绝经后妇女,也可见于青春期或育龄期女性。腺肉瘤呈息肉样生长,突入宫腔,较少侵犯肌层,切面常呈灰红色。镜下可见被间质挤压呈裂隙状的腺上皮成分,周围间叶细胞排列密集,细胞轻度异型,核分裂象>4/10HP。

(2) 癌肉瘤(carcinosarcoma):是一种由恶性上皮和恶性间叶成分混合组成的子宫恶性肿瘤,也称恶性中胚叶混合瘤(malignant mesodermal mixed tumor,MMMT)。常见于绝经后妇女。肿瘤体积可以很大,并侵犯子宫肌层,伴出血、坏死。镜下见恶性上皮成分通常为Mullerian型上皮,间叶成分分为同源性和异源性,后者常见恶性软骨、骨骼肌及横纹肌成分,恶性明显。

【临床表现】

1. 症状　早期症状不明显。最常见的症状是不规则阴道流血,量或多或少,出血来自向宫腔生长的肿瘤表面破裂。若合并感染坏死,可有大量脓性分泌物排出。肉瘤生长快,子宫迅速增大或瘤内出血、坏死,子宫肌壁破裂时可引起急性腹痛。增大的子宫可压迫膀胱或直肠,出现尿频、尿急、尿潴留、大便困难等症状。晚期患者全身消瘦、贫血、低热或出现肺、脑转移的相应症状。

2. 体征　子宫增大,外形不规则。子宫颈口有息肉或肌瘤样肿块,呈紫红色,极易出血。继发感染后有坏死及脓性分泌物。晚期肉瘤可累及骨盆侧壁,子宫固定不活动,可转移至肠管及腹腔,但腹腔积液少见。

【诊断】　因子宫肉瘤的临床表现与子宫肌瘤及其他恶性肿瘤相似,故术前诊断较困难。对绝经后妇女及幼女的子宫颈赘生物、迅速增大伴疼痛的子宫肌瘤,均应考虑有无子宫肉瘤的可能。确诊依据为组织病理学检查。

【临床分期】　子宫肉瘤的分期采用FIGO(2009年)制定的手术病理分期(表10-2)。

表10-2　子宫肉瘤手术病理分期(FIGO,2009年)

分期	癌肿累及范围
(1)子宫平滑肌肉瘤和癌肉瘤	
Ⅰ期	肿瘤局限于子宫体
ⅠA期	肿瘤<5cm
ⅠB期	肿瘤≥5cm

续表

分期	癌肿累及范围
Ⅱ期	肿瘤侵及盆腔
ⅡA期	附件受累
ⅡB期	子宫外盆腔内组织受累
Ⅲ期	肿瘤侵及腹腔组织(不包括子宫肿瘤突入腹腔)
ⅢA期	一个病灶
ⅢB期	一个以上病灶
ⅢC期	盆腔淋巴结和(或)腹主动脉旁淋巴结转移
Ⅳ期	膀胱和(或)直肠或有远处转移
ⅣA期	肿瘤侵及膀胱和(或)直肠
ⅣB期	远处转移
(2)子宫内膜间质肉瘤和腺肉瘤	
Ⅰ期	肿瘤局限于子宫体
ⅠA期	肿瘤局限于子宫内膜或子宫颈内膜,无肌层浸润
ⅠB期	肌层浸润≤1/2
ⅠC期	肌层浸润>1/2
Ⅱ期	肿瘤侵及盆腔
ⅡA期	附件受累
ⅡB期	子宫外盆腔内组织受累
Ⅲ期	肿瘤侵及腹腔组织(不包括子宫肿瘤突入腹腔)
ⅢA期	一个病灶
ⅢB期	一个以上病灶
ⅢC期	盆腔淋巴结和(或)腹主动脉旁淋巴结转移
Ⅳ期	膀胱和(或)直肠或有远处转移
ⅣA期	肿瘤侵及膀胱和(或)直肠
ⅣB期	远处转移
(3) 癌肉瘤:分期同子宫内膜癌	

【治疗】 治疗原则以手术为主。Ⅰ期和Ⅱ期行全子宫及双侧附件切除术。子宫内膜间质肉瘤和癌肉瘤还应行淋巴结切除。子宫平滑肌肉瘤因淋巴转移率低,是否切除淋巴结尚存在争议。根据期别和病理类型,术后化疗或放疗有可能提高疗效。Ⅲ期及Ⅳ期应考虑手术、放疗和化疗综合治疗。目前对肉瘤化疗效果较好的药物有顺铂、多柔比星、异环磷酰胺等,常用联合方案。低度恶性子宫内膜间质肉瘤含雌孕激素受体,孕激素治疗有一定效果。

【预后】 子宫肉瘤复发率高,预后差。5年生存率20%~30%。预后与肉瘤类型、恶性程度、肿瘤分期、有无转移及治疗方法有关。继发性子宫平滑肌肉瘤及子宫内膜间质肉瘤预后相对较好,高度或未分化子宫内膜间质肉瘤及癌肉瘤预后差。

(李 咏 杨晓清 王 华 张玉泉)

第十一章 卵巢肿瘤

学习目标

1. 了解卵巢肿瘤的组织学分类法及常见肿瘤的病理和临床特点。
2. 掌握良性卵巢肿瘤与恶性肿瘤的鉴别诊断。
3. 掌握卵巢恶性肿瘤的转移途径、临床分期、临床表现。
4. 掌握卵巢肿瘤的常见并发症及卵巢肿瘤的诊断与处理原则。

卵巢肿瘤是女性生殖系统常见的肿瘤,可发生于任何年龄。卵巢恶性肿瘤是妇科三大恶性肿瘤之一。因卵巢位于盆腔深部,缺乏有效的早期诊断方法,确诊时已多为晚期,晚期病例也缺乏有效的治疗手段,因此在所有妇科恶性肿瘤中,卵巢恶性肿瘤致死率居首位,已成为严重威胁妇女生命和健康的主要肿瘤。

第一节 卵巢肿瘤概论

卵巢组织成分复杂,是全身各脏器原发肿瘤类型最多的脏器,除了组织学类型繁多,尚有良性、交界性和恶性之分。卵巢又是胃肠道肿瘤、乳腺癌、子宫内膜癌转移的常见部位。

【组织学分类】 分类方法多,最常见的是世界卫生组织(WHO)的卵巢肿瘤组织学分类(2003 年制定,表 11-1)。

表 11-1 卵巢肿瘤组织学分类(WHO,2003 年,部分内容)

一、上皮性肿瘤(良性、交界性、恶性)	3. 混合性或未分类的性索-间质肿瘤
1. 浆液性肿瘤	4. 类固醇细胞肿瘤
2. 黏液性肿瘤,子宫颈样型及肠型	三、生殖细胞肿瘤
3. 子宫内膜样肿瘤,包括变异型和鳞状分化	1. 无性细胞瘤
4. 透明细胞肿瘤	2. 卵黄囊瘤
5. 移行细胞肿瘤	3. 胚胎性癌
6. 鳞状细胞肿瘤	4. 多胎瘤
7. 混合性上皮性肿瘤	5. 非妊娠性绒癌
8. 未分化和未分类肿瘤	6. 畸胎瘤{未成熟型 成熟型:实性、囊性(皮样囊肿、皮样囊肿恶变) 单胚性和高度特异性(卵巢甲状腺肿和类癌)
二、性索-间质肿瘤	
1. 颗粒细胞-间质细胞肿瘤{颗粒细胞瘤 卵泡膜细胞瘤-纤维瘤{卵泡膜细胞瘤 纤维瘤	7. 混合型 四、转移性肿瘤
2. 支持细胞-间质细胞肿瘤(睾丸母细胞瘤)	

【恶性肿瘤的转移途径】 卵巢癌转移主要通过直接蔓延及腹腔种植,淋巴转移也是卵

巢恶性肿瘤的主要转移途径。血行转移较少见，晚期可转移到肺、胸膜及肝。通过直接蔓延及腹腔种植可形成盆腹腔内广泛转移灶，包括盆腹膜、大网膜、横膈、肝脏等腹腔脏器表面等部位。即使外观肿瘤局限在原发部位，也可有广泛微转移。淋巴转移途径有三种方式：沿卵巢血管经卵巢淋巴管向上至腹主动脉旁淋巴结；沿卵巢门淋巴管达髂内、髂外淋巴结，经髂总至腹主动脉旁淋巴结；沿圆韧带进入髂外及腹股沟淋巴结。横膈为转移的好发部位，尤其右膈下淋巴丛密集、最易受侵犯。

【恶性肿瘤分期】 采用 FIGO 的手术病理分期（表 11-2）。

表 11-2 卵巢恶性肿瘤的手术病理分期（FIGO，2006 年）

分期	癌肿累及范围
Ⅰ期	肿瘤局限于卵巢
ⅠA 期	肿瘤局限于一侧卵巢，包膜完整，卵巢表面无肿瘤；腹腔积液中未找到恶性细胞
ⅠB 期	肿瘤局限于双侧卵巢，包膜完整，卵巢表面无肿瘤；腹腔积液中未找到恶性细胞
ⅠC 期	肿瘤局限于单侧或双侧卵巢并伴有如下任何一项：包膜破裂；卵巢表面有肿瘤；腹腔积液或腹腔冲洗液有恶性细胞
Ⅱ期	肿瘤累及一侧或双侧卵巢，伴有盆腔扩散
ⅡA 期	扩散和（或）转移至子宫和（或）输卵管
ⅡB 期	扩散至其他盆腔器官
ⅡC 期	ⅡA 或ⅡB，伴有卵巢表面有肿瘤，或包膜破裂，或腹腔积液或腹腔冲洗液有恶性细胞
Ⅲ期	肿瘤侵犯一侧或双侧卵巢，并有组织学证实的盆腔外腹膜种植和（或）局部淋巴结转移；肝表面转移；肿瘤局限于真骨盆，但组织学证实肿瘤细胞已扩散至小肠或大网膜
ⅢA 期	肉眼见肿瘤局限于真骨盆，淋巴结阴性，但组织学证实腹腔腹膜表面存在镜下转移，或组织学证实肿瘤细胞已扩散至小肠或大网膜
ⅢB 期	一侧或双侧卵巢肿瘤，并有组织学证实的腹腔腹膜表面肿瘤种植，但直径≤2cm，淋巴结阴性
ⅢC 期	盆腔外腹膜转移灶直径>2cm，和（或）区域淋巴结转移
Ⅳ期	肿瘤侵犯一侧或双侧卵巢，伴有远处转移。有胸腔积液且胸腔肿瘤细胞阳性为Ⅳ期；肝实质转移为Ⅳ期

【临床表现】

1. 卵巢良性肿瘤 肿瘤较小时多无症状，发展缓慢，常在妇科检查时偶然发现。肿瘤逐渐增大时，可感腹胀，或腹部可扪及肿块，边界清楚，妇科检查可在子宫一侧或双侧触及球形肿块，多为囊性，表面光滑，活动，与子宫无粘连。如果肿瘤增大至充满盆、腹腔时，可出现压迫症状，如尿频、便秘、气急、心悸等。查体可见腹部膨隆，包块活动度差，叩诊实音，无移动性浊音。

2. 卵巢恶性肿瘤 早期常无症状。晚期主要症状为腹胀、腹部肿块、腹腔积液及其他消化道症状，部分患者可有消瘦、贫血等恶病质表现。症状的轻重取决于：肿瘤的大小、位置、侵犯邻近器官的程度；肿瘤的组织学类型；有无并发症。肿瘤如果向周围组织浸润或压迫神经，可引起腹痛、腰痛或下肢疼痛；若压迫盆腔静脉可出现下肢水肿；功能性肿瘤产生雌激素或雄激素过多症状，出现不规则阴道流血或绝经后出血。三合诊检查可在直肠子宫陷凹处触及盆腔内质硬结节或肿块，多为双侧，实性或囊实性，表面凹凸不平，活动度差，与周围组织分界不清，常伴有腹水。有时可在腹股沟、腋下或锁骨上触及肿大的淋巴结。

【诊断】 卵巢肿瘤虽无特异性症状，但是可结合患者年龄、病史特点及局部体征，并辅以必要的辅助检查来确定：盆腔肿块是否来自卵巢；卵巢肿块的性质是否为肿瘤；卵巢肿瘤是良性还是恶性；肿瘤的可能组织学类型；恶性肿瘤的转移范围。常用的辅助检查有以下几种。

1. 影像学检查

（1）B 型超声检查：可了解肿块的部位、大小、形态，提示肿瘤性质（囊性或实性，囊内有无乳头）。可鉴别卵巢肿瘤、腹水和结核性包裹性积液。临床诊断符合率>90%，但直径<1cm 的实性肿瘤不易测出。彩色多普勒超声扫描可测定卵巢及其新生组织的血流变化，有助于诊断。

（2）MRI：可较好地显示肿块及肿块与周围的关系，有利于病灶定位及病灶与相邻结构关系的确定。

（3）CT：可清晰显示肿块：良性肿瘤多呈均匀性吸收，囊壁薄，光滑；恶性肿瘤轮廓不规则，向周围浸润或伴有腹水。CT 可判断肿瘤周围侵犯及远处的转移情况，对手术方案的制订有较大优势。

（4）PET 或 PET-CT：对卵巢肿瘤的敏感性和特异性均不高，一般不推荐用于初次诊断。

（5）腹部 X 线摄片：卵巢畸胎瘤可显示牙齿、骨质及钙化囊壁。

2. 肿瘤标志物 目前尚无任何一种肿瘤标志物为某一肿瘤专有，各种类型的卵巢肿瘤可具有相对较特殊的标志物，可辅助诊断。

（1）CA125：80% 卵巢上皮性癌患者血清 CA125 高于正常，90% 以上患者 CA125 水平与病情缓解或加重相关，故更多用于病情监测和疗效评估。正常值为 35U/ml。子宫内膜异位症、盆腔炎等疾病 CA125 也会轻度升高。

（2）AFP：对卵巢内胚窦瘤有特异性诊断价值，对未成熟畸胎瘤、含卵黄囊成分的混合性无性细胞瘤也有协助诊断的意义，其 AFP 也可升高。正常值为 20~25U/ml。

（3）HCG：对非妊娠性卵巢绒癌诊断有特异性，恶性生殖细胞肿瘤常为混合型，HCG 也升高。

（4）性激素：颗粒细胞瘤、卵泡膜细胞瘤产生较高水平的雌激素，浆液性、黏液性囊腺瘤或勃勒纳瘤有时也可分泌一定量的雌激素。

（5）人附睾蛋白 4（HE4）：HE4 是继 CA125 后被高度认可的卵巢上皮性癌肿瘤标志物，目前推荐其与 CA125 联合应用来判断盆腔肿块的良、恶性。

3. 腹腔镜检查 可直接观察肿块情况，了解盆腔、腹腔及横膈等部位的情况，在可疑部位进行多点活检，可抽取腹腔积液行细胞学检查。但是有其局限性，比如，无法观察腹膜后淋巴结。对巨大肿块或粘连性肿块禁忌腹腔镜检查。

4. 细胞学检查 腹水或腹腔冲洗液找癌细胞对Ⅰ期患者进一步确定分期及选择治疗有意义，若有胸腔积液应做细胞学检查确定有无胸腔转移并可以随访观察疗效。

【鉴别诊断】

1. 卵巢良性肿瘤与恶性肿瘤的鉴别(表 11-3)

表 11-3　卵巢良性肿瘤和恶性肿瘤的鉴别

鉴别内容		良性肿瘤	恶性肿瘤
病史	年龄	20~50 岁	<20 岁,>50 岁
	病程	长,生长缓慢	短,迅速增大
体征	包块部位性质	单侧多,囊性,光滑,活动	双侧多,实性或囊实性,不规则,固定,结节状
	腹水征	无	多为血性腹水,可查到恶性细胞
一般情况		良好	可有消瘦、恶病质
B 型超声		肿瘤边界清楚,液性暗区,有间隔光带	边界不清,暗区内有杂乱光团、光点(实质、囊实或囊性囊内有乳头)
CA125		<35U/ml	>35U/ml

2. 卵巢良性肿瘤的鉴别诊断

(1) 卵巢瘤样病变(ovarian tumor like condition):滤泡囊肿和黄体囊肿是育龄期妇女最常见的卵巢瘤样病变。多为单侧,壁薄,直径≤5cm。可观察或口服避孕药,2~3 个月内可自行消失;若肿块持续存在或增大,应考虑卵巢肿瘤的可能性。

(2) 输卵管卵巢囊肿:为炎性囊性积液,常有不孕或盆腔炎性疾病病史。两侧附件区有不规则条形囊性包块,边界较清,活动差。

(3) 子宫肌瘤:浆膜下子宫肌瘤或子宫肌瘤发生囊性变时,容易与卵巢肿瘤混淆。子宫肌瘤常为多发性,与子宫相连,检查时随子宫体及子宫颈移动。可有月经改变症状,通过 B 型超声检查可协助鉴别。

(4) 腹腔积液:大量腹水应与巨大卵巢囊肿鉴别。腹水常有肝、心、肾脏病史,平卧时腹部两侧突出如蛙腹,叩诊中间鼓音,两侧浊音,移动性浊音阳性;B 型超声检查见不规则液性暗区,液平面随体位改变,其间有肠曲光团浮动,无占位性病变。而巨大卵巢囊肿平卧时于腹部中间隆起,叩诊中间浊音,两侧鼓音,无移动性浊音,有清晰的边界;B 型超声检查见球形液性暗区,边界整齐光滑,液平面不随体位移动。

(5) 妊娠子宫:妊娠早期或中期时,子宫增大变软,峡部变软,查体时子宫体和子宫颈似不相连,容易将子宫体误认为是卵巢肿瘤。通过停经史、B 超及血或尿 HCG 可鉴别诊断。

3. 卵巢恶性肿瘤的鉴别诊断

(1) 子宫内膜异位症:内异症形成的粘连性肿块及直肠子宫陷凹结节有时与卵巢恶性肿瘤很难鉴别。内异症常有进行性加重的痛经、经量过多、不规则阴道流血等症状。通过 B 型超声、腹腔镜等检查有助于鉴别,必要时可剖腹探查以明确诊断。

(2) 结核性腹膜炎:有肺结核史,合并腹水和盆腹腔内粘连性块物。多发生于年轻、不孕妇女,常伴月经稀少或闭经。有低热、盗汗、消瘦、乏力、食欲不振等结核的全身症状。妇科检查时可发现肿块位置较高,形状不规则,界限不清,不活动。叩诊时鼓音和浊音分界不清。X 线胸部摄片、B 型超声检查、胃肠检查等多可协助诊断,必要时行剖腹探查或腹腔镜检查作活检以明确诊断。

(3) 生殖道以外的肿瘤:需与腹膜后肿瘤、直肠癌、乙状结肠癌等鉴别。腹膜后肿瘤固定不动，位置低者可使子宫、直肠或输尿管移位。肠癌多有消化道症状。B型超声检查、钡剂灌肠、肠镜、静脉肾盂造影等检查有助于鉴别。

【并发症】

1. 蒂扭转　蒂扭转是常见的妇科急腹症之一，约10%卵巢肿瘤可发生蒂扭转，见图11-1。好发于瘤蒂较长、活动度良好、中等大小、重心偏于一侧的肿瘤，如皮样囊肿。蒂扭转常发生在患者体位突然改变时，或在妊娠期、产褥期子宫大小、位置改变时。卵巢肿瘤扭转的蒂由骨盆漏斗韧带、卵巢固有韧带和输卵管组成。卵巢肿瘤发生急性扭转后由于静脉回流受阻，瘤内极度充血或血管破裂导致瘤内出血，瘤体迅速增大，后因动脉血流受阻，肿瘤可发生坏死变为紫黑色，可破裂和继发感染。

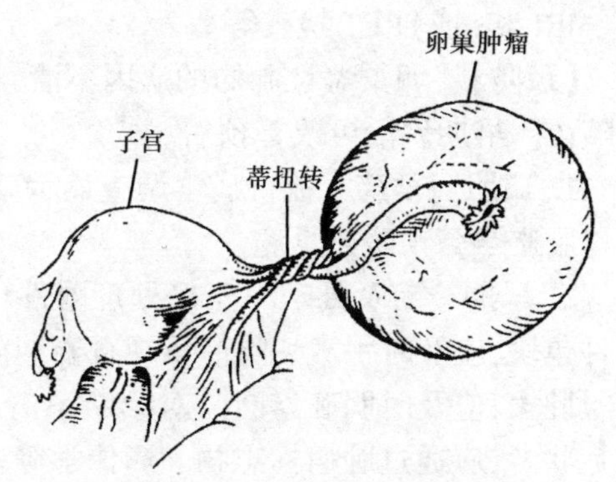

图11-1　卵巢肿瘤蒂扭转

蒂扭转的典型症状是突然发生一侧下腹剧痛，常伴恶心、呕吐甚至休克，为腹膜牵引或绞窄引起。妇科检查时可扪及张力较大的肿块，压痛明显，以蒂部最明显。有时不全扭转也可自然复位，腹痛随之缓解。卵巢肿瘤蒂扭转一经确诊应尽快行剖腹手术。术时应先在扭转蒂部靠子宫的一侧钳夹后，再切除肿瘤和扭转的瘤蒂，钳夹前不可将扭转的蒂回复，以防血栓脱落造成重要器官栓塞。

2. 破裂　约3%卵巢肿瘤会发生破裂，破裂有外伤性或自发性。外伤性破裂常在腹部受外力撞击、分娩、性交、妇科检查及穿刺后引起。自发性破裂常因肿瘤生长过快导致，发生恶性变浸润性生长时可穿破囊壁所致。其症状轻重取决于破裂口大小、流入腹腔囊液的量和性质。破裂有时可导致腹腔内出血、腹膜炎及休克。妇科查体时可发现腹部压痛、腹肌紧张，可有腹水征，原先存在的肿块消失或扪及缩小的肿块。疑有肿瘤破裂时应立即剖腹探查手术，术中尽量吸净囊液，并涂片行细胞学检查，彻底清洗盆、腹腔，注意破口边缘有无恶变，标本应送病理学检查。

3. 感染　较少见。多因卵巢肿瘤蒂扭转或破裂后继发感染，也可由于邻近器官感染灶（如阑尾脓肿）发生扩散。患者可表现为发热、腹痛、腹部压痛反跳痛、腹肌紧张、腹部能扪及肿块及白细胞升高等。治疗应先积极抗感染治疗，然后手术切除肿瘤。如果感染较严重，或者短期内感染不能控制，应立即手术切除感染灶。

4. 恶变　卵巢良性肿瘤可发生恶变，早期无症状不易发现。如果发现肿瘤生长迅速，特别是双侧性的卵巢肿瘤，应考虑有恶变可能，因此确诊为卵巢肿瘤者应尽早手术。

【恶性肿瘤预后】　预后与分期、病理类型及分级、年龄、治疗方式等有关。以分期和初次手术后残存灶大小最重要，期别越早、残余灶越小，预后越好。低度恶性肿瘤疗效较恶性程度高者为佳；细胞分化良好者疗效较分化不良者好；对化疗药物敏感者，疗效较好；术后残余癌灶直径<1cm者，化疗效果较明显；老年患者免疫功能低下，预后不如年轻患者。

【恶性肿瘤随访与监测】　卵巢恶性肿瘤易复发，应长期随访和监测。

1. 随访时间　治疗后第1年每3个月随访1次；第2~4年每4~6个月随访1次；第5年及以后每年随访1次。

2. 随访内容　包括临床症状、体征、全身及盆腔检查（包括乳腺检查），B型超声检查。

肿瘤标志物测定，如血清 CA125、AFP、HCG 等，根据组织学类型选择。对可产生性激素的肿瘤可检测雌激素、孕激素和雄激素。临床检查或肿瘤标志物检查提示肿瘤复发时可选择 CT、MRI 和(或)PET 检查等。

【预防】 卵巢恶性肿瘤的病因不清，难以预防。但应积极采取措施对高危人群严密监测随访。早期诊治可改善预后。

1. 口服避孕药 流行病学调查显示口服避孕药是卵巢上皮性癌的保护因素，高危妇女可口服避孕药预防卵巢癌。

2. 早期诊断及处理 正确处理附件包块，对实质性，或囊实相间，或直径>5cm 的囊性附件包块，应及时手术切除。重视青春期前、绝经后或生育年龄口服避孕药的妇女，若发现卵巢肿大，应及时明确诊断。对诊断不清或治疗无效的，尤其对发现于绝经后或伴有消化道症状者，应通过肿瘤标志物和影像学等检查，必要时行腹腔镜检查明确诊断，有恶性征象时及早手术，切忌盲目观察随访。

3. 开展普查普治 30 岁以上妇女每年应行妇科检查；高危人群每半年检查 1 次，以早期发现或排除卵巢肿瘤。目前还缺乏有循证医学依据的卵巢癌筛查方案。应用血清 CA125 检测联合盆腔 B 型超声检查、盆腔检查用于普通人群筛查其敏感性和特异性尚不理想。

4. 预防性卵巢切除 遗传性卵巢癌综合征(HOCS)家族成员是发生卵巢癌的高危人群，与 *BRCA* 基因突变密切相关，因此，对 *BRCA* 基因突变者建议行预防性卵巢切除以预防卵巢癌的发生。乳癌、胃肠癌等患者，治疗后应严密随访，定期妇科检查，确定有无卵巢转移癌可能。

第二节　卵巢上皮性肿瘤

卵巢上皮性肿瘤(ovarian epithelial tumor)为最常见的卵巢肿瘤，占原发性卵巢肿瘤的 50%～70%，占卵巢恶性肿瘤的 85%～90%，发病年龄多见于 30～60 岁，很少发生在青春期和婴幼儿。可分为良性、恶性及交界性。交界性肿瘤是指形态和生物学行为界于良性和恶性之间，具有低度恶性潜能的肿瘤，上皮细胞增生活跃、细胞层次增加、核异型及核分裂象增加，常无间质浸润。生长缓慢，转移率低，复发迟。

肿瘤来源于卵巢表面的生发上皮，由胚胎时期原始体腔上皮转化而来，具有分化为各种苗勒上皮的潜能，向输卵管上皮分化，形成浆液性肿瘤；向子宫颈黏膜分化，形成黏液性肿瘤；向子宫内膜分化，形成子宫内膜样肿瘤。因此，依据上皮的组织学类型上皮性肿瘤可分为浆液性、黏液性和子宫内膜样肿瘤。

【发病相关因素】 卵巢上皮性肿瘤的病因尚不清楚。

1. 内分泌因素 未产、不孕、初潮早、绝经迟等是卵巢癌的危险因素，多次妊娠、哺乳和口服避孕药是保护因素。有学者提出持续排卵的假说，持续排卵使卵巢表面上皮不断损伤与不断修复，在修复过程中卵巢表面上皮细胞可能发生基因突变，增加卵巢上皮包涵囊肿形成的机会，从而诱发卵巢癌。

2. 遗传和家族因素 遗传基因已被认为是特殊相关因素。家族性卵巢癌占全部卵巢癌的 5%～10%，绝大多数遗传性卵巢癌和 *BRCA*1、*BRCA*2 基因突变有关，并与遗传性非息肉性结直肠癌综合征相关联。

【病理】 卵巢上皮肿瘤组织学类型主要有：

1. 浆液性肿瘤

(1) 浆液性囊腺瘤(serous cystadenoma):常见,约占卵巢良性肿瘤的25%。多为单侧,呈球形,大小不等,表面光滑,壁薄,由单个或多个纤维分隔的囊腔组成,囊内充满清亮液体,一般无囊壁的上皮性增厚和乳头状突起。镜下见囊壁为纤维结缔组织,囊腔由单层柱状上皮衬覆。

(2) 交界性浆液性囊腺瘤(borderline serous cystadenoma):中等大小,多为双侧,囊内较少有乳头状生长。镜下见乳头分支纤细而密,上皮细胞复层不超过3层,细胞轻度异型,核分裂<1/HP,无间质浸润,预后好。

(3) 浆液性囊性癌(serous cystadenocarcinoma):是最常见的卵巢恶性肿瘤,占卵巢上皮性癌的75%。多为双侧,体积大,半实质性,灰白色,结节状或分叶状,或有乳突状增生,切面为多房,腔内充满乳头,质脆,出血、坏死。镜下见囊壁上皮明显增生,复层排列,一般在4~5层以上。最主要的特征是伴有明显的癌细胞破坏性间质浸润。肿瘤细胞呈现癌细胞特点,细胞异型性明显,核分裂象多见,乳头分支多而复杂,呈树枝状分布,或呈未分化的特点。5年生存率仅为20%~30%。

2. 黏液性肿瘤

(1) 黏液囊性瘤(mucinous cystadenoma):常见,占卵巢良性肿瘤的20%。多为单侧,圆形或卵圆形,体积较大,表面光滑,灰白色,由多个大小不一的囊腔组成,囊腔内充满富含黏液蛋白和糖蛋白的胶冻样黏液,较少形成乳头。镜下见囊壁为纤维结缔组织,被覆单层高柱状上皮,可见杯状细胞及嗜银细胞。恶变率为5%~10%。

2%~5%的黏液囊性瘤可自行破裂,瘤细胞种植在腹膜上继续生长并分泌黏液,在腹膜表面形成胶冻样黏液团块,极似卵巢癌转移,称腹膜黏液瘤(myxoma peritonei)。盆腔和(或)腹腔内见丰富的胶冻样黏液团块,瘤细胞呈良性,分泌旺盛,很少见细胞异型和核分裂,多限于腹膜表面生长,一般不浸润脏器实质。但大多数腹膜黏液瘤继发于高分化阑尾黏液肿瘤或其他胃肠道原发肿瘤。

(2) 交界性黏液性囊腺瘤(borderline mucinous cystadenoma):一般较大,少数为双侧,表面光滑,常为多房,切面见囊壁增厚,有实质区和乳头状形成,乳头细小,质软。镜下见细胞层次增加,一般不超过3层,细胞轻度异型,细胞核大、深染,核分裂增加,增生上皮向腔内突出形成粗短乳头,无间质浸润。

(3) 黏液性囊液癌(mucinous cystadenocarcinoma):占卵巢上皮癌的10%,多为单侧,瘤体较大,囊壁可见乳头或实质区,切面为囊实性,囊液浑浊或呈血性,镜下见腺体密集,间质较少,腺上皮细胞超过3层,明显异型,并有间质浸润。预后较浆液性囊腺癌好。

3. 卵巢子宫内膜样肿瘤 良性肿瘤较少见,多为单房,表面光滑,囊壁衬以单层柱状上皮,似正常子宫内膜,间质内可有含铁血黄素的吞噬细胞,交界性瘤也很少见。卵巢子宫内膜样癌(endometrioid carcinoma)占卵巢上皮性癌的2%,肿瘤多为单侧,中等大,囊实性或大部分实性,外形光滑或呈结节状,或有乳头生长,切面灰白色,质脆,往往有大片出血,囊液多呈血性。镜下特点与子宫内膜癌极相似,多为高分化腺癌或腺棘皮癌,常并发子宫内膜癌,不易鉴别何者为原发或继发。

4. 透明细胞肿瘤 透明细胞肿瘤来源于苗勒管上皮,除卵巢外亦可见于子宫颈、阴道、子宫内膜。良性罕见,交界恶性者上皮由1~3层多角形靴钉状细胞组成,核有异型性但无间质浸润,常合并透明细胞癌存在。

透明细胞癌(clear cell carcinoma)占卵巢癌的5%~11%,患者均为成年妇女,平均年龄48~58岁,10%合并高血钙症。常合并子宫内膜异位症。呈囊实性,单侧多,较大。镜下瘤细胞质丰富或呈泡状,含丰富糖原,排列成实性片状、索状、乳头状。瘤细胞核异型性明显,深染,有特殊的靴钉状细胞覆于囊内及管状结构。易转移至腹膜后淋巴结及肝。

5. 勃勒纳瘤 勃勒纳瘤即移行细胞瘤。由卵巢表面上皮向移行上皮分化而形成,占卵巢肿瘤的1.5%~2.5%。多数为良性,单侧,体积小(直径<5cm),表面光滑,多为实性,质硬韧,切面呈灰白或浅黄色,编织状结构,有沙粒感,如纤维瘤。小肿瘤常位于卵巢髓质近卵巢门处。亦有交界性及恶性,由卵巢表面上皮直接恶变的原发性移行细胞癌,恶性程度高。对化疗较敏感,预后较好。

6. 未分化癌 小细胞癌是未分化癌中常见的最有特征的一种,发病年龄9~43岁,平均24岁,70%合并高血钙症。常为单侧,较大,表面光滑或结节状,切面为实性或囊实性,质软,脆,分叶或结节状,呈褐色或灰黄色,多数伴有坏死、出血。镜检癌细胞为未分化小细胞,呈圆形或梭形,胞质少,核圆或卵圆,有核仁,核分裂多见。细胞排列紧密,呈弥散样,巢状、片状生长。恶性程度极高,预后极差,90%的患者1年内死亡。

上皮性癌组织学可分为G1、G2和G3级,组织学分级影响预后,且较组织学类型更重要,分级越高,预后越差。

【治疗】

1. 良性肿瘤 除疑为卵巢瘤样病变,可做短期观察外,一经确诊,应手术治疗。根据患者年龄、生育要求及对侧卵巢情况,决定手术范围。年轻、单侧肿瘤行患侧卵巢肿瘤剔除或卵巢切除术,保留同侧正常卵巢组织和对侧正常卵巢;双侧良性肿瘤应争取行肿瘤剥除术。绝经后妇女可行子宫及双侧附件切除术或单侧附件切除术。术中应剖检肿瘤,作冷冻切片组织学检查,明确肿瘤性质以确定手术范围。为防止肿瘤破裂、囊液流出,避免瘤细胞种植于腹腔,卵巢肿瘤应完整取出。巨大良性囊性肿瘤可先穿刺放液,待体积缩小后取出,但穿刺前需保护穿刺周围组织,以防被囊液污染。放液速度应缓慢,以避免腹压骤降发生休克。

2. 交界性肿瘤 主要采用手术治疗。参照卵巢癌手术方法进行全面的手术分期或肿瘤细胞减灭术,但临床Ⅰ期患者可不行后腹膜淋巴结切除术。年轻希望保留生育功能的Ⅰ期患者可考虑保留正常的子宫和对侧正常卵巢。交界性肿瘤术后一般不需化疗,化疗只用于在腹膜、大网膜有浸润种植或术后短期内复发患者。复发病例也应采取手术治疗。

3. 恶性肿瘤 初次治疗原则是手术为主,辅以化疗、放疗等综合治疗。

(1)手术治疗:是治疗的主要手段。疑为恶性肿瘤者,应尽早剖腹探查。根据探查及冷冻切片病理检查结果,决定肿瘤分期及手术范围。初次手术的彻底性与预后密切相关。对晚期病例争取完成手术缩瘤治疗。早期(FIGOⅠ、Ⅱ期)应行全面分期手术,包括:足够大的腹部正中直切口;留取腹水或腹腔冲洗液行细胞学检查;全面探查全部腹膜和腹腔器官表面;对可疑病灶及易发生转移部位多处取材作活检和(或)切除;正常腹膜随机盲检,包括右半横膈下面、膀胱返折、子宫直肠陷凹、左右侧结肠旁隐窝和双侧盆壁;全子宫和双附件切除(卵巢动静脉高位结扎);结肠下网膜切除;选择性盆腔淋巴结切除及腹主动脉旁淋巴结切除;黏液性肿瘤者应行阑尾切除。

对于年轻的早期患者需考虑其生育问题,但应根据肿瘤的范围仔细讨论其预后,签署知情同意书后方可行保留生育功能手术。经过准确的手术分期,符合下列条件的年轻、有生育要求的患者可考虑保留子宫和对侧卵巢：ⅠA期、术中剖视对侧卵巢未发现肿瘤，肿瘤分化高、低度恶性，术后有条件密切随访的。

晚期卵巢上皮性癌行肿瘤细胞减灭术，手术的主要目的是切除所有原发灶，尽可能切除所有转移灶，使残余肿瘤病灶达到最小，必要时可切除部分肠管、膀胱、脾脏等器官。若最大残余灶直径<1cm，称满意或理想的肿瘤细胞减灭术。对于经评估无法达到满意手术的部分晚期卵巢上皮性癌的患者，在获得明确的组织学诊断后可先行2~3个疗程的新辅助化疗（neoadjuvant chemotherapy, NACT）后再进行手术，这类手术被称为中间型手术（interval surgery），能提高肿瘤切除率，降低手术并发症。

（2）化疗：卵巢上皮性癌对化疗较敏感，即使已有广泛转移也能取得一定疗效。除经过全面分期手术的ⅠA和ⅠB期且为G1的患者不需化疗外，其他患者均需化疗。化疗主要用于：①初次手术后辅助化疗，以杀灭残留癌灶、控制复发，以缓解症状、延长生存期；②新辅助化疗使肿瘤缩小，为达到满意手术创造条件；③作为不能耐受手术者的主要治疗，但很少应用；④也可用于复发性癌。

常用化疗药物有顺铂、卡铂、紫杉醇、环磷酰胺、依托泊苷等。多采用以铂类为基础的联合化疗（详见第二十二章），其中铂类联合紫杉醇（TP方案）为“金标准”一线化疗方案。老年患者可用卡铂或紫杉醇单药化疗。一般采用静脉化疗，对于初次手术达到满意的患者也可以采用静脉腹腔联合化疗。早期患者3~6个疗程，晚期患者6~8个疗程。疗程间隔一般为3周，但也有对紫杉醇采用间隔1周给药。

化疗为卵巢癌有效的重要治疗方法，多数药物的主要不良反应为严重骨髓抑制。基因重组各种集落刺激因子（CSF）能显著提高外周血中性粒细胞水平，可使外周血各种成分增加。在CSF支持下可减轻化疗中白细胞下降程度，减少合并感染及抗生素使用，并可使化疗剂量适当增加，以提高疗效。

（3）放疗：其治疗价值有限，对于复发患者可选用姑息性局部放疗。

（4）生物治疗：包括免疫治疗、基因治疗和生物反应调节剂的临床使用。目前临床已经开展的是细胞因子治疗，如白细胞介素-2、干扰素、胸腺素等，其具有多种抗肿瘤效应。已有研究发现卵巢癌细胞诱导肿瘤局部免疫抑制可能是卵巢癌免疫逃逸的关键机制，并证明了细胞因子治疗卵巢癌的有效性。分子靶向治疗作为卵巢癌的辅助治疗手段，已呈现出一定的临床疗效，如血管内皮生长因子（VEGF）的抑制剂贝伐珠单抗等，其临床推荐使用方案是（7.5~15）mg/kg，疗程间隔3周，可与标准化疗方案同时应用。

4. 复发性癌　复发性卵巢癌是指经过满意的肿瘤细胞减灭术和正规足量化疗后达到临床完全缓解，停药半年后临床上再次出现肿瘤复发的征象。卵巢癌复发的证据包括：①CA125水平升高；②体格检查发现肿块；③影像学检查发现肿块；④出现胸腹水；⑤出现不明原因的肠梗阻。凡出现上述中的两项或以上者，应考虑到卵巢癌复发。卵巢上皮性癌一经复发，预后很差，选择治疗时应优先考虑患者的生活质量。

手术治疗的作用有限，应仔细、全面评估后实施。主要用于：①解除并发症如肠梗阻等；②对二线化疗敏感的复发灶再次减灭；③孤立复发灶的切除。

化疗是主要的治疗手段，药物的选择应根据一线化疗的方案、疗效、毒副反应及无瘤生存时间综合考虑，可按以下原则选择方案：①未用铂类者可选择以铂类为主的联合化疗；②完成铂类药物化疗后，无瘤生存时间>6个月者可再选择以铂类为主的联合化疗；③完成铂类药物化疗后无瘤生存时间<6个月或铂类药物化疗未达完全缓解者，应选用与铂类无交

叉耐药的药物,如吉西他滨、脂质体阿霉素、拓扑替康、依托泊苷等。

第三节 非卵巢上皮性肿瘤

常见的非卵巢上皮性肿瘤有生殖细胞肿瘤、性索间质肿瘤和转移性肿瘤,约占卵巢恶性肿瘤的10%。

一、卵巢生殖细胞肿瘤

卵巢生殖细胞肿瘤(ovarian germ cell tumor)为来源于生殖细胞的一组卵巢肿瘤,其发生率仅次于上皮性肿瘤,占卵巢肿瘤的20%~40%。多发于年轻妇女及幼女,青春期前患者占60%~90%,绝经后患者仅占4%。

【病理】

1. 畸胎瘤 畸胎瘤(teratoma)由多胚层组织构成,偶见只含一个胚层成分。肿瘤组织多数成熟,少数未成熟;多数为囊性,少数为实性。肿瘤的良、恶性及恶性程度取决于组织分化程度。

(1) 成熟畸胎瘤(mature teratoma):又称为囊性畸胎瘤、皮样囊肿,属良性肿瘤,占卵巢肿瘤的10%~20%、生殖细胞肿瘤的85%~97%、畸胎瘤的95%以上。可发于任何年龄,以生育年龄居多。肿瘤多为单侧,双侧占10%~17%,中等大小,可为圆形、卵圆形或分叶状,表面光滑,包膜完整,质韧。切面多为单房,亦可多房,内含油脂和毛发,有时可见牙齿或骨质。囊壁内层为复层扁平上皮,囊内壁可见小丘样隆起向腔内突出称为"头节"。肿瘤由外、中、内胚层来源的组织构成,偶见向单一胚层分化,形成高度特异性畸胎瘤,如卵巢甲状腺肿(struma ovarii),分泌甲状腺激素,甚至引起甲亢。成熟囊性畸胎瘤恶变率为2%~4%,多见于绝经后妇女;"头节"的上皮易恶变,形成鳞状细胞癌,预后差。

(2) 未成熟畸胎瘤(immature teratoma):属恶性肿瘤,占卵巢畸胎瘤的1%~3%。多见于年轻患者,平均年龄11~19岁。肿瘤含2~3个胚层,由分化程度不同的未成熟胚胎组织构成,主要为原始神经组织。肉眼观:肿瘤多为实性,分叶状,可有囊性区域。镜下所见:在与成熟畸胎瘤相似的组织结构背景上,可见未成熟神经组织组成的原始神经管和菊形团,偶见神经母细胞瘤成分,此外,常见未成熟的骨或软骨组织。肿瘤恶性程度根据未成熟组织所占比例、分化程度及神经上皮含量而定。该肿瘤复发及转移率均高,但复发后再次手术可见未成熟肿瘤组织向成熟组织分化,即恶性程度逆转现象。

2. 无性细胞瘤 无性细胞瘤(dysgerminoma)占卵巢恶性肿瘤的5%,是由未分化的、多潜能原始生殖细胞组成的恶性肿瘤。好发于青春期及生育期妇女,中度恶性。单侧居多,右侧多于左侧。肉眼观:肿瘤为圆形或卵圆形,一般较大,质实,触之如橡皮样,表面光滑或结节状,切面淡棕色。镜下所见:细胞体积大而一致,细胞膜清晰,胞质空亮,充满糖原,细胞核居中,核大,核分裂象多见,瘤细胞排列成巢状或条索状,有少量纤维组织相隔,间质中常有淋巴细胞浸润,并有结核样肉芽肿结构。对放疗敏感。

3. 卵黄囊瘤 卵黄囊瘤(yolk sac tumor)来源于胚外结构卵黄囊,其组织结构与大鼠胎盘的内胚窦特殊血管周围结构(Schiller-Duval 小体)相似,又名内胚窦瘤(endodermal sinus tumor),较罕见,占卵巢恶性肿瘤的1%,常见于儿童及年轻妇女。多为单侧,体积一般较大,呈圆形或卵圆形,边界不清。切面灰黄色,呈实体状,部分呈囊性,质脆,可有局部出血坏死。镜下见疏松网状和内皮窦样结构。瘤细胞呈扁平、立方、柱状或多角形,可产生甲胎蛋白(AFP),故患者血清AFP升高,是诊断及病情监测的重要标志物。恶性程度高,生长迅速,易早期转移,预后差,但该肿瘤对化疗十分敏感,现经手术联合化疗,患者生存期明显延长。

【治疗】

1. 良性生殖细胞肿瘤 参照良性上皮性肿瘤治疗方法。单侧肿瘤应行卵巢肿瘤剔除术或患侧附件切除术;双侧肿瘤者应行双侧卵巢肿瘤剔除术。绝经后妇女可考虑行全子宫及双侧附件切除术。

2. 恶性生殖细胞肿瘤

(1) 手术治疗:建议全面分期手术。对年轻并希望保留生育功能者,手术基本原则是无论期别早晚,只要对侧卵巢和子宫未被肿瘤浸润,在进行全面手术分期基础上,均可行保留生育功能手术,对复发者仍主张积极手术。

(2) 化疗:除Ⅰ期无性细胞瘤和Ⅰ期、G1的未成熟畸胎瘤外,其他患者均需化疗。常用的化疗方案详见第二十二章。因博来霉素有肺纤维化的不良反应,故考虑使用博来霉素前,应予肺功能检查。

(3) 放疗:无性细胞瘤对放疗敏感,但放疗会破坏患者卵巢功能,故已极少应用,仅用于治疗复发的无性细胞瘤。

二、卵巢性索间质肿瘤

卵巢性索间质肿瘤(ovarian sex cord stromal tumor)来源于原始性腺中的性索及间质组织,占卵巢肿瘤的4.3%~6%。性索向上皮分化形成颗粒细胞瘤或支持细胞瘤;向间质分化形成卵泡膜细胞瘤或间质细胞瘤。此类肿瘤常有内分泌功能,故又称卵巢功能性肿瘤。

【病理】

1. 颗粒细胞-间质细胞瘤 颗粒细胞-间质细胞瘤(granulosa-stromal cell tumor)由性索的颗粒细胞及间质的衍生成分如成纤维细胞及卵泡膜细胞组成。

(1) 颗粒细胞瘤(granulosa cell tumor):在病理上颗粒细胞瘤分为成年型和幼年型。

成人型颗粒细胞瘤占95%,属低度恶性肿瘤,可发生于任何年龄,高峰为45~55岁。颗粒细胞瘤是伴有雌激素分泌的功能性肿瘤,青春期前患者可出现性早熟,生育年龄患者出现月经紊乱,绝经后则有不规则阴道流血,常合并子宫内膜增生,甚至发生癌变。肿瘤多为单侧,体积较大,呈囊实性,肿瘤的部分区域呈黄色,常伴出血。镜下见颗粒细胞大小不一,体积较小,呈椭圆形或多边形,细胞质少,细胞核通常可见核沟,呈咖啡豆样外观。瘤细胞排列成弥漫型、岛屿型、梁索型,分化较好的瘤细胞常围绕一腔隙,呈菊花样排列,中央为嗜伊红物质或退化的细胞核碎片,称为Call-Exner小体。预后较好,5年生存率达80%以上,但有晚期复发倾向。

幼年型颗粒细胞瘤罕见,仅占5%,恶性度极高。主要发生于青少年,98%为单侧。镜下肿瘤细胞排列呈卵泡样,缺乏核纵沟,胞质丰富,核分裂更活跃,极少含Call-Exner小体,10%~15%肿瘤细胞呈重度异型性。

(2) 卵泡膜细胞瘤(theca cell tumor):为良性功能性肿瘤,能分泌雌激素,故有女性化作用,常表现为月经失调和乳腺增大,多发生于绝经后妇女。常合并子宫内膜增生甚至子宫内膜癌。常与颗粒细胞瘤同时存在，但也可单一存在。良性多为单侧，大小不一，呈圆形、卵圆形或分叶状，表面被覆薄的有光泽的纤维包膜。切面为实性、灰白色。镜下见瘤细胞为成束的短梭形细胞，核卵圆形，胞质由于富含脂质而呈空泡状。玻璃样变的胶原纤维可将瘤细胞分割成巢状。恶性较少见，预后比卵巢上皮性癌好。

(3) 纤维瘤(fibroma)：占卵巢肿瘤的2%～5%，是较常见的良性肿瘤，多见于中年妇女。单侧居多，表面光滑或呈结节状，中等大小，实性，坚硬，切面灰白色。镜下见由梭形细胞组成，排列成编织状。纤维瘤伴有腹水或胸腔积液者，称为梅格斯综合征(meigs syndrome)，手术切除肿瘤后，胸腔积液、腹水可自行消失。

2. 支持细胞-间质细胞瘤　支持细胞-间质细胞瘤(Sertoli-Leydig cell tumor)又称睾丸母细胞瘤(androblastoma)，罕见，多发生于40岁以下妇女。肿瘤单侧居多，通常较小，可局限在卵巢门区或皮质区，实性，表面光滑而滑润，有时呈结节分叶状，切面灰白色伴囊性变，囊内壁光滑，含血性浆液或黏液。镜下见不同分化程度的支持细胞及间质细胞。高分化者属良性，中、低分化者为恶性，占10%～30%，具有男性化作用，少数无内分泌功能或呈雌激素升高，5年生存率为70%～90%。

【治疗】

1. 良性性索间质肿瘤　参照良性上皮性肿瘤的治疗方法。单侧肿瘤应行卵巢肿瘤剔除术或患侧附件切除术，双侧肿瘤者应行双侧卵巢肿瘤剔除术。绝经后妇女可考虑行全子宫及双侧附件切除术。

2. 恶性性索间质肿瘤

(1) 手术治疗：手术方法参照卵巢上皮性癌，但可不行后腹膜淋巴结切除。希望保留生育功能的I期患者在分期手术的基础上，可实施保留生育功能手术。复发患者也可考虑手术。

(2) 术后辅助治疗：I期低危患者术后随访，不需辅助治疗；I期高危患者(肿瘤破裂，G3，肿瘤直径超过10～15cm)术后可选择随访，也可选择化疗或放疗。而Ⅱ～Ⅳ期患者术后应给予化疗或残余灶放疗。常用化疗方案为BEP(博来霉素+依托泊苷+铂类)或TP(紫杉醇+铂类)方案，一般化疗6个疗程。

三、卵巢转移性肿瘤

占卵巢肿瘤的5%～10%。体内任何部位如乳腺、肠、胃、生殖道、泌尿道等的原发性癌，均可转移到卵巢。库肯勃瘤(Krukenberg tumor)即印戒细胞癌(singnet-ring cell carcinoma)，是一种特殊的卵巢转移性腺癌，原发部位在胃肠道，肿瘤为双侧性，中等大，多保留卵巢原状或呈肾形。一般无粘连，切面实性，胶质样。镜下见典型印戒细胞，能产生黏液。

治疗原则是缓解和控制症状。若原发癌已经切除且无其他转移和复发迹象，转移癌仅局限于盆腔，可行全子宫及双侧附件切除术，并尽可能切除盆腔转移灶，术后配合化疗或放疗。大部分卵巢转移瘤治疗效果不佳，预后很差。

(黄晶晶　苏　敏　王　华　张玉泉)

第十二章　输卵管良性肿瘤

学习目标

1. 掌握输卵管良性肿瘤的分类。
2. 了解常见输卵管良性肿瘤的临床特点。
3. 了解输卵管良性肿瘤的诊断和处理原则。

当胚胎12周时,女性胎儿副中肾管分化完毕,两侧头段发育成两侧的输卵管,两侧中段则融合成子宫,末端形成了子宫颈和阴道上段。输卵管肿瘤(tumours of the fallopian tube)较少见,占女性生殖系统肿瘤的0.5%~1.1%,输卵管良性肿瘤则更罕见,它可来源于上皮、间质或其他组织。输卵管良性肿瘤的种类繁多,以腺瘤样瘤较多见,其他则包括了乳头状瘤、平滑肌瘤、血管瘤、脂肪瘤及畸胎瘤等。

输卵管肿瘤体积小且无明显症状,缺乏特异性症状及体征,术前难以确诊,易发生漏诊和误诊,大多数是在行盆、腹腔手术时发现。肿瘤的切除或患侧输卵管切除是主要的治疗手段,预后较良好。另外,因乳头状瘤与畸胎瘤偶可发生恶变,因此,在术中应行冷冻切片病理检查。

一、输卵管腺瘤样瘤

输卵管腺瘤样瘤(adenomatoid tumor of the fallopian tube)是最常见的一种输卵管良性肿瘤,生育期年龄妇女较多见,其中80%以上伴有子宫肌瘤,但未见恶变报道。是由Golden和Ash于1945年首先报道并命名的,其组织发生一直存在争议,近几年的免疫组化及超微结构研究均支持肿瘤起源于多能性间叶细胞。

临床上无特异性症状,多数患者是以其伴发的疾病,如子宫肌瘤或慢性输卵管炎的症状而就诊,易被其他疾病所遮掩。临床极少有确诊的病例,常在行妇科手术时被发现,造成大体标本检查易忽略而漏诊,致检出率低。

肿瘤体积较小,直径1~3cm,位于输卵管肌壁、浆膜下,大体形态为实性,呈灰白色或灰黄色,与周围组织存在分界,但是无包膜。镜下可见致密排列的腺体,呈隧道样、血管瘤样或微囊样结构,覆盖低柱状上皮,核分裂象则罕见。诊断有困难时,免疫组化可协助诊断,其中,AB阳性,CK、Vim、SMA、Calretinin阳性即可确诊。治疗为手术切除患侧输卵管,预后良好。

二、输卵管乳头状瘤

输卵管乳头状瘤(papilloma of fallopian tube)多发于生育期年龄妇女,常与输卵管积水并发,偶亦与输卵管结核、淋病并存。肿瘤直径一般为1~2cm,一般生长在输卵管黏膜,并突向管腔,呈疣状或菜花状。镜下可见的典型特点:乳头结构、大小不等,表面覆盖无纤毛细胞或少数纤毛细胞,细胞呈扁平、立方或柱形,核有中等程度的多形性,但核分裂象很少见。组织学上则需将这种良性病变与输卵管腺癌进行鉴别。

早期无症状,常常因合并输卵管周围炎、不孕或腹痛等就诊。随着肿瘤的发展,逐渐出现阴道排液,无臭味,合并感染时可呈脓性。管腔内液体经输卵管伞端流向腹腔即形成盆腔积液;当有多量液体向阴道排出时,可出现腹部绞痛。盆腔检查可触及附件形成的肿块,超声检查和腹腔镜可协助诊断,但最后确诊则有赖于病理检查。治疗为手术切除患侧输卵管,如有恶变者则按输卵管癌处理。

三、输卵管息肉

输卵管息肉(polyp of fallopian tube)可发生于生育年龄及绝经后。一般无症状,多在不孕行检查时发现。其发生原因不明,多位于输卵管腔内,与正常黏膜上皮有连续。镜下可无炎症证据。宫腔镜检查及子宫输卵管造影均可发现,但是,前者优于后者。乳头瘤和息肉的鉴别则是前者有乳头状结构。

四、输卵管平滑肌瘤

输卵管平滑肌瘤(leiomyoma of fallopian tube)较少见,近年来国内外文献共报道20例左右。其发生与胃肠道平滑肌瘤相似,而与雌激素无关,同子宫平滑肌瘤一样,可发生退行性病变。临床上常无症状,多在行其他手术时偶尔发现。肿瘤较小,单个,实质,表面光滑,肿瘤较大时可压迫管腔而致不孕或输卵管妊娠,亦可引起输卵管扭转而发生急性腹痛。治疗是手术切除患侧输卵管。

五、输卵管成熟性畸胎瘤

输卵管成熟性畸胎瘤(mature teratoma of fallopian tube)比恶性畸胎瘤更少见。大多为良性,来源于副中肾管或中肾管,可能是在胚胎早期,生殖细胞移行至卵巢的过程中,在输卵管区形成的。一般多为单侧,常位于输卵管峡部或壶腹部,以囊性病变为主,少数为实性;少数位于输卵管肌层内或浆膜层。肿瘤体积一般较小,为1~2cm,镜下同卵巢畸胎瘤所见,可含有3个胚层成熟成分。

患者年龄一般在21~60岁,常见症状为盆腔或下腹部疼痛、痛经、月经不规则及绝经后阴道流血。由于无典型的临床症状,因此术前很难做出诊断。输卵管畸胎瘤可合并输卵管妊娠,治疗可仅行肿瘤切除或输卵管切除。

六、输卵管血管瘤

输卵管血管瘤(angioma of fallopian tube)极罕见,有学者认为是与女性性激素及血管瘤有关,但一般认为是在输卵管内的扩张海绵样血管由于扭转、损伤或炎症而引起。

肿瘤一般较小,位于浆膜下肌层内,分界不清,可见很多不规则小血管空隙,上覆扁平内皮细胞。血管被疏松结缔组织及管壁平滑肌纤维分隔。临床无症状,常在行其他手术时偶尔发现,也可因血管瘤破裂出血而引起腹痛。治疗可作患侧输卵管切除术。

(刘沅林　杨晓清　王　华　张玉泉)

第十三章　输卵管恶性肿瘤

学习目标

1. 了解输卵管恶性肿瘤的分类。
2. 掌握原发性输卵管癌的病理和临床特点。
3. 掌握原发性输卵管癌的临床分期。
4. 掌握原发性输卵管癌的诊断和处理原则。

第一节　原发性输卵管癌

原发性输卵管癌（primary carcinoma of the fallopian tube）是少见的女性生殖道恶性肿瘤，占所有妇科恶性肿瘤的0.1%～1.8%，发病高峰年龄是52～57岁，超过60%的输卵管癌发生于绝经后的妇女。由于在诊断上的困难，并在临床上与卵巢癌容易混淆，而难以确诊，故其5年生存率较低。

【发病相关因素】 病因不明，慢性输卵管炎通常与输卵管癌并存，多数学者认为慢性炎症刺激可能是原发的诱因。经病理检查多有炎性改变，推断慢性炎性刺激可能是发病的诱因。此外，遗传因素可能在输卵管癌的病因中扮演着重要的角色，目前，认为输卵管癌与卵巢上皮性癌均起源于米勒管上皮，有相似的病因学基础和基因异常，如 *c-erb*、*p*53 和 *K-ras* 突变等，并与 *BRCA*1 和 *BRCA*2 基因突变有关，故认为其病因可能与卵巢癌、子宫内膜癌的一些致病因素相关。

【病理】

1. 巨检　一般为单侧，双侧占10%～26%，好发于输卵管壶腹部，其次为伞端，病灶始于黏膜层。早期输卵管外观正常，后局部呈结节状肿大，形状不规则，呈腊肠样，病灶可呈局限性结节状向管腔中生长，随病程的进展向输卵管伞端蔓延，管壁变薄，伞端常闭锁。切面见输卵管腔内有乳头状或菜花状赘生物，质脆，可有坏死团块，晚期其内有肿瘤组织，可由伞端突出于管口外及突出浆膜面。

2. 显微镜检查　90%以上的输卵管癌是乳头状腺癌，其中50%为浆液性癌。其他类型有透明细胞癌、子宫内膜样癌、鳞癌、腺鳞癌及黏液癌等。其组织病理分级为：Gx组织分级无法评估；G1高分化（乳头状）；G2中分化（乳头状-囊泡状）；G3低分化（囊泡状-髓样）。

3. 组织学分型　Ⅰ级（即乳头状癌）：分化较好，呈分枝乳头状，乳头覆以单层或多层异型上皮，呈柱状或立方状，细胞大小不等，核深染，核分裂象少见，乳头轴心为多少不等的血管纤维组织，较少侵犯输卵管肌层。可见到正常黏膜上皮和癌组织过渡形态。因而有学者将其称为原位癌，此型为临床上预后最好的类型。

Ⅱ级（即乳头状腺癌）：分化较乳头状癌低，癌组织形成乳头或者腺管状结构，癌细胞异型间变明显，核分裂象增多，常侵犯输卵管壁。

Ⅲ级(即腺泡状髓样癌):分化程度最差,癌细胞排列成实性条索或片块状,某些区域呈腺泡状结构。癌细胞间变及异型性明显,可出现巨细胞。核分裂象多见,并易见病理性核分裂象。管壁明显浸润,常侵犯淋巴管,临床预后差。

【转移途径】

1. 直接扩散　脱落的癌细胞经开放的输卵管伞端转移至腹腔,种植在腹膜、大网膜、肠表面,也可直接侵入输卵管壁肌层,然后蔓延至邻近器官。

2. 淋巴转移　输卵管癌可循髂部、腰部淋巴结至腹主动脉旁淋巴结,亦常见转移至大网膜。淋巴结是复发病灶最常见的部位。癌细胞充塞输卵管的淋巴管后,淋巴回流将癌细胞带到对侧输卵管形成双侧输卵管癌。

3. 血行转移　少见或仅发生于晚期,经血循环可转移至肺、肝、脑及阴道等器官。

【分期】　采用 FIGO(2006 年)制定的手术病理分期(表 13-1)。

表 13-1　输卵管癌手术病理分期(FIGO,2006 年)

分期	癌肿累及范围
0 期	原位癌(局限于输卵管黏膜)
Ⅰ期	肿瘤局限于输卵管
ⅠA 期	肿瘤局限于一侧输卵管,已扩展至黏膜下和(或)肌层,浆膜表面无穿破,无腹水
ⅠB 期	肿瘤局限于双侧输卵管,已扩展至黏膜下和(或)肌层,浆膜表面无穿破,无腹水
ⅠC 期	肿瘤局限于单或双侧输卵管,但已达到或穿破浆膜表面,或腹水中,或腹腔冲洗液中有恶性细胞
Ⅱ期	肿瘤累及一侧或双侧输卵管并有盆腔内扩散
ⅡA 期	扩散和(或)转移到子宫和(或)卵巢
ⅡB 期	扩散到其他盆腔器官
ⅡC 期	ⅡA 或Ⅱ B,腹水或腹腔冲洗液中有恶性细胞
Ⅲ期	肿瘤累及一侧或双侧输卵管并有盆腔以外的转移和(或)区域淋巴结转移;肝脏表面转移;癌局限于真盆腔内,但组织学证实癌扩散至小肠或大网膜
ⅢA 期	肉眼见肿瘤局限于真骨盆,淋巴结阴性,但组织学证实腹腔腹膜表面存在镜下转移
ⅢB 期	一侧或双侧输卵管癌,并有组织学证实腹腔腹膜表面肿瘤种植,但最大径线≤2cm,淋巴结阴性
ⅢC 期	腹腔转移癌灶最大直径>2cm 和(或)区域淋巴结阳性
Ⅳ期	一侧或双侧输卵管被肿瘤侵犯,伴有远处转移。有胸腔积液且胸腔细胞学阳性;肝实质转移

【诊断】

1. 病史

(1) 发病年龄:2/3 发生于绝经期后,以 40~60 岁的妇女多见。

(2) 不孕史:原发性输卵管癌患者的不孕率比一般妇女高,1/3~1/2 患者有原发或继发不孕史。

2. 临床表现　输卵管癌患者常有原发或继发不孕史。早期无症状,体征多不典型,易被忽视或延误诊断。典型临床表现为阴道排液、腹痛及盆腔肿块,称为输卵管癌"三联症",但具有典型"三联症"的患者不到 15%。

(1) 阴道排液或阴道流血:异常阴道流血是最常见的主诉,超过 50% 的患者具有此症状,可伴有阴道水样分泌物、下腹部不适、腹胀和腹部压迫感。阴道排液患者 10% 有阵发性阴道排液,为浆液性黄水,量可多可少,常呈间歇性,有时为血性,通常无臭味。

（2）下腹疼痛：为常见症状，多发生在患侧，常表现为阵发性、间歇性钝痛或绞痛。阴道排出水样或血样液体，疼痛可缓解，经过一阶段后逐渐加剧而呈痉挛性绞痛。发生机制可能是伞端管腔被肿瘤阻塞，输卵管腔内容物潴留增多，内压增加，引起输卵管蠕动增加，为克服输卵管部分梗死而将积液排出。

（3）盆腔肿块：妇科检查可扪及肿块位于子宫一侧或后方，活动受限或固定不动。肿块因液体自阴道排出能缩小，液体积聚后能再增大。

（4）腹水：呈淡黄色，有时呈血性，其来源：①管腔内积液经输卵管伞端开口流入腹腔；②因癌瘤种植于腹膜而产生。

3. 辅助检查

（1）影像学检查：包括B型超声、CT、MRI等，能确定肿块部位、大小、性状及有无转移和腹水等。

（2）血清CAl25测定：CA125可作为诊断和随诊原发性输卵管癌的指标。亦有报道CA125结果阳性的病例术后临床分期均为Ⅲ期、Ⅳ期，术后一周检查CA125值明显降低，甚至达正常范围，提示CA125可能对中、晚期输卵管癌术后监测有参考意义，并对预后判断有指导意义。

（3）细胞学检查：若阴道脱落细胞内找到癌细胞，尤其是腺癌细胞，而子宫颈及子宫内膜检查又排除癌症存在者，则应考虑输卵管癌的诊断。对于有大量阴道排液的患者，癌细胞可能被排出液冲走，导致细胞学阴性，需重复涂片检查。可行阴道后穹隆穿刺和宫腔吸出液的细胞学检查，亦可用子宫帽或月经杯收集排出液，增加阳性率，以提高输卵管恶性肿瘤的诊断。

（4）宫腔镜及腹腔镜检查：见输卵管增粗，外观似输卵管积水，呈茄子形态，有时可见到赘生物。

（5）子宫输卵管碘油造影：对输卵管恶性肿瘤的诊断有一定的价值，但有引起癌细胞扩散的危险，也难以区分输卵管肿瘤、积水、炎症，故一般不宜采用。

4. 鉴别诊断

（1）继发性输卵管癌：需符合：①原发性病灶，大部分存在于输卵管的黏膜层，而继发性输卵管癌的黏膜上皮基本完整而病灶主要在间质内；②原发性大多数都能看出乳头状结构，肌层癌灶多为散在病灶；③原发性输卵管癌的早期癌变处可找到正常上皮到癌变的过渡形态。

（2）附件炎性肿块：输卵管积水或输卵管卵巢囊肿都可表现为活动受限的附件囊性包块，在盆腔检查时很难与原发性输卵管癌区分并且两者均有不孕史，如患者年龄偏大，且有阴道排液，则应要考虑输卵管癌，并进一步作各项辅助检查，以协助诊断。

（3）卵巢肿瘤：无输卵管癌的典型症状，输卵管癌多表现为阴道排液，而卵巢癌常为不规则阴道流血。盆腔检查时，卵巢良性肿瘤一般可活动，而输卵管癌的肿块多固定；卵巢癌表面常有结节感，若伴有腹水者多考虑卵巢癌，还可用B型超声及CT等检查以协助鉴别。

（4）子宫内膜癌：多以不规则阴道流血为主诉，可因有阴道排液而与输卵管恶性肿瘤相混淆，但可通过分段诊刮病理以鉴别。

【治疗】　由于原发性输卵管癌的组织学特征、生物学行为和预后相关因素均与卵巢浆液性癌相似，因此原发性输卵管癌的处理原则参照卵巢上皮性癌，输卵管癌的治疗以手术治疗为主,化学治疗等为辅的原则,应强调首次治疗的彻底性。早期患者行分期手术,晚期患者行肿瘤细胞减灭术。除了Ⅰ期、G1 患者术后不需化疗外,其他所有患者术后均需接受以铂类为基础的联合化疗。

1. 手术治疗　彻底的手术切除是输卵管癌最根本的治疗方法。早期患者行全面的分期手术,包括全子宫、双侧附件、大网膜切除及腹膜后淋巴结清扫;晚期行肿瘤细胞减灭术,手术时应尽可能切净原发病灶及其转移病灶。

(1) 早期输卵管癌的处理

1) 原位癌的处理:患者手术治疗如前所述范围切除肿瘤。输卵管原位癌手术切除后不提倡辅助治疗。

2) FIGOⅠ期、FIGOⅡ期的处理:此期应该进行手术分期。若最终的组织学诊断为腺癌原位癌或Ⅰ期,分化Ⅰ级,术后不必辅助化疗;其他患者,应行以铂类为基础的化疗。

(2) 晚期输卵管癌的处理

1) FIGOⅢ期的处理:除非另有论述,所有输卵管癌都指腺癌和卵巢癌类似,应采用以铂类为基础的化疗。在减灭术后应行以铂类为基础的化疗;若患者初次诊断时因为医学禁忌证而未行理想的减灭术,应接受以铂类为基础的化疗,然后再重新评估;化疗 3 个周期后,再次评估时可以考虑二次探查,如有残留病灶,应行二次细胞减灭术。

2) FIGOⅣ期的处理:患者若有远处转移,必须有原发病灶的组织学证据。手术时应尽可能切除肿瘤病灶,如果有胸膜渗出的症状,术前要抽胸腔积液。患者如果情况足够好,应接受以铂类为基础的化疗。其他患者情况不能耐受化疗,则应对症治疗。

(3) 保留生育功能的手术:少数情况下,患者年轻、希望保留生育功能,只有在分期为原位癌的情况下,经过仔细评估和充分讨论,可以考虑保守性手术。然而,如双侧输卵管受累的可能性很大,则不提倡予保守性手术;确诊的癌症,则不考虑保守手术。

2. 化疗　化疗是术后主要的辅助治疗,方法与卵巢癌相似。紫杉醇和铂类联合化疗现在也用于输卵管癌的化疗。很多回顾性分析提示,对于相同的组织学类型,此方案的疗效优于烷化剂和铂类的联合。因此,紫杉醇和铂类联合的化疗方案是治疗输卵管癌的一线用药。

3. 内分泌治疗　由于输卵管上皮起源于副中肾管,对卵巢激素是有反应的,所以也可应用激素药物治疗。若肿瘤中含有雌、孕激素的受体,可应用抗雌激素药物如他莫昔芬,长期孕激素如己酸孕酮、甲羟孕酮等治疗。但是,目前对激素治疗的作用还没得到充分肯定。

4. 放疗　放疗仅仅作为综合治疗的一种手段,一般以体外放射治疗为主。对术时腹水内找到癌细胞者,可在腹腔内注入 P-32;对于Ⅱ期、Ⅲ期手术无肉眼残留病灶,腹水或腹腔冲洗液细胞学阴性,淋巴结无转移者,术后可以全腹加盆腔放疗或腹腔内同位素治疗;对不能切除肿瘤的患者,放疗可使癌块缩小,粘连松动,可获得再次手术的机会,但残留病灶者效果不及术后辅助化疗者。盆腔照射量不应低于(5000~6000)cGy/(4~6)周;全腹照射剂量不超过 3000cGy/(5~6)周。在放疗后可应用化疗维持。

5. 复发的治疗　在治疗后的随诊过程中,若出现局部盆腔复发或原有未切除的残留癌灶经化疗后可考虑二次手术。

【预后】　预后差,但随着诊断及治疗措施的提高和改进,5 年生存率明显提高。输卵管癌的预后更多地取决于期别,因此分期和区分肿瘤是原发性亦或转移性更为重要。转移性输卵管癌远远多于原发性输卵管癌。

影响预后的因素:

(1) 临床分期:是重要的影响因素,期别愈晚预后愈差。随期别的提高生存率逐渐下降。

(2)初次术后残存瘤的大小:也是影响预后的重要原因。Eddy 分析了 38 例输卵管癌,初次手术后未经顺铂治疗的患者中,肉眼未见肿瘤者的 5 年生存率为 29%,残存肿瘤≥2cm 者,生存率仅为 7%;初次手术后用顺铂治疗的病例,肉眼无肿瘤者的 5 年生存率为 83%,残存瘤≥2cm 者为 29%。

(3)输卵管浸润深度:肿瘤仅侵犯黏膜层者预后好,穿透浆膜层则预后差。

(4)辅助治疗:接受了以顺铂为主的化疗患者,其生存时间明显高于没有接受化疗者。

(5)病理分级:关于病理分级对预后的影响有争议。近年来,多数报道病理分级与预后无明显的关系,其对预后的影响不如临床分期及其他重要。

【随访】 目的:①观察治疗后的近期反应;②尽早认识及妥善处理治疗相关的并发症;③早期发现持续存在的病灶或疾病的复发;④对早期患者,提供乳腺癌筛查的机会;对保守性治疗的患者,提供筛查子宫颈癌的机会。

总体来说,随访的第 1 年中,每 3 个月复查 1 次,间隔逐渐延长;5 年后每 4~6 个月复查 1 次。

随访内容:详细询问病史,仔细体格检查(包括乳房、盆腔及直肠检查),排除其他任何复发的征象;定期检查 CA125,特别对初次诊断发现 CA125 升高的患者更应重视;影像学检查,只在有临床发现或肿瘤标志物升高,提示肿瘤复发时才进行检查;所有保留子宫颈的患者,均要定期行涂片检查;所有 40 岁以上及有乳腺癌家族史的年轻患者,每年都应进行乳房扫描。

第二节　其他输卵管恶性肿瘤

一、原发性输卵管绒毛膜癌

原发性输卵管绒毛膜癌(primary tubal choriocarcinoma)(简称绒癌)极为罕见,主要发生于妊娠后妇女,考虑与体外受精(IVF)有关。临床表现不典型,易误诊。大多数来源于输卵管妊娠的滋养叶细胞,少数来源于异位的胚胎残余或具有形成恶性畸胎瘤潜能的未分化胚细胞。来源于前者的绒癌发生在生育期,临床症状与异位妊娠相似,或伴有腹腔内出血,常常被误诊为输卵管异位妊娠而手术;来源于后者的绒癌,发病时间为 7~14 岁,可以出现性早熟,并且由于滋养叶细胞有较强的侵袭能力,可以迅速地破坏输卵管壁,在早期就侵入淋巴、血管而发生广泛转移,如肺脏、肝脏、骨及阴道等。

肿瘤表面呈暗红色或紫红色,切面可见充血、水肿及管腔扩张,其内充满坏死的组织及血块。镜下可见细胞滋养层细胞及合体滋养层细胞大量增生,但不形成绒毛。

【诊断】 主要依据临床症状及体征,结合血、尿 HCG 的测定,X 线及胸片等检查,但最终确诊需待病理结果。

【鉴别诊断】

(1) 子宫内膜癌:可出现阴道排液,但主要临床症状是不规则阴道流血,分段诊刮病理可区别。

(2) 附件的炎性包块:有不孕或者盆腔包块病史,妇科检查时可在附件区触及活动受限的囊性包块,有压痛。

(3) 异位妊娠:两者均有正常子宫,子宫外部规则包块,均可发生大出血,但宫外孕患者 HCG 的滴度增高程度低于输卵管绒癌,另外,病理可以明确诊断。

【治疗】 同子宫绒癌,可以治愈。如肿瘤范围局限,且希望保留生育功能者,可考虑行保守性手术。如肿瘤来源于输卵管妊娠的滋养叶细胞,其生存率约 50%;如来源于生殖细胞,则预后很差。

二、原发性输卵管肉瘤

原发性输卵管肉瘤(primary sarcoma of fallopiantube)也很罕见,迄今文献报道不足 50 例。主要为纤维肉瘤和平滑肌肉瘤,肿瘤表面常呈多结节状,可见充满弥散性的新生物,质地较软,包块大小不等。本病可发生于任何年龄的妇女,临床症状也主要为阴道排液,呈浆液性或血性,甚至脓性。由于肉瘤生长迅速,故常伴有全身乏力、消瘦等恶病质症状。

【鉴别诊断】

(1) 附件的炎性包块:均可表现为腹痛、阴道排液增多及下腹部包块,但前者有盆腔炎症病史,抗感染治疗有效。

(2) 子宫内膜癌:阴道排液的患者需要与子宫内膜癌鉴别,分段诊刮可确诊。

(3) 卵巢肿瘤:常有腹水,B 超可协助诊断。

【治疗】 可参考子宫肉瘤治疗方案,以手术为主,再辅以化疗或放疗,但预后差。

三、输卵管未成熟畸胎瘤

输卵管未成熟畸胎瘤(immature teratoma of fallopiantube)极少见,发生在有生育要求的年轻女性,治愈率高,但进展较快。故而,早期诊断及早期治疗显得十分重要,其预后较差。虽然直接决定患者的预后因素是临床分期,但肿瘤组织分化的程度、幼稚成分有多少是与预后有着密切关系的。

治疗采用手术治疗,后根据相关预后因素而采用化疗。如要保留生育功能,任何期别的患者均可行保守性手术,化疗方案则采用卵巢生殖细胞肿瘤的化疗方案。

四、转移性输卵管癌

转移性输卵管癌(metastatic carcinoma of fallopiantube)较多见,占输卵管恶性肿瘤的 80%~90%,其原发病灶主要来自卵巢癌、子宫体癌、子宫颈癌,远处有直肠癌、胃癌及乳腺癌。临床表现因原发癌的不同而有差异。镜下其病理组织形态与原发癌相同,诊断标准:①病灶主要在输卵管浆膜层,而肌层及黏膜层正常或显示慢性炎症。②癌组织形态与原发癌相似,最常见的为卵巢癌、子宫体癌和胃肠癌等。③输卵管肌层及系膜淋巴管内一般都有癌组织的存在,而输卵管内膜淋巴管内反而很少有癌细胞存在。

【治疗】 治疗按原发癌已转移的原则处理。

(刘沅林　杨晓清　王　华　张玉泉)

第十四章 阔韧带肿瘤

学习目标

1. 掌握阔韧带肿瘤的分类。
2. 熟悉阔韧带肿瘤的诊断和治疗原则。
3. 了解阔韧带肿瘤的病理特征。

阔韧带前后叶包围着输卵管、圆韧带、中肾结构及其包含的血管、淋巴管、平滑肌组织、纤维组织、神经间皮等,发生于以上组织或器官的肿瘤称为阔韧带肿瘤。

第一节 圆韧带肿瘤

一、良性肿瘤

以平滑肌瘤和囊肿最为常见。

1. 平滑肌瘤 平滑肌瘤属于圆韧带肿瘤中最为常见者,可并发子宫肌瘤,也可单独发生,好发于圆韧带的腹腔内段、腹股沟段及腹膜外段。左右圆韧带发生肿瘤机会相同,多单侧发生。一般肿瘤体积较小,直径<10cm,但也有报道肿瘤重量重达 14kg 者,其组织结构与平滑肌瘤相似,由成束的纤维及平滑肌组织交织而成。可发生红色样变、囊性变、玻璃样变,极少发生肉瘤样变。本病临床上一般无症状。治疗原则:①肌瘤体积较小且无症状者可观察随访;②肌瘤大,有压迫邻近器官如子宫、膀胱,或增长迅速变软有可能癌变者需手术切除。

2. 囊肿 囊肿又称间皮囊肿,多发生于腹股沟或大阴唇内。圆韧带外周由腹膜包围,当圆韧带与包裹的腹膜之间在某一局部残留有间隙并发生积液时则形成囊肿。囊肿直径一般为2~10cm,内含有浆液性液体,囊壁薄,可发生于圆韧带的任何部位。发生于腹腔内者需与卵巢囊肿如皮样囊肿、多房性浆液性囊肿及乳头状浆液性囊腺瘤鉴别;发生于腹股沟时,与腹股沟疝不易鉴别,并发者在切除囊肿的同时行腹股沟疝修补术。

二、恶性肿瘤

1. 肉瘤 肉瘤包括平滑肌肉瘤或纤维肉瘤,圆韧带原发性肉瘤极少见,大多由原先存在的纤维瘤或平滑肌瘤恶变而来。组织形态与平滑肌肉瘤相同,较小的圆韧带恶性肿瘤无症状,术前难以确诊,常由术中快速病理切片确诊。因肉瘤易发生血行转移,故预后差。治疗原则为手术切除辅以放疗和(或)化疗。

2. 腺癌 圆韧带原发性上皮腺癌极罕见,起源于圆韧带周围的中肾或副肾结构残迹或间皮细胞等。治疗原则为手术切除辅以放疗和(或)化疗。

第二节 卵巢冠囊肿

在胚胎发育到一定阶段时,中肾导管开始退化,其遗迹位于卵巢附近、输卵管系膜及阔韧带内。在输卵管系膜内,输卵管和卵巢门之间,在光照下可见一条管形遗迹,即中肾导管,与输卵管平行,其内端在阔韧带内向下走形。在中肾导管和卵巢之间,有一组纵形排管称为卵巢冠。卵巢冠囊肿是指主要来源于副中肾结构残迹和中肾结构残迹的位于阔韧带内输卵管及卵巢周围的囊肿,习惯称为卵巢冠囊肿。

一、病理特征

从大体外观来看,虽然卵巢冠囊肿来源不同,但肉眼观极为相似,都有光滑的囊壁。不同之处:来源于中肾管者,囊肿体积较小,而来源于副中肾管者,体积大。囊肿多单发或单侧性,将子宫体压向一侧,输卵管附着于囊肿上,被拉长。囊肿呈单房,囊壁薄,内含无色透明水样液体。镜下观:中肾管来源囊肿其腔内上皮为单层立方上皮,副中肾管来源囊肿,其腔内上皮有分泌功能,腔内有乳头状皱褶,并有环状肌层环绕。

二、临床表现

卵巢冠囊肿多发生于生育年龄妇女,直径很少超过 10cm。多为单侧性,双侧性少见,囊壁薄而光滑,少数腔内有乳头增生,部分病例可恶变。囊肿直径<5cm 者多无症状,随着囊肿直径的增大,部分患者出现腹部胀痛感,若压迫膀胱、直肠、输尿管则发生相应症状。囊肿位于阔韧带内,发生扭转概率小。需与输卵管积水鉴别,后者常伴有不孕症、附件炎及痛经等病史,多为双侧性,呈不规则腊肠样。

三、治 疗

较小的卵巢冠囊肿,定期随访,不需手术;较大或有症状者,手术摘除。年轻患者可保留其卵巢和输卵管,将阔韧带前后叶打开,分离囊肿周围疏松组织后,切除囊肿。年老患者可同时切除附件。手术时注意勿损伤异位的输尿管及囊肿周围血管,术中注意闭合剥离腔面,防止渗血和血肿形成。

第三节 中肾样癌

中肾样癌发生于阔韧带内,组织学上有肾脏透明细胞癌的特征,发生率极低,常发生于中肾管及其小管残迹。

一、病理特征

可分两型,即肾小球样型和透明细胞腺癌型,两者可同时或单独存在。

(1) 肾小球样型:具有原始的肾小球样结构,伴有低立方形上皮形成的管样组织,钉突样上皮细胞突向管腔。

(2) 透明细胞腺癌型:细胞大,边界清,胞质透亮,核深染,形成囊状或乳头状。

二、临床表现

可发生于任何年龄,40岁以上多见。肿瘤初期无症状,呈囊性或实性,妇检可扪及子宫一侧囊性或实性包块,与子宫分界清晰。晚期肿瘤播散,可触及多个结节,可有腹水。早期诊断困难,需依赖辅助检查,腹腔镜检查多可明确诊断。

三、治　　疗

与卵巢癌治疗原则相同,采用手术为主,辅以放、化疗。其对放射线敏感,术后首选放疗辅助治疗。

(倪惠华　陶　红　王　华　张玉泉)

第十五章　女性生殖道恶性苗勒管混合瘤

学习目标

1. 掌握生殖道恶性苗勒管混合瘤的临床特点及治疗。
2. 熟悉生殖道恶性苗勒管混合瘤的组织分类及病理特点。
3. 了解影响生殖道恶性苗勒管混合瘤预后的相关因素。

生殖道恶性苗勒管混合瘤是一组起源于苗勒管即副中肾管的由多种组织构成的具有混合组织学特征的肿瘤总称。是女性生殖道的高度恶性肿瘤之一，包括中胚叶混合瘤（癌肉瘤）、间叶肉瘤、腺肉瘤和葡萄状肉瘤。

一、组织及命名

由于此类肿瘤由恶性间质成分（肉瘤）和恶性上皮成分（癌）混合而成，而且来源于苗勒管，故近年来多主张以恶性苗勒管混合瘤命名之。分为两种亚型：

（1）同源性恶性苗勒管混合瘤：指肉瘤和癌两种成分均来自于子宫固有的组织成分，如子宫间质和腺上皮。

（2）异源性恶性苗勒管混合瘤：肉瘤中含有子宫以外的组织成分，如横纹肌、软骨、骨等。

二、病　理

恶性苗勒管混合瘤大体多呈息肉状或乳头状增生伴局灶性出血坏死；肿瘤软硬不一，形状多样。镜下特点如下：

（1）癌肉瘤：同源性癌肉瘤呈双向发生，既有上皮性腺癌或鳞癌，又有间叶的肉瘤，均来源于苗勒管；异源性癌肉瘤有横纹肌、骨、软骨、脂肪等肉瘤组织，镜检时看到未分化的圆形或梭形细胞，应考虑横纹肌肉瘤的可能。

（2）腺肉瘤：同源性腺肉瘤组织中可看到增生活跃的内膜腺体成分，巨细胞包围腺体，形成袖口结构；异源性腺肉瘤尚有横纹肌、软骨、骨、脂肪等肉瘤组织。

（3）葡萄状肉瘤：镜下表现同横纹肌肉瘤。

三、临床特点

其发生部位与年龄有一定的关系。55岁以上多发生于子宫体，中年者多发生于子宫颈，幼女多发生于阴道。此外，卵巢输卵管也可发生。临床症状主要表现为不规则阴道出血，伴有血性水样白带，下腹痛不适，腹部有块物感，短期内可出现消瘦、乏力等恶病质表现。累及膀胱或直肠，则出现泌尿系统或消化系统症状。在病史及体检基础上，B超可辅助诊断。诊断性刮宫可明确诊断。子宫癌肉瘤多呈息肉状，应注意与黏膜下肌瘤、子宫内膜息肉或子宫内膜腺癌鉴别。

四、治　　疗

该类疾病早期即有肌层浸润或淋巴转移,晚期主要通过血行转移。故该病有易复发的特征。应根据肿瘤大小、生长部位及肿瘤性质决定治疗方法。

(1) 子宫癌肉瘤的治疗同子宫肉瘤,卵巢输卵管癌肉瘤治疗同卵巢上皮性癌。对于病灶局限于子宫的Ⅰ期患者,原则上行全子宫及双附件切除术;病变在子宫颈或接近子宫颈,行广泛全子宫切除术、部分阴道切除术及盆腔淋巴结清扫术,并辅以放、化疗。放疗可防止肿瘤的局部复发,故补充放疗可延长无癌生存期。一般认为,放疗联合手术治疗比单纯手术治疗的生存率要高。

(2) 腺肉瘤行全子宫及双附件切除术,对年轻有生育要求且切缘阴性的患者可行局部肿瘤切除术。累及肌层的腺肉瘤伴肉瘤性过度增生易复发者,应辅以放、化疗。卵巢或腹膜腺肉瘤治疗方法同卵巢上皮性癌。

(3) 阴道葡萄状肉瘤病变需行全盆腔(前盆腔及后盆腔)切除术,辅以放、化疗。

五、预　　后

生殖道恶性苗勒管混合瘤中腺肉瘤的预后最好,葡萄状肉瘤的预后最差,生存率极低。目前认为该病预后与肿瘤类别、发生部位、播散范围、浸润子宫肌层的深度、细胞核分裂的频度及治疗方式有关。同源性癌肉瘤较异源性好,异源性癌肉瘤中,横纹肌肉瘤的预后最差。

(倪惠华　陶　红　王　华　张玉泉)

第十六章　妊娠滋养细胞疾病

学习目标

1. 掌握妊娠滋养细胞疾病的分类、病理特点、诊断、临床特点及治疗。
2. 熟悉妊娠滋养细胞疾病的预后与随访。
3. 了解葡萄胎发病相关因素。
4. 了解妊娠滋养细胞肿瘤的临床分期。

妊娠滋养细胞疾病（gestational trophoblastic disease，GTD）是由于胎盘滋养细胞的异常增生、侵袭而形成的一组疾病。根据其组织学特征目前分为葡萄胎、侵蚀性葡萄胎、绒癌及胎盘部位滋养细胞肿瘤。其中侵蚀性葡萄胎、绒癌及胎盘部位滋养细胞肿瘤统称为妊娠滋养细胞肿瘤（gestational trophoblastic neoplasia，GTN）。

第一节　葡　萄　胎

葡萄胎又称水泡状胎块（hydatidiform mole），妊娠后因胎盘绒毛滋养细胞异常增生、间质水肿，形成大小不一的水泡，水泡之间借细蒂相连形如葡萄而得名。葡萄胎分为完全性葡萄胎和部分性葡萄胎两类。

一、发病相关因素

（一）完全性葡萄胎

葡萄胎的发生全球存在一定差异，可能与地域、种族、营养状况、社会经济及年龄等因素有关。

调查表明，葡萄胎多见于亚洲和拉丁美洲。我国的一次全国性调查显示平均每1000次妊娠葡萄胎0.78次，浙江省最高，山西省最低，同一种族中葡萄胎发病率也不相同，提示葡萄胎的发生可能与居住环境、气候、饮食习惯、风俗习惯等多种因素有关。

营养缺乏，如维生素A、胡萝卜素及动物脂肪等，是发生葡萄胎的高危因素之一，有学者提出对葡萄胎高发地区的妇女可采用饮食补充胡萝卜及维生素A等方法来预防葡萄胎的发生；年龄也是一个高危因素，大于35岁及小于20岁发生率高；患者既往有葡萄胎病史、流产及不孕史也属高危因素。

完全性葡萄胎染色体核型90%为46，XX，系由一个细胞核缺如或失活的空卵与一个单倍体精子（23，X）受精，经自身复制为二倍体（46，XX），全部来自父方。10%核型为46，XY，系由一个空卵分别与两个单倍体精子（23，X和23，Y）受精而成。

（二）部分性葡萄胎

部分性葡萄胎发病的高危因素尚不明确，可能与不规则月经、口服避孕药等相关因素有关,与饮食因素及母亲年龄无关。发生率低于完全性葡萄胎,但近年来比例上升。染色体核型90%以上为三倍体,最常见的核型是69,XXY,其余为69,XXX,或69,XYY,多余的一套染色体来自父方。

二、病理特征

(一) 完全性葡萄胎

(1) 巨检:宫腔内充满大小不等的水泡状组织,无胚胎或胎儿、胎膜等附属物。水泡间有纤细的纤维素相连成串。

(2) 镜下特点:绒毛间质高度水肿;滋养细胞的增生呈弥漫性;间质内无胎源性血管;种植部位的滋养细胞呈弥漫和显著异型性(图16-1A,图16-1B)。

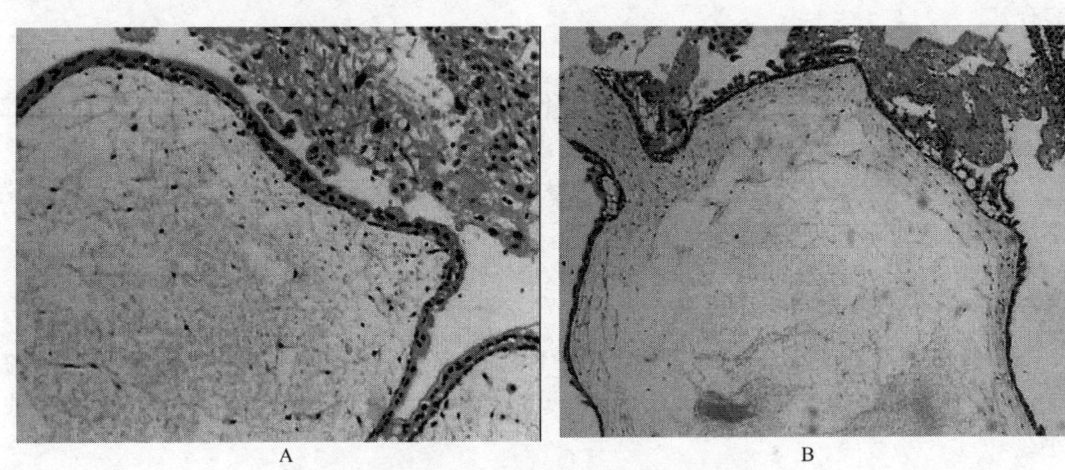

图16-1　完全性葡萄胎的镜下特点

(二) 部分性葡萄胎

(1) 巨检:宫腔内葡萄胎组织部分绒毛呈水泡状,部分绒毛正常,可合并有胚胎或胎儿组织。

(2) 镜下特点:部分绒毛水肿,间质内可见胎源性血管;绒毛呈显著的扇贝样轮廓,滋养细胞轻度增生;种植部位滋养细胞呈局限和轻度异型性;可见胚胎或胎儿组织结构。

三、临床表现

(一) 完全性葡萄胎

1. 症状

(1) 停经后不规则阴道流血:是最常见的症状。停经8~12周开始出现不规则阴道流血,出血量时少时多,时出时止。若处理不及时,可能发生大出血,导致患者休克。在排出物或血液中,有时可见夹杂有透明的葡萄样组织,可以明确诊断。

(2) 妊娠呕吐:患者出现妊娠呕吐常比正常妊娠早而且明显,多发生于子宫异常增大和 HCG 水平异常升高者。

(3) 子痫前期征象:子宫异常增大和 HCG 水平异常升高的患者在孕早期可出现蛋白尿、水肿、高血压等妊娠期高血压疾病体征,发生子痫少见。在妊娠 20 周前出现的妊娠期高血压疾病,在排除原发性高血压后应怀疑葡萄胎。

(4) 腹痛:下腹隐痛不适,是由于宫腔内葡萄胎组织迅速增长导致宫腔过度扩张所致,当葡萄胎组织即将排出时,可因子宫收缩使腹痛加重,常伴有出血增多的现象;若合并黄素化囊肿发生扭转、破裂时可出现急性腹痛。

(5) 贫血及感染症状:因不规则出血,患者常出现不同程度的贫血;若流血时间过长,则伴有子宫内轻度感染。

(6) 甲状腺功能异常:7% 患者出现心动过速、皮肤潮湿或震颤等轻度甲状腺功能亢进的表现。

2. 体征

(1) 子宫体异常增大、变软,无胎体且测不到胎心。宫腔内葡萄胎组织迅速增长、宫腔积血,导致子宫体大小大于停经月份,伴有血 HCG 升高,少数与停经月份相符。

(2) 卵巢黄素化囊肿:常为双侧,是由于大量 HCG 刺激卵巢卵泡内膜细胞发生黄素化而形成,直径大小不等,最大可达 20cm 以上。一般无症状,偶可发生扭转、破裂。

(二) 部分性葡萄胎

部分性葡萄胎的临床表现没有完全性葡萄胎的典型,和早期流产相似。常见阴道流血,妊娠呕吐症状较轻,多无子痫前期、卵巢黄素化囊肿,子宫大小与停经月份相符或略小。

四、诊　　断

1. 症状与体征　停经后出现不规则阴道流血,较早出现严重的妊娠呕吐;子宫明显大于停经月份、变软,未触及胎儿肢体,无胎心,均应考虑葡萄胎诊断;若在阴道排出物中见到葡萄样水泡样组织,可确定诊断。

2. 辅助检查

(1) 血 HCG 测定:是诊断葡萄胎的辅助检查方法之一。

受孕后 6 天滋养细胞开始分泌 HCG,正常妊娠时,随着孕周增加,血清中 HCG 的滴度逐渐上升,在孕 8~10 周时达到最高峰,维持 1~2 周后逐渐下降。而在葡萄胎时,由于滋养细胞的增生,血清中 HCG 的滴度大大高于相应的正常孕周水平,随着孕周达 8~10 周后仍持续上升,多在 100kU/L 以上。

(2) 超声检查:是诊断葡萄胎可靠及敏感的重要检查方法之一,准确率高,一般采用经阴道彩色多普勒超声检查。完全性葡萄胎的典型超声影像学表现有:①子宫明显增大,大于停经孕周,子宫壁薄,回声连续;②宫腔内无妊娠囊或胎体、胎盘、胎心搏动;③宫腔内充满弥漫分布的闪亮光点,呈“落雪状”或“蜂窝状”(图 16-2A,16-2B);④部分患者可有一侧或双侧卵巢黄素化囊肿,大小不等。

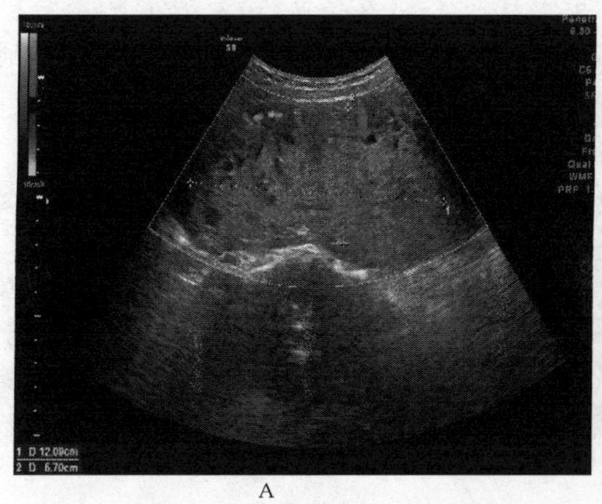
A

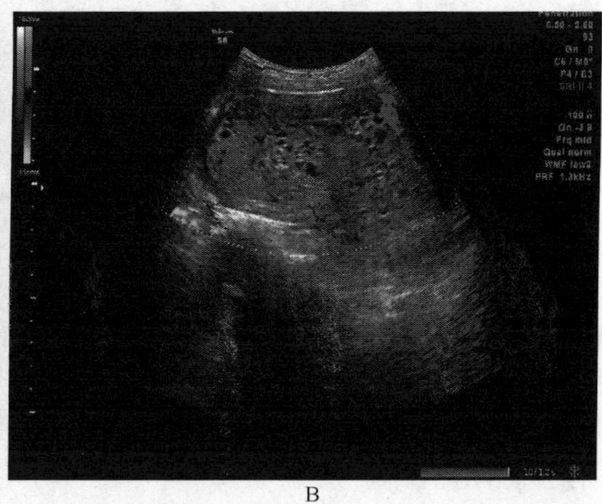
B

图 16-2　葡萄胎超声检查图像

五、鉴别诊断

需与流产、双胎妊娠、羊水过多等相鉴别。

(1) 流产:两者临床表现相似,容易混淆。完全性葡萄胎与先兆流产可以通过 B 型超声影像鉴别;部分性葡萄胎与不全流产、过期流产不易区别,通过宫内容物的病理检查或 DNA 倍体分析等方法可鉴别诊断。

(2) 双胎妊娠:完全性葡萄胎停经早期子宫迅速增大,两者临床表现相似,双胎妊娠无不规则阴道流血,通过 B 型超声检查可以鉴别。

(3) 羊水过多:羊水过多常常无阴道流血,一般发生在孕晚期,若孕中期子宫明显增大,通过 B 型超声检查可以明确诊断。

六、自然转归

正常情况下,葡萄胎排空后 HCG 水平首次降至正常水平的平均时间约为 9 周,最长不超过 14 周,若 HCG 水平持续异常应考虑妊娠滋养细胞肿瘤。完全性葡萄胎具有子宫局部侵犯和(或)远处转移的潜在危险,概率分别约 15%、4%。有下列高危因素之一时视为高危葡萄胎:①HCG>100kU/L;②子宫明显大于停经孕周水平;③卵巢黄素囊化囊肿直径>6cm;④年龄>40 岁者,其发生子宫局部侵犯和(或)远处转移的危险性达 37%,>50 岁者危险性增加到 56%。另外,重复葡萄胎也是高危因素。

因为缺乏明显的高危因素,部分性葡萄胎发生子宫局部侵犯的概率约为 4%,一般不发生远处转移。

七、治　疗

1. 清宫　葡萄胎一经明确诊断,应及时清宫。术前应对患者的全身情况及病情进行综合评估,如临床症状、有无合并症等,若病情危重,需立即对症处理,待病情平稳后清宫。因葡萄胎子宫腔大而软,子宫壁薄,清宫时容易大出血、子宫穿孔,一般采取吸刮术,要求:

①有经验的手术医师操作;②在有抢救设施的手术室进行;③在备血、输液条件下,充分扩张宫口,选用大号吸管吸引,待葡萄胎组织大部分吸出、子宫明显缩小后,改用刮匙轻柔刮宫;④尽量一次刮净宫腔内容物,选择近宫壁种植部位且新鲜无坏死的组织送病理检查;⑤若孕周大于12周,术中无法一次性刮净时,可于1周后行第2次刮宫。

2. 黄素化囊肿的处理 黄素化囊肿在葡萄胎清宫后可自行消退,一般不作处理,若发生扭转、坏死,出现急腹痛时,应行手术切除。

3. 预防性化疗 因不能改善低危患者的预后,不主张常规应用。目前只对有高危因素和随访困难的患者使用,根据患者的HCG水平、子宫大小、有无黄素囊肿、年龄等高危因素决定是否给予预防性化疗。预防性化疗应在葡萄胎排空前或排空时实施,一般采用甲氨蝶呤、氟尿嘧啶或放线菌素-D等单一化疗,一般采用多疗程化疗至HCG正常。部分性葡萄胎不作预防性化疗。

4. 子宫切除 滋养细胞肿瘤主要通过血行播散,单纯子宫切除不能预防葡萄胎子宫外转移,不作为常规处理。资料显示,年龄大于40岁时,发生子宫局部侵犯和(或)远处转移的风险增加,故对于近绝经且无生育要求的40岁以上患者应行全子宫切除术,可保留双侧附件。

八、随　　访

葡萄胎患者属高危人群,定期随访可以及早发现滋养细胞肿瘤,并给予积极及时处理,应高度重视。随访内容包括:①HCG测定,葡萄胎组织清宫后,每周测定1次血清HCG,直至降到正常水平,连续3次阴性后每月1次,持续测定半年,然后每2个月1次,共半年,至少1年;②注意观察月经是否规则、有无阴道流血、咳嗽、咯血等症状;③妇科检查,有无转移病灶,必要时B超、胸片或CT检查;④葡萄胎排空后应可靠避孕1年,首选避孕套,也可口服避孕药,为避免子宫穿孔及出现不规则阴道流血,一般不选用宫内节育环;⑤血HCG下降缓慢者,延长避孕时间;血HCG成对数下降者阴性6个月后可妊娠,妊娠后,早期行B超检查和HCG测定,以明确是否为宫内正常妊娠。

第二节　妊娠滋养细胞肿瘤

因侵蚀性葡萄胎和绒癌在临床表现、诊断、处理原则等方面基本相同,组织学证据常难获取,故本节讨论的妊娠滋养细胞肿瘤为侵蚀性葡萄胎和绒癌,而胎盘部位滋养细胞肿瘤在临床表现、发病过程及处理上与侵蚀性葡萄胎和绒癌明显不同,故另列一类。

妊娠滋养细胞肿瘤的60%继发于葡萄胎,30%继发于流产,10%继发于足月妊娠或异位妊娠。继发于葡萄胎清除后半年内的妊娠滋养细胞肿瘤,组织学诊断多数为侵蚀性葡萄胎,一年以上者多为绒癌,半年至一年间两者都有可能。一般来讲,间隔时间越长,绒癌可能性越大。继发于足月妊娠、流产、异位妊娠的妊娠滋养细胞肿瘤的组织学诊断应为绒癌。

一、病　　理

1. 侵蚀性葡萄胎的大体标本检查 在子宫肌壁内可见大小不等的水泡状组织,病灶接近浆膜层时,子宫表面可见紫蓝色结节,可穿透浆膜层或侵入阔韧带内,宫腔内有或无原发病灶。镜下病理特点:①病灶组织侵入肌层,有绒毛结构,或仅见绒毛阴影;②滋养细胞增生,有异型性。

2. 绒癌的大体标本检查　绝大多数肿瘤位于子宫肌层内,也可突向宫腔或穿破浆膜层,单个或多个病灶,质地软而脆,与周围组织分界清楚,常伴有出血、坏死。镜下病理特点:①无绒毛结构,肿瘤组织侵入肌层,引起广泛出血、坏死;②滋养细胞高度增生,明显异型;③肿瘤不含间质和自身血管。

二、临床表现

滋养细胞肿瘤的临床表现分无转移妊娠滋养细胞肿瘤和转移性滋养细胞肿瘤两类。

1. 无转移妊娠滋养细胞肿瘤　多为继发于葡萄胎妊娠后的侵蚀性葡萄胎和绒癌,少数为继发于足月妊娠或流产后的绒癌。

(1) 阴道流血:葡萄胎排空后、流产、足月分娩或异位妊娠后出现持续的不规则阴道流血,量多少不定,长期出血可继发贫血。

(2) 子宫不均质增大或子宫复旧不全:葡萄胎排出后4~6周子宫仍未恢复正常大小、质软;受肌层内病灶位置和大小的影响,子宫可呈不均质增大。

(3) 卵巢黄素化囊肿:大量HCG,使葡萄胎排空、流产、足月分娩或异位妊娠后,一侧或双侧卵巢黄素化囊肿持续存在。

(4) 腹痛:病灶侵入穿破子宫浆膜层可出现急性腹痛和腹腔内出血;病灶坏死继发感染也会出现腹痛;黄素化囊肿蒂扭转、破裂可出现急性腹痛。

(5) 假孕表现:由于肿瘤分泌的HCG、雌激素及孕激素影响,可出现乳房增大、乳头和乳晕着色甚至有初乳样分泌,生殖道变软、着色。

2. 转移性滋养细胞肿瘤　大多为绒癌,主要经血行播散,转移发生早而广泛。可同时出现原发灶和继发灶症状,也可仅表现为转移部位的症状,共同特点为局部出血。最常见的转移部位是肺(80%),其次是阴道(30%)、肝(10%)及脑(10%)等。

(1) 肺转移:是最常见的转移部位,可无明显临床症状。有症状时,常表现为咳嗽、咯血、胸痛及呼吸困难,若肺动脉滋养细胞瘤栓形成,可导致急性肺梗死。

(2) 阴道转移:妇科检查时,在阴道前壁和穹隆部可见到紫蓝色结节,破溃后可导致大出血。

(3) 肝转移:表现为肝区疼痛,病灶穿破肝包膜时,可出现腹腔内出血。

(4) 脑转移:预后凶险,是主要的致死原因。可伴有颅内高压、脑疝的形成。

(5) 其他转移:有脾、肾、膀胱、消化道、骨等部位。

三、诊　断

根据葡萄胎排空后或流产、足月分娩、异位妊娠后出现持续的不规则阴道流血、有或无转移病灶及其相对应的临床表现,结合血清HCG测定及其他辅助检查,可做出妊娠滋养细胞肿瘤的临床诊断。组织学诊断对于滋养细胞肿瘤的诊断并不是必须的,当有组织学诊断证据时,以组织学诊断为准。

（一）血清 HCG 连续测定

血清 HCG 水平是诊断妊娠滋养细胞肿瘤的主要依据，影像学证据不是必需的。

（1）葡萄胎后滋养细胞肿瘤的诊断标准：符合下列标准中任何一项且排除妊娠物残留或妊娠，诊断即可成立：①HCG 测 4 次呈平台状态（±10%），持续 3 周或更长时间；②HCG测定 3 次上升（>10%），至少持续 2 周或更长时间；③HCG 水平持续异常达 6 个月或更长。

（2）非葡萄胎后滋养细胞肿瘤的诊断：尚无明确的 HCG 诊断标准，根据：①足月产、流产和异位妊娠后超过 4 周血 HCG 仍持续高水平；②一度下降后又升高，在排除妊娠物残留或再次妊娠后可诊断妊娠滋养细胞肿瘤。

（二）辅助检查

（1）超声检查：是诊断子宫内病灶最常用的检查方法。表现为子宫呈不同程度地增大，肌层内见无包膜但边界清楚的强回声团块；或肌层内有回声不均区域或团块，边界不清且无包膜；或整个子宫弥漫性回声增强。彩色多普勒超声检查显示：丰富的低阻力型血流信号。

（2）胸部 X 线摄片：是诊断肺转移的重要方法，为常规检查。肺转移的 X 线征象最初为肺纹理增粗，典型表现为棉团状或团块状阴影，多见于右侧肺及双侧肺中下部。

（3）CT 和 MRI：对于肺部较小的转移病灶和疑有脑、肝转移者，胸部 CT 检查有较高的诊断价值。MRI 主要用于脑、盆腔转移灶的诊断。

（三）组织学诊断

子宫肌层内或转移灶组织中或任一张切片中见有绒毛结构或退化的绒毛阴影，则诊断为侵蚀性葡萄胎；未见绒毛结构则诊断为绒癌。

四、临床分期

妊娠滋养细胞肿瘤的临床分期标准依据 FIGO 妇科肿瘤委员会于 2000 年颁布的临床分期，它包括了解剖学分期（表 16-1）和预后评分系统（表 16-2）两个部分，能更好地反映肿瘤进展和指导治疗，解剖学分期分为Ⅰ期、Ⅱ期、Ⅲ期、Ⅳ期。预后评分在原 WHO 评分的基础上进行了修改：低危≤6 分，高危≥7 分。

表 16-1　滋养细胞肿瘤解剖学分期（FIGO，2000 年）

分期	癌肿累及范围
Ⅰ期	病变局限于子宫
Ⅱ期	病变扩散，但仍局限于生殖器官（附件、阴道、阔韧带）
Ⅲ期	病变转移至肺，有或无生殖系统病变
Ⅳ期	所有其他转移

表 16-2　改良 FIGO 预后评分系统(FIGO,2000 年)

项目	评分			
	0	1	2	4
年龄(岁)	<40	≥40	—	—
前次妊娠	葡萄胎	流产	足月产	
距前次妊娠时间(月)	<4	4~7	7~12	>12
治疗前血 HCG(U/L)	$\leqslant 10^3$	$>10^3\sim10^4$	$>10^4\sim10^5$	$>10^5$
最大肿瘤大小(包括子宫)	—	3~5cm	≥5cm	—
转移部位	肺	脾、肾	胃肠道	脑、肝
转移病灶数目	—	1~4	5~8	>8
先前失败化疗	—	—	单药	两种或两种以上药物

五、治　　疗

治疗原则:化疗为主,手术和放疗为辅的综合治疗。根据患者的临床分期、预后评分(高危或低危),结合患者全身情况进行综合评估,制定合适的治疗方案,实施个体化分层治疗。

(一) 化疗

常用的化疗一线药物包括:甲氨蝶呤(MTX)、放线菌素 D(Act-D)或放线菌素 D(KSM)、氟尿嘧啶(5-FU)、环磷酰胺(CTX)、长春新碱(VCR)、依托泊苷(VP-16)等。

1. 化疗方案

(1) 单一化疗:主要用于病灶局限于子宫、低危 GTN 的治疗。或无子宫外转移,行全子宫切除,同时行单一药物辅助化疗。

(2) 联合化疗:对出现多处转移病灶及高危 GTN 的治疗。首选方案有 EMA-CO,或以 5-FU 为主的联合化疗(5-FU+KSM),详见第二十二章。

2. 疗效评估　每一个化疗疗程结束后,每周测定 1 次血清 HCG,结合妇科检查、胸片及影像学检查。在每疗程结束后 18 日内,血清 HCG 下降至少一个对数为有效。

3. 停药指征

(1) 低危 GTN 者:测定血清 HCG 连续 3 次阴性后至少巩固一个疗程的化疗,在化疗过程中 HCG 下降缓慢和病灶广泛者再给予 2~3 个疗程的化疗加以巩固。

(2) 高危 GTN 者:症状、体征消失,原发灶及转移灶消失,测定血清 HCG 连续 3 次阴性后继续给予 3 个疗程的化疗,其中第 1 个疗程必须为联合化疗。

(3) 毒副反应:主要为骨髓抑制、消化道反应、肝肾功能损害、脱发等,所以在化疗前及化疗期间,应严密检查各项指标,可给予止吐剂、维生素、护肝药物等辅助治疗加以防治。

(4) 耐药标准:无公认的标准,一般在 GTN 化疗过程中连续出现 2 个疗程血清 HCG 未呈对数下降或呈平台期、甚至上升,或影像学检查提示病灶未缩小或增大或出现新的病灶。

(5) 复发标准:GTN 治疗后测定血 HCG 连续 3 次阴性,影像学检查提示病灶消失 3 个月后又出现血 HCG 升高(除外妊娠),或影像学检查发现新的病灶。

(二)手术治疗

为 GTN 治疗的辅助方法。在化疗的基础上行手术治疗,可减少肿瘤负荷和缩短化疗疗程。

1. 子宫切除 对无转移的、无生育要求的患者,在初次治疗时首先行全子宫切除术,术中同时化疗;为控制大病灶及病灶出血、切除耐药病灶可考虑在化疗的基础上行全子宫切除术,生育年龄妇女保留卵巢;有生育要求者,对耐药、孤立的子宫病灶,血清 HCG 水平不高,可作病灶剜出术。

2. 肺叶切除等 如多次化疗未能吸收的肺部孤立的耐药病灶,血 HCG 水平不高可行肺叶切除。此外有部分肠切除、部分肝叶切除、肾切除等。

(三) 放疗

主要用于肝脑转移和肺部耐药病灶的治疗。

六、预后与随访

侵蚀性葡萄胎恶性程度一般不高,多为局部侵犯,仅 4% 的患者发生远处转移,预后较好,治愈率高。绒癌恶性度极高,容易发生转移,且发生早而广泛,预后差。

随访内容同葡萄胎,包括血清 HCG 的测定、询问病史、妇科检查及超声影像学检查等。妊娠滋养细胞肿瘤临床治愈后随访时间为:第 1 年内每个月 1 次,第 2 年内每 3 个月 1 次,持续 3 年,后每年 1 次至 5 年。随访期间严格避孕,一般在化疗停止 1 年以上方可妊娠。

第三节 胎盘部位滋养细胞肿瘤

胎盘部位滋养细胞肿瘤(placental site trophoblastic tumor,PSTT)是起源于胎盘种植部位的一种特殊类型的滋养细胞肿瘤。临床发病罕见,一般不发生转移,预后良好,若发生转移,预后不良。

一、病理特性

大体检查肿瘤为实质性,病灶多数局限于子宫内,可突向宫腔内似息肉状,也可侵入肌层或向子宫外生长,切面呈黄色或黄褐色。镜下见肿瘤多由中间型滋养细胞组成,无绒毛结构。

二、临床表现

胎盘部位滋养细胞肿瘤发病罕见,约占滋养细胞肿瘤的 1%~2%,绝大多数发生在生育年龄期的患者,平均年龄为 31~35 岁,可继发于足月产、流产,继发于葡萄胎者少见。

临床症状主要表现为停经后出现不规则阴道出血,或月经过多。妇科检查可发现子宫呈均匀性或不规则性增大。少数病灶在子宫外。

三、诊 断

胎盘部位滋养细胞肿瘤因症状、体征不典型，容易误诊。确诊需靠组织学检查，部分突向宫腔的病灶可通过刮宫标本来诊断，但大多数可靠切除的子宫标本做出诊断。辅助检查方法有：

（1）血清测定：多数患者体内 HCG 水平为阴性或轻度升高；血人胎盘生乳素（CHPL）一般轻度升高。

（2）影像学检查：B 超、CT 或 MRI，缺乏特异性，B 型超声类似子宫肌瘤或其他滋养细胞肿瘤的声像图。

（3）诊断性刮宫：对少数突向宫腔的病灶进行刮宫可做出组织学诊断。

四、临 床 分 期

临床分期参照 FIGO 分期中的解剖学分期，预后评分系统不适用于 PSTT。

五、治 疗

1. 手术 首选治疗方法为手术切除全部病灶，手术范围为全子宫及双侧附件；年轻患者、病灶局限于子宫者、卵巢外观正常者，可保留卵巢，术前应告知患者病情及评估结果；不推荐保留生育功能的手术治疗。

2. 化疗 作为有高危因素患者手术治疗后的辅助治疗，选择联合化疗，首选方案为 EMA-CO，疗程数同高危 GTN。

六、高 危 因 素

影响 PSTT 预后的高危因素有：①肿瘤有丝分裂指数>5 个/10HP；②距先前妊娠>2 年时间；③出现子宫外转移。

七、随 访

随访内容与妊娠滋养细胞肿瘤相同，因为缺乏典型症状、体征和检查方法，且无特异性肿瘤标志物，所以随访时应重视临床表现，血 HCG 水平往往不高，所以影像学检查结果价值更大。

（陶 红 孙建群 王 华 张玉泉）

第十七章　妇科肿瘤合并妊娠

学习目标

1. 掌握妊娠期子宫颈癌的诊断方法。
2. 熟悉妊娠不同时期良性卵巢肿瘤的处理原则。
3. 了解子宫肌瘤和妊娠间的相互影响。

第一节　子宫颈癌合并妊娠

1. 发生率　妊娠合并妇科恶性肿瘤者少见,多为子宫颈癌和卵巢癌。妊娠妇女子宫颈癌的发病率约为1.2/10 000,最常见的病理类型是鳞状细胞癌。

2. 症状　子宫颈癌合并妊娠的主要症状是阴道分泌物增多,接触性阴道出血及阴道不规则出血。妊娠期常见并发症如先兆流产、前置胎盘、宫颈息肉等亦表现为阴道流血或阴道分泌物增加,因而易造成误诊而延误治疗。

3. 诊断　妊娠期出现阴道流血或异常分泌物增加,排除产科因素后,应作阴道窥器检查,若子宫颈有可疑病变应作子宫颈刮片细胞学检查,必要时作高危型HPV检测,阴道镜检查,子宫颈活检,以免漏诊和误诊。

在非妊娠期诊断子宫颈癌的方法,不完全适用于妊娠期:①TCT检测和子宫颈活检在妊娠的任何时期均可进行;②子宫颈管内搔刮术,可引起阴道出血及胎膜早破,不宜在妊娠期进行;③子宫颈锥形切除活检可能导致母亲与胎儿的不良后果,因此,仅应用于细胞学和组织学提示可能是浸润癌或腺癌时,且手术时间应选择在妊娠中期。如妊娠已达妊末3个月,则可延到产后进行。

妊娠早期子宫颈锥切术的流产率高达33%以上。妊娠期宫颈鳞柱交接部因受高雌激素影响而外移,移行带区的基底细胞出现不典型增生,可类似原位癌病变,不必处理,产后能恢复正常。

4. 治疗　子宫颈癌合并妊娠的治疗方案选择取决于患者的肿瘤期别、孕周和患者本人及家属对维持妊娠的意愿,采用个体化治疗。对于不要求维持妊娠者,其治疗原则和非妊娠期子宫颈癌基本相同。对于要求维持妊娠者的治疗原则可参考如下标准:

(1) 妊娠20周之前锥切确诊的患者:ⅠA1期可以延迟治疗,不影响孕妇的预后,其中锥切切缘阴性者可延迟到产后6周行筋膜外子宫切除术;ⅠA2期及其以上患者应终止妊娠并立即接受治疗:①ⅠA2～ⅡA期,最好选择手术治疗,行广泛子宫切除术+盆腔淋巴结清扫术;也可选择盆腔外照射,此时患者通常会发生流产,然后再进行腔内放疗;如未发生流产,则行改良广泛子宫切除术以切除残余的中心肿瘤;②ⅡB～ⅢB期,先予盆腔外照射,待患者发生流产后,再行腔内放疗,若放疗后未发生流产,可行改良广泛子宫切除术,也可选择手术清宫,然后进行腔内放疗。

(2) 妊娠20～28周诊断的患者:可以根据患者本人及家属的意愿采用延迟治疗或终

止妊娠立即接受治疗，延迟治疗至少对ⅠA2 期及ⅠB1 期子宫颈癌没有造成明显不良预后。ⅠB2 期及以上期别决定延迟治疗者，建议采用新辅助化疗来阻止疾病进展：①ⅠB～ⅡA 期，若胎儿未成熟，可行新辅助化疗，随诊至胎儿可存活，行剖宫产。可以选择在剖宫产的同时行根治性手术或术后放疗；②ⅡB～ⅢB 期，行先期化疗，随诊至胎儿可存活，行剖宫产，在腹部切口愈合后即开始行全盆腔放疗，待外照射结束后，行腔内放疗。可选择同步放、化疗。

(3) 妊娠 28 周后诊断的各期子宫颈癌者：可以延迟至胎儿成熟再行治疗。在延迟治疗期间，应密切观察病情，如肿瘤进展，则及时终止妊娠。除ⅠA1 期外，延迟治疗应在孕 34 周前终止妊娠，分娩方式一般采用古典式剖宫产。

附：妊娠合并子宫颈上皮内瘤变(CIN)

子宫颈上皮内瘤变(CIN)的发生率在孕妇中约占 1%。妊娠期间，增高的雌激素使柱状上皮外移至子宫颈阴道部，转化区的基底细胞出现不典型增生改变；妊娠期免疫功能低下，易患 HPV 感染。诊断时应注意：妊娠时转化区的基底细胞可有核增大、深染等表现，细胞学检查易误诊，但产后 6 周可恢复正常。大部分妊娠期患者为 CINⅠ，仅约 14% 为 CINⅡ或 CINⅢ。一般认为妊娠期 CINⅠ仅作观察，产后复查后再作处理。

第二节　卵巢肿瘤合并妊娠

妊娠合并卵巢良性肿瘤较常见，有 1%～2%。但妊娠合并卵巢恶性肿瘤少见，约 8000～10 000 例分娩中有 1 例。卵巢肿瘤对妊娠及分娩都可能产生一定的影响，应予正确的诊断和处理。

一、病理类型

1. 妊娠合并卵巢良性肿瘤　妊娠合并卵巢良性肿瘤中以成熟性畸胎瘤(皮样囊肿)最多见，约占 50%，其次为上皮性肿瘤如浆液性、黏液性囊腺瘤。此外，还有少见的纤维细胞瘤、卵泡膜细胞瘤、颗粒-卵泡膜细胞瘤等。

2. 妊娠合并卵巢交界性肿瘤　较少见。与非妊娠期交界性卵巢肿瘤相比，妊娠期交界性卵巢肿瘤具有一些较特异的组织学表现，如上皮细胞增生活跃，大量嗜酸细胞及腔内黏液等，与妊娠期机体内分泌改变有关。

3. 妊娠合并卵巢恶性肿瘤　妊娠期卵巢恶性肿瘤大多为上皮性卵巢癌，约占 2/3，其余为生殖细胞肿瘤，其中包括无性细胞瘤和未成熟畸胎瘤。

二、临床特点

1. 妊娠合并卵巢良性肿瘤　患者一般无明显症状，早期妊娠妇科检查可以扪及盆腔包块。妊娠中晚期，受增大子宫的影响，卵巢肿瘤不易发现，需依靠病史和超声检查。妊娠期出现的卵巢囊肿多是滤泡囊肿或黄体囊肿，一般直径<5cm，多在妊娠中期可以自然消退，但也有较罕见的功能性囊肿可增大至 10cm。妊娠合并卵巢肿瘤或包块，若<10cm、单纯性、单侧、无腹水，则为良性肿瘤的可能性大，但仍应严密随访。可随诊至孕 18 周，如持续存在或增大，则宜手术探查。

2. 妊娠合并卵巢交界性肿瘤 妊娠合并卵巢交界性肿瘤较为罕见。妊娠终止,肿瘤即出现退行性变,预后也较好。

3. 妊娠合并卵巢恶性肿瘤 卵巢恶性肿瘤占妊娠期卵巢肿瘤的 2%～3%。超声检查如肿块>6cm、双侧、具有实性结构、囊内有乳头生长,乳头突起中可探及血流,甚至伴有腹水时,提示恶性肿瘤的可能。血清肿瘤标志物对卵巢上皮性肿瘤和恶性生殖细胞肿瘤的诊断有参考意义。妊娠合并肿瘤时,肿瘤相关标志物超出正常范围数倍或数十倍。80%的卵巢恶性上皮性肿瘤血清 CA125>35kU /L。正常妊娠妇女 AFP 值可超过正常均值的 2～5 倍,如含有生殖细胞成分的卵巢肿瘤则可更高。

4. 妊娠合并卵巢肿瘤的特殊表现

(1) 妊娠合并卵巢肿瘤蒂扭转:妊娠期卵巢肿瘤蒂扭转的发生率比非孕期增加了 5～8 倍,患者可表现为突发一侧下腹疼痛,伴阵发性加剧,往往伴有恶心、呕吐。疼痛可发生于体位改变或运动后,严重时疼痛持续并发展到整个下腹甚至全腹。不全扭转时患者仅有下腹反复隐痛,腹痛可随体位变化而缓解,此系肿瘤蒂扭转后自然复位或扭转松弛所致。查体一侧下腹有压痛,双合诊子宫一侧可触及包块,压痛以瘤蒂处最明显。如扭转时间长,可出现下腹肌紧张、拒按、反跳痛等腹膜刺激征。右侧卵巢囊肿蒂扭转还应与阑尾炎鉴别诊断。

(2) 妊娠合并卵巢肿瘤破裂:表现为突发腹部疼痛,疼痛程度根据卵巢肿瘤的性质及囊内容物对腹膜的刺激性而有所不同,囊内容物流出增多,腹痛可较剧并弥漫,呈腹膜炎表现。查体轻者腹部轻压痛,重者腹部压痛、反跳痛、肌紧张,可有移动性浊音。若肿瘤破裂伴瘤体血管破裂发生内出血,则表现为头晕、烦躁不安、面色苍白、脉搏加快、血压下降等休克征象。若继发感染,可出现体温升高。

三、临 床 处 理

1. 妊娠合并卵巢良性肿瘤的处理

(1) 妊娠早期卵巢良性肿瘤:卵巢肿瘤直径<10cm,囊性,单侧性,活动度好,结合血 CA125 检测及 B 超判断其肿瘤为良性且未出现并发症,可密切随访至妊娠中期行手术治疗;肿瘤直径<5cm 的卵巢囊肿如随访过程中发现囊肿逐渐缩小甚至消失,提示为卵巢生理性囊肿,不必处理。排除生理性囊肿后一般认为手术最佳时机在孕 14～18 周。

(2) 孕 18 周后发现的卵巢良性肿瘤:如肿瘤不大,且随访中无明显变化者,可期待至足月后行剖宫产同时切除肿瘤;若随访中肿瘤增长速度快,且囊内出现实性成分,怀疑恶性肿瘤时则应尽快手术治疗。

2. 妊娠合并卵巢交界性肿瘤的处理 应根据患者年龄、生育情况、组织类型、孕周、胎儿成熟度等而异。如患者切盼再生育,单侧的卵巢交界性肿瘤可行患侧附件切除术或肿瘤剥除术加大网膜切除术。妊娠是否终止则根据孕周及患者对胎儿的关注程度而定。

3. 妊娠合并卵巢恶性肿瘤的处理 处理原则与非孕期卵巢恶性肿瘤相同,以手术治疗为主,化疗为辅。

(1)对于短期内肿瘤迅速增大,B 超提示肿瘤实性或囊内有乳头生长而高度怀疑恶性时,不必考虑妊娠月份,必须及时剖腹探查以尽早明确诊断,以免延误病情。

(2) 对ⅠA 期的高分化上皮性癌,患者要求继续妊娠,可于孕期行保守性手术,行患侧附件切除术，保留对侧卵巢和妊娠子宫，同时行分期手术，包括腹腔冲洗液细胞学检查，腹腔腹膜活检，大网膜切除，以及盆腔、腹主动脉旁淋巴结取样，术后不需化疗，继续妊娠至足月分娩。

(3) 对超过ⅠA期的上皮性卵巢癌，特别是病变已达Ⅱ期或以上，应终止妊娠，行肿瘤细胞减灭术，包括全子宫及双附件、大网膜、阑尾切除术，腹膜后淋巴结及转移灶切除术，术后均需辅以化疗。

(4) Ⅱ～Ⅲ期上皮性卵巢癌在孕24周后诊断，母亲强烈要求维持妊娠者，可考虑保守性手术及辅助化疗后维持胎儿至成熟，可在孕32～26周行剖宫产以终止妊娠，同时行细胞减灭术。

(5) 单侧的恶性生殖细胞或性索间质肿瘤，可行患侧附件切除术+大网膜切除术；如双侧恶性，手术方式与非孕期相同。如果子宫没有受累，仍可考虑保留生育功能。术后应用联合化疗PVB、BEP、VAC方案，至少用药3个疗程。

(6) 妊娠合并卵巢恶性肿瘤的化疗及患者是否化疗应根据肿瘤的分期、组织学类型、分级和孕周，权衡对母亲、胎儿的利弊而定，由患者本人及其家属共同知情决定，选择适当的化疗时机。妊娠早期胚胎各器官发育尚未完全，可受化疗药物的影响而致畸，因此，化疗宜在孕13周后进行。近年来的文献报道，妊娠中、晚期应用顺铂为主的联合化疗，并未发现对胎儿有明显的毒副作用或致畸作用，偶有早产、胎儿发育迟缓及低体重儿等。但多数学者主张在妊娠期采用单剂铂类化疗以降低毒性。化疗药对胎儿发育的影响仍需更长时间的随访。

4. 孕期卵巢肿瘤并发症的处理　不管孕周应立即手术。手术方式由患者年龄及术中情况而定，术中需轻柔操作，尽量避免刺激搬动子宫，术后积极保胎治疗防止流产或早产，对孕周接近足月或估计胎儿能存活者，可在术中先行剖宫产术然后处理卵巢肿瘤。

第三节　子宫肌瘤合并妊娠

妊娠合并子宫肌瘤的发病率占妊娠的0.3%～0.5%，占肌瘤患者的0.5%～1%。妊娠合并肌瘤的实际发病率远较上述数字高，因肌瘤小又无症状，在妊娠和分娩过程中易被忽略。

一、妊娠和子宫肌瘤间的互相影响

1. 子宫肌瘤对妊娠的影响　子宫肌瘤对妊娠、分娩均有影响。肌瘤是否影响妊娠主要取决于其生长部位、类型、大小和数目。小肌瘤、浆膜下肌瘤对受孕的影响甚微，较大的子宫颈肌瘤可能会妨碍精子进入宫腔，宫角部肌瘤可压迫输卵管间质部，从而阻碍精子卵子相遇而发生不孕。黏膜下肌瘤阻碍受精卵着床可致早期流产。较大的肌壁间肌瘤使宫腔变形或内膜供血不足也易流产。在妊娠晚期较大的肌瘤由于机械性阻碍可使胎位异常，并发生胎儿宫内生长受限，胎盘低置或前置，胎盘早剥等。在分娩过程中可发生产道阻塞、胎先露部下降困难造成难产，也可引起子宫收缩乏力而致产程延长、产后出血等。

2. 妊娠对子宫肌瘤的影响　妊娠期子宫充血，组织水肿，平滑肌细胞肥大，肌瘤明显增大，分娩后逐渐缩小。妊娠期和产褥期子宫肌瘤易发生红色变性，出现剧烈腹痛伴恶心、呕吐、发热、白细胞计数升高。确诊后可采用保守治疗，不作手术，对症处理后能自行缓解。

浆膜下肌瘤可发生慢性或急性蒂扭转,导致肌瘤坏死、感染、化脓等,此时应与阑尾炎、卵巢囊肿蒂扭转合并妊娠相鉴别。

二、诊　断

由于B超的广泛应用,而且许多妇女在妊娠前就已经确诊了子宫肌瘤,所以妊娠合并子宫肌瘤的诊断并不困难。但如果妊娠前未发现子宫肌瘤,即使肌瘤在妊娠过程中明显增大变软,也易漏诊。

三、治　疗

孕期未出现异常情况,不需特别处理,但仍要密切观察,定期产检,注意休息,防止流产、早产。妊娠合并肌瘤者多能自然分娩,不需急于干预,但要预防产后出血,做好备血准备。若肌瘤阻碍胎儿下降应作剖宫产。剖宫产时是否同时切除肌瘤或切除子宫,需根据肌瘤大小、部位和孕妇情况而定。

(苏　敏　何爱琴　王　华　张玉泉)

第十八章　小儿及青少年妇科肿瘤

学习目标

1. 掌握小儿及青少年阴道肉瘤的临床表现、诊断及治疗原则。
2. 掌握小儿及青少年子宫颈癌的病因、临床表现及治疗原则。
3. 熟悉小儿及青少年卵巢肿瘤的诊断和处理原则。
4. 了解小儿及青少年输卵管肿瘤的治疗原则。

随着医疗技术水平的不断发展，我国小儿疾病谱发生了明显的变化。感染性疾病、营养不良的发病率显著下降。目前，恶性肿瘤为主已成为城市及发达地区小儿最主要的疾病死亡原因，而其中妇科肿瘤占女孩肿瘤发病总数的很大一部分。21 世纪以来，小儿及青少年妇科肿瘤的诊治因妇产科、小儿外科、小儿肿瘤、病理科、放射医学及各科医师的协同合作，治愈率迅速上升。诊断上尤其是腹腔镜的应用可以提高某些肿瘤的早期诊断率，国内外资料显示，儿童肿瘤的综合治疗疗效得到了显著的提高。

第一节　概　述

【流行病学】 小儿及青少年妇科肿瘤较少见，其恶性肿瘤占小儿恶性肿瘤总数的 2%～3%，相对多发生于卵巢，主要为生殖细胞肿瘤，较少发生于外阴、阴道和子宫。可发生于任何年龄，但以 10～12 岁为多见。

外生殖器良性肿瘤临床上可见尿道旁腺囊肿、前庭大腺囊肿、血管瘤、尖锐湿疣等。外阴恶性肿瘤在幼女、青少年罕见，但葡萄状肉瘤多发生于婴幼儿的外阴及阴道。少女曾用 DES 治疗者，患阴道腺病及阴道透明细胞癌的危险性增加，阴道腺病的发病率高达 90%。阴道癌多为腺癌，其发病率<0.1%。

子宫颈肿瘤在幼女、青少年很少见，一般良性多于恶性。良性者有宫颈息肉及子宫颈潴留性囊肿；恶性者为子宫颈癌，来自加特内管或副中肾管，子宫颈鳞状上皮癌反而少见，子宫颈葡萄状肉瘤多见于幼女。幼女及青少年的子宫体肿瘤极为罕见。少数女孩，10 岁以后，由于雌激素对子宫内膜的作用，可能发生子宫内膜息肉，但儿童的子宫内膜腺癌迄今仅有个别报道。

20 岁以下的少女卵巢肿瘤虽不常见，但却为此年龄段生殖器肿瘤中最常见者，其发病率为 5%～10%，约 1/5 发生于初潮前，以生殖细胞肿瘤为多见，约占卵巢肿瘤的 60%。良性生殖细胞肿瘤中，以囊性畸胎瘤为常见。恶性生殖细胞肿瘤中，以未成熟畸胎瘤、无性细胞瘤、内胚窦瘤及胚胎性癌较多见。卵巢上皮性肿瘤在幼女、青少年较成人少见，多于初潮后发生，主要为浆液性及黏液性两种类型。其他如内膜样癌、透明细胞癌、勃伦纳瘤等在儿童罕见。卵巢性索间质肿瘤多发生于初潮以后，其中以颗粒细胞瘤及卵泡膜细胞瘤相对地较多见。颗粒-卵泡膜细胞瘤常引起性早熟。文献中对幼女、青少年的输卵管肿瘤仅有个别报道，主要为来自副中肾管及中肾管的囊肿。

小儿妇科恶性肿瘤一般早期无明显症状，很难早期诊断，随着肿瘤的生长，可出现腹痛、腹部包块、内分泌改变等相应症状，仔细体检、影像学及血清肿瘤标志物检查有助于诊断。治疗以手术和化疗为主，小儿妇科恶性肿瘤在病理上多为原发性肉瘤和胚胎性癌，对化疗敏感，预后与病理类型、扩散范围及治疗方法有关。

【小儿及青少年妇科检查的特殊性】 在进行小儿及青少年的妇科检查前，应尽可能征得患者的同意，要态度和蔼，对被检查者及监护人要详细说明检查的必要性，主要的检查步骤，以及检查结果可能对疾病的诊断和治疗起到何种作用等。在接受妇科检查时，一般需由母亲或其他监护人陪同。检查体位必须以能良好地暴露会阴前庭及外 1/3 阴道为前提。可以在母亲或护士的协助下帮助小儿双腿屈曲分开，对其进行检查。

外生殖器的视诊与触诊内容包括外阴的形态，有否先天发育异常，大小阴唇两侧是否对称，有无粘连。检查前庭时，检查者双手大拇指及食指分别向外下方或外上方拉开大小阴唇，阴道口可以得到较理想的暴露。需要注意的是，幼女及青春期少女外阴皮肤敏感而薄弱，检查者必须动作轻柔，否则会造成疼痛和医源性损伤。

直肠指诊及腹部直肠双合诊时，将一手食指伸入直肠，另一手在腹部配合检查盆腔。如扪及直肠前方阴道部位有肿物，应判断肿物下缘与阴道口的距离、肿物的质地及活动度。必要时需在麻醉状态下进行检查。

小儿及无性生活史少女使用探针或阴道窥器检查前要掌握好适应证，并向患者或其监护人说明检查的必要性，征得同意方可进行。必要时在麻醉下进行。

【辅助诊断方法】 辅助诊断的方法有 B 超、多普勒超声、MRI、CT 等。B 超因其价格便宜、操作方便、迅速，且无创伤、无放射性，是影像学检查的首选方法。多普勒超声往往应用于分辨肿物的血流状况，辅助判断肿物的性质。MRI 与 CT 相比，具有对软组织分辨率高、可做多方向切层、易于明确病灶与周围组织关系的优点，更为重要的是 MRI 对人体无放射线损伤，对于幼女和青春期少女进行盆腔检查较为安全，不会损伤对射线敏感的卵巢。

第二节　外阴肿瘤

一、外阴腺癌

【概述】 发生于青少年及小儿者极为罕见。儿童的外阴癌并非鳞状上皮型，而为腺癌，由中肾管及副中肾管的胚胎组织而来。

【临床表现与诊断】 诊断外阴部如有原因不明而治疗无效的疼痛，应考虑有恶性肿瘤的可能。腺癌往往发生在尿道旁腺、前庭大腺或汗腺。外阴部如有经久不愈的溃疡或增生性结节，应做活体组织检查以确诊。

【治疗】 首选手术治疗。由于外阴癌的生长特点是局部侵犯较广泛，而且多病灶；淋巴转移倾向性大，因此，外阴癌的常规性手术应包括外阴癌根治术及双侧区域性淋巴结清扫术。

二、外阴肉瘤

【概述】 外阴肉瘤极为罕见，是来源于中胚层的恶性肿瘤。仅占外阴恶性肿瘤的

1.1%。可原发或由良性肿瘤如纤维瘤等恶变而来。婴幼儿发生的外阴肉瘤主要是葡萄状肉瘤,极度恶性。葡萄状肉瘤有各种不同程度的分化及成熟度,分为胚胎性横纹肌肉瘤、多型性横纹肌肉瘤及小泡性横纹肌肉瘤。前者多发生在2岁以前,部分出生前已发生,5岁后罕见;后两型主要发生于青少年。外阴肉瘤容易出血、坏死。除上述葡萄状肉瘤外,在儿童期尚有阴唇纤维肉瘤、平滑肌肉瘤、圆形细胞肉瘤、梭形细胞肉瘤、多形细胞肉瘤及恶性淋巴肉瘤的个别报道。

【临床表现与诊断】 临床表现一般因出血、疼痛就诊,排出髓样物质,晚期往往大小便功能障碍。诊断外阴部有葡萄状肿瘤,晚期病例可扩散至直肠、膀胱、阴道,甚至盆腔充满大量瘤块,腹股沟淋巴结可触及。预后极差,5年生存率低于13%。

【治疗】 手术应尽可能彻底,术前必须详细检查,判断肿瘤的扩散程度,包括膀胱镜检、肠镜检查、静脉肾盂造影、淋巴造影等。手术范围根据病变扩散程度而定,行外阴根治术或盆腔淋巴结清扫术。此瘤大部分对放射线不敏感,故一般术后不辅以放疗。可用长春新碱、多柔比星、达卡巴嗪化疗。

第三节　阴道肿瘤

一、阴道肉瘤

【概述】 原发性阴道恶性肿瘤不常见,约占妇科恶性肿瘤的1%,占阴道恶性肿瘤的2%。文献报道胚胎性横纹肌肉瘤(葡萄状肉瘤)在阴道肉瘤中最常见,多发生于婴幼儿。阴道肉瘤多发生于5岁以下的婴幼儿,约占90%,而1~2岁为发病高峰。几乎2/3在2岁以内发病,初生女婴也有报道。胚胎性横纹肌肉瘤是中胚层混合瘤中的一个亚型,其来源各家意见不一。多数认为来源于中肾管中胚层组织,具有胚胎性未成熟性,故名胚胎性横纹肌肉瘤,胚胎性横纹肌肉瘤的恶性度很高,如不及早诊治,一般3~6个月即死亡。

【临床表现】

1. 阴道突出肿物及阴道出血 在婴儿洗澡或换尿布时偶尔发现,或患儿咳嗽、哭闹时由于腹压增加而将肿物逐出于阴道外。胚胎性横纹肌肉瘤似息肉样、水肿状、半透明肿块,形成串珠,如葡萄样结构。

2. 泌尿系统症状 如阴道前壁病灶继续向盆腔器官浸润,则累及尿道、膀胱,而出现尿频、尿潴留、肾盂积水等症状。

3. 晚期肿瘤表现 肿瘤发展至晚期时,亦出现食欲不振、体重减轻、恶心、呕吐、脱水、低热等现象,最后常因恶病质、呼吸衰竭或尿毒症而死亡。如肿块向上扩展至盆腔,则在盆腔内可触及包块,有时腹部增大伴腹水。如肿瘤转移至淋巴结,常在两侧腹股沟触及增大的淋巴结,或出现肺部转移症状。

【诊断】 临床实践中不易早期确诊,根据典型的临床症状与病理可明确诊断。当发现患儿阴道内有肿块时,往往肿块已相当大,甚至已有破坏性浸润或转移。

【治疗】 近几十年来,阴道胚胎性横纹肌肉瘤的治疗有了很大改革,从而使疗效得到了明显提高。20世纪70年代初,多数学者认为高度恶性葡萄状肉瘤(胚胎性横纹肌肉瘤)最好的治疗方法是迅速、及时地根治性切除。术前必须经组织学确诊,术后3~4周辅助放疗或化疗。

1. 手术治疗 应强调初次手术的准确性及彻底性，尽可能避免或减少复发。手术范围根据病情决定如下：

(1) 子宫阴道联合切除：适用于病变局限于阴道、子宫颈者。

(2) 子宫阴道联合切除及膀胱切除：适用于病变及膀胱后壁或膀胱者。

(3) 子宫、阴道、膀胱切除及盆腔淋巴结清扫：适用于病变已侵及一侧或两侧腹股沟淋巴结者。

(4) 全盆腔内脏切除：适用于病变已转移至整个盆腔者。

2. 放疗和化疗 放疗的指征：子宫阴道联合切除术后的根治性治疗；首次切除的标本边缘组织可见肿瘤细胞者；病变已至晚期，不能耐受手术或复发病例无法根治性切除者。以上病例均可行姑息性放疗，放疗剂量依年龄、病变部位及范围而定。化疗可采用 VAC 化疗方案，目前随着新的化疗药物的出现，生存率已明显上升。

二、阴道透明细胞癌

【概述】 青少年及小儿阴道透明细胞癌是发生在青少年及小儿阴道或子宫颈的恶性肿瘤。与母亲在妊娠期接受过雌激素治疗有关，尤其在孕 18 周前使用 DES 治疗者，其孩子发生透明细胞癌的危险性则增加，14～24 岁是青少年透明细胞癌的高危时期。20 世纪 40 年代，DES 被广泛用于预防妊娠期不良反应，1971 年美国 FDA 报道了其有导致女性后代阴道透明细胞癌的不良反应，患者母亲在妊娠前 3 个月内接受雌激素治疗，虽仅持续 1～2 个月，但其后代就有发生癌的可能，因致癌因子的潜伏期可长达 10～20 年，至青春期受卵巢分泌的内源性激素刺激诱发所致。

【临床表现与诊断】 阴道透明细胞癌多见于阴道上部，其次发生于子宫颈。按 FIGO 分类，阴道与子宫颈之比为 10∶7。肿瘤通常局限于阴道上 1/3，前壁较后壁多见，偶尔也出现于侧壁或阴道下 1/3。阴道排液、血性白带、阴道不规则出血为其主要症状。青少年阴道异常出血易误诊为月经失调。因此，在透明细胞癌的高危年龄如有异常排液或出血，应提高警惕。

根据临床表现、体征及妇科检查、实验室检查，可以做出诊断。以组织病理检查确定诊断。青少年及小儿的生殖器尚未发育成熟，尤其是小儿的内生殖器位于盆腔深部，妇科检查比较困难，一般常规行腹部和肛门检查。如病情需要，仍应行阴道检查。

【治疗】

1. 手术治疗 根治手术包括子宫、阴道切除术及盆腔淋巴结清扫术，早期病例手术治疗的疗效较好。但如手术不彻底，则易发生转移。

2. 放疗 对于病变扩散至邻近组织或复发病例发生肺转移的患儿，可选用局部放疗及体外照射，有一定的疗效。

3. 化疗 复发或晚期病例无法手术、也不能耐受放疗者，采用 ActFuCy 方案化疗，有一定的疗效。

第四节 子宫颈肿瘤

【概述】 小儿及青少年子宫颈肿瘤一般良性多于恶性，所发生的子宫颈癌均为腺癌，子宫颈鳞状上皮癌较罕见。子宫颈非典型增生转变成原位癌,在20岁以前也有所见。小儿与青少年的子宫颈恶性肿瘤少见,但近年子宫颈癌的发病出现年轻化趋势。子宫颈癌在透明细胞癌中,发生于阴道者占2/3,而发生于子宫颈者仅占1/3。

【病因】 小儿及青少年子宫颈癌由加特纳管或副中肾管而来。可能因素如下：

1. 雌激素作用 在胚胎时期如母亲接触过雌激素,其后代的子宫颈腺病发生率增高。

2. 宫颈柱状上皮异位 正常子宫颈在解剖学上分为阴道部及子宫颈管两部分。前者由鳞状上皮覆盖,无腺体;后者由柱状上皮覆盖,有腺体,组织学上分为阴道部、移行带及子宫颈管三部分。移行带介于阴道部与子宫颈管之间,由子宫颈内膜间质及腺体组成,上覆鳞状上皮细胞。新生儿在体内受母体雌激素的影响,颈管柱状上皮过度增生,并向子宫颈外口生长。出生后母体激素影响消失,阴道酸度改变,阴道部鳞状上皮沿柱状上皮伸展覆盖,称鳞状上皮化生。这种生理性移行带如受致癌因子激化,最后可导致癌变。

3. 性行为 初次性交过早、早婚早孕、多个性伴侣与子宫颈癌密切相关。因为青春期子宫颈上皮发育尚未成熟,抵抗疾病的能力差,且青春期少女的免疫系统相对未经致敏,易受致癌因素的刺激而致病。随着年龄和性经历的发展,女性生殖道系统才被致敏并发育成熟,从而具有正常的抗病能力。早婚、婚前性行为、性生活频繁,助长了包皮垢的致癌作用。过早分娩使子宫颈裂伤、外翻及糜烂的机会增多,因而癌的发病率增高。性伴侣者>6个且初次性交在15岁以前者,患子宫颈癌的危险性上升10倍以上。

4. 母亲因素 生育年龄的妇女,如果长期受到某些物理或化学因素刺激,生殖细胞发生畸变,她们的后代出生后常易患癌症。如果妇女在怀孕期间服用避孕药或使用雌激素,其所生的女孩日后发生子宫颈腺癌的可能性很大。此外,母亲的年龄、产次、多胎妊娠、先兆子痫的发生也可能与后代子宫颈癌的发生有关。

5. 病毒及其他病原体感染 人类乳头瘤病毒(HPV)、疱疹病毒(HSV)Ⅱ型、人类巨细胞病毒(CMV)及STD感染等,均可导致子宫颈癌的发病率升高。曾经感染过衣原体的妇女容易患子宫颈癌。病毒感染为性传播疾病,如果夫妻双方或一方性生活不洁或性伙伴太多,就有可能使女方感染这些病毒或病原体,母亲存在上述感染因素又不注意女儿的性卫生,也可以造成母女之间的交叉感染,日后就可能发生子宫颈癌。

6. 其他 青少年女性免疫功能低下、吸烟及配偶性行为和其他行为方面的特点。

【临床表现与诊断】

(1) 主要为阴道不规则出血,并有典型的洗肉水样白带。青春期或青春期前出现不规则阴道出血,常被误认为月经失调。对未婚少女常缺乏警惕性,一般不习惯作阴道检查而易漏诊。

(2) 压迫症状:癌侵及宫旁组织、盆腔组织可压迫或侵犯神经干,可发展为持续性疼痛,并向下肢放射。压迫或侵犯输尿管引起肾盂积水时,则出现腰痛。压迫或侵犯膀胱时,常表现为尿频、血尿及尿痛,严重者出现尿闭或尿瘘,甚至引起尿毒症。疼痛常为子宫颈癌的晚期表现。

(3) 转移症状:根据转移的部位不同,其症状各异。除淋巴系统外肺转移较多见,表现为胸痛、咳嗽、咯血等。胸部X线检查可见转移癌阴影。有骨转移者可出现相应部位的持续性疼痛,X线摄片可见骨质破坏。

(4) 分期:青少年与小儿子宫颈癌的临床分期,对于治疗及预后同样有重要意义。临床分期标准与成人相同。

(5) 诊断:青少年子宫颈癌的诊断,取决于详细的病史及警惕有子宫颈癌的可能。根据组织病理检查可以明确诊断。小儿及青少年阴道检查方法:进行阴道窥镜检查前,首先需征得家属的同意并取得合作。一般不用麻醉,但若患儿不能很好地配合及处女膜孔过小,则可在全身麻醉下进行。取仰卧位,助手固定患儿的髋关节及膝关节,使两腿屈曲、腹壁松弛。缓慢置入阴道窥镜,操作必须轻柔,以免导致损伤而出血。必须注意的是,儿童时期阴道未成熟,容量有限,相对短而狭,穹隆尚未形成。儿童早期时阴道长度平均仅 4.5~5.5cm,阴道壁薄,容易损伤;晚期时,阴道长度平均为 7.5cm。小儿子宫颈扁平,似纽扣状突起,直至月经初潮时,子宫颈形状才如成人的形状。

【治疗】 青少年患子宫颈癌者,腺癌远比鳞状上皮癌多,由于腺癌对放疗的敏感性差,故手术治疗为子宫颈腺癌患者的首选疗法。手术包括子宫颈癌广泛切除术及盆腔淋巴结清扫术,适于ⅠA~ⅡA 期患者。如已至晚期,应采用放射治疗。对年轻患者,既要彻底清除病灶,又要注意保留不必要切除的血管、神经等组织。子宫颈腺癌有 5% 的卵巢转移率,而子宫颈鳞癌一般不发生卵巢转移,可以行卵巢移位或移植手术。青少年子宫颈癌的预后差,多与发现晚、腺癌比例高、对放疗不敏感有关。

第五节 卵巢肿瘤

【概述】 小儿的卵巢肿瘤,大多发生在较大儿童,偶见于婴幼儿及新生儿。80% 为良性肿瘤。畸胎瘤为最常见的儿童卵巢肿瘤,起源于 3 个胚层,组织成分包含较多成熟或不成熟的组织,以毛发、骨骼、皮脂等较为多见。畸胎瘤一般为良性,但可发生恶变。恶性卵巢肿瘤生长迅速,多为实质性,很快突破包膜,浸润至周围组织,并经血行或淋巴管转移。常见的卵巢恶性生殖细胞肿瘤是内胚窦瘤(卵黄囊瘤)、无性细胞瘤和混合肿瘤,绒癌较少见。功能性卵巢肿瘤如颗粒细胞瘤可产生大量雌激素,引起患儿性早熟。

【临床表现与诊断】 约 80% 的患儿有腹痛,其中 1/3 的患儿表现为急性腹痛。肿瘤较小时症状不明显,患者偶有下腹不适或牵拉痛,可伴性早熟和痛经。良性肿瘤增长比较缓慢,一般可清楚扪及肿块,表面光滑,无压痛,可有囊性感,移动度大,与周围组织多无粘连。肿块蒂扭转可引发肿瘤出血及坏死,可出现剧烈绞痛等急腹症表现。由于肿块压迫,可有排尿及排便困难。恶性肿瘤肿块迅速增大,外形常不规整,常为实质性,活动度差,可伴有腹水。短期内可出现发热、食欲不振、衰弱、恶病质等全身症状。

慢性腹痛是常见的症状。腹部肿块较大时可扪及。超声、CT 有助于肿块的定位及定性诊断。X 线检查可发现钙化、骨骼或牙齿。大部分恶性卵巢生殖细胞瘤都有上皮窦瘤的成分,因此肿瘤标志物 AFP 和 β-HCG 的水平升高。腹腔镜检查对于临床难以定性的盆腔肿块、腹水患者腹腔镜检取活检、腹水作病理学和细胞学检验以定性及确定初步临床分期。卵巢肿瘤应与肠系膜囊肿、大网膜囊肿、肾囊肿相鉴别。若肿块蒂扭转出现急腹症表现,应与急性阑尾炎、阑尾周围脓肿、肠套叠、肠扭转、腹膜炎等相鉴别。

儿童卵巢恶性肿瘤分期同成人分期。

【治疗】 治疗方案的制定不但要考虑治疗的彻底性,同时也要尽量保留小儿及青少年的内分泌及生育功能。良性卵巢肿瘤必须保留健侧卵巢或两侧部分卵巢组织。恶性肿瘤则根据患者的一般状况、临床分期及组织类型,手术时尽量保留生育功能,术后辅以化疗。残余肿瘤越小,化疗效果越好。术后多用 BEP、VAC、VBP 化疗方案,可取得良好效果。

1. 手术治疗

(1) 如肿瘤为单侧、包膜完整、低度恶性的无性细胞瘤、卵泡膜细胞瘤、颗粒细胞瘤、黏液性或浆液性囊腺癌分化Ⅰ级者,切除患侧卵巢或附件,保留对侧卵巢和子宫,术后辅以化疗。

(2) 如为卵巢上皮性恶性肿瘤已侵及邻近器官或转移者,则不论年龄大小一般宜行肿瘤细胞减灭术,术后辅以化疗或放疗。复发患者再次手术和化疗,必要时可行放疗。晚期不能根治者则尽量切除肿块,以提高术后化疗或放疗的敏感性。

2. 化疗

(1) 生殖细胞肿瘤:过去采用 VAC 方案,其播散型可用 BVP 方案,较 VAC 方案有效,但毒性较高。目前则首选 BEP 方案,其完全缓解率可达 96%。

(2) 性索间质肿瘤:采用 BEP 方案。

(3) 上皮性恶性肿瘤:采用以铂类为主的联合化疗。

3. 放疗　小儿的不成熟组织对放射性损伤较为敏感,对放疗的耐受性比成人差,故在必要时使用放疗,同时放疗时应注意保护重要器官。

第六节　输卵管肿瘤

【概述】　输卵管肿瘤是妇科肿瘤中最少见者,良性肿瘤包括平滑肌瘤、纤维瘤、腺纤维瘤及畸胎瘤等,输卵管恶性肿瘤中以输卵管腺癌最多见,其他如肉瘤、中胚叶混合瘤则为偶见。在儿童及青少年期罕见报道。

【临床表现和诊断】　输卵管癌的最常见症状是阴道出血、下腹疼痛、白带增多和腹部肿块。输卵管癌症状隐蔽易误诊,不易早期诊断,致预后较卵巢癌差,5 年生存率为38%~89%。

输卵管癌本身无分期标准。由于输卵管和卵巢两器官的解剖学相关,转移模式相似,故目前多参照卵巢癌的 FIGO 分期。

【治疗】　治疗也同卵巢癌,应分期手术,并行全子宫、两侧输卵管或两侧附件切除术、大网膜切除术及腹膜后淋巴结清除术。术后辅助化疗,标准的方案是 TP 方案,必要时采用放疗。

(徐云钊　杨晓清　王　华　张玉泉)

第十九章　妇科肿瘤保留生育功能的治疗

学习目标

1. 掌握卵巢上皮性肿瘤保留生育功能的指征。
2. 熟悉子宫内膜癌药物保守治疗的适应证。
3. 了解妇科肿瘤对生育功能的影响。

第一节　妇科肿瘤影响生育功能的因素

妇科肿瘤的治疗原则是早发现、早诊断、早治疗。规范诊治妇科肿瘤，防癌保健是一道防线。了解影响女性生育功能的相关因素，预防疾病的发展，对年轻未生育妇科肿瘤患者，保留生育功能的治疗意义重大。

一、妇科肿瘤对生育的影响

流行病学调查显示，在不孕症夫妇中，女性因素占40%～55%，认为不孕不育受生殖系统发育异常、慢性病、感染、经济不发达地区、营养因素及男性因素等多项因素的影响。妇科肿瘤对女性生育功能的影响因素有：

(1) 外阴、阴道因素：外阴阴道肿瘤病变部位广泛或手术创面大，导致阴道狭窄或术后瘢痕形成，影响正常性生活，阻碍精子进入子宫颈口。

(2) 子宫颈与子宫因素：子宫颈上皮内瘤变、子宫颈及子宫体肌瘤等病变可使子宫颈结构发生改变、免疫功能及黏液功能异常，导致不孕、流产；不规范治疗或手术也可造成子宫颈瘢痕、子宫颈管管腔粘连、子宫内膜功能障碍等，影响胚胎着床导致流产。

(3) 卵巢因素：卵巢肿瘤可以破坏正常卵巢组织结构；手术的损伤，特别是电损伤，均可引起卵巢功能异常，如排卵障碍、黄体功能不足或黄体功能不全，影响囊胚的植入，导致不孕。

(4) 输卵管因素：输卵管肿瘤可导致输卵管结构和功能的改变，如输卵管粘连扭曲、管腔不通，影响输卵管运送精子、摄卵及输送受精卵，引起不孕。

二、预　　防

(1) 重视患者病史和体格检查：熟悉妇科常见病症的临床表现与妇科肿瘤的关联，如不规则阴道流血、月经不调、腹痛、异常白带等征兆；询问病史，了解疾病的发生、发展；结合病史选择合适的妇科辅助检查项目，早期发现妇科肿瘤。

(2) 健康体检宣传：妇科肿瘤和其他疾病一样，是可以通过定期健康体检早期发现的。在疾病未持续发展或在恶性病变之前早期诊断，早期治疗，可减少肿瘤对生殖功能的影响，保留患者生育功能。如子宫颈癌普查、盆腔妇科超声检查、妇科肿瘤标志物检查等。

(3) 及时、规范治疗：对年轻妇科肿瘤患者，应及时正确诊断，再决定治疗方案。未生育患者要求保留生育功能的，应综合评估患者病情，给予合理的规范治疗，如积极规范治疗外阴、阴道及子宫颈鳞状上皮内瘤变；超声检查发现的子宫小肌瘤采取观察保守治疗；卵巢良性肿瘤在手术治疗前需排除育龄期妇女常见的卵巢瘤样病变(滤泡囊肿和黄体囊肿)；恶性肿瘤严格把握指征、告知利弊等。

第二节　妇科良性肿瘤保留生育功能治疗

妇科肿瘤中最常见的妇科良性肿瘤为子宫肌瘤和卵巢良性肿瘤。如何在治疗疾病的同时，保留和保护年轻女性的生育功能，是每个临床医师在作出临床决策时必须思考和解决的问题。

1. 外阴良性肿瘤　外阴良性肿瘤行局部切除术，肿瘤较大或接近阴道部位，估计切口深、创面大时，可选择减张切口或行皮瓣移植，以减少会阴部挛缩，避免外生殖道结构改变。

2. 阴道良性肿瘤　多为阴道壁囊肿，患者无不适，在不影响生育的前提下，可暂不手术；若影响性生活，在明确诊断后，可经阴道行囊壁开窗术。

3. 子宫颈良性肿瘤

(1) 子宫颈上皮内瘤变的治疗：子宫颈 CIN Ⅰ级 约 60% 自然消退。细胞学为 LSIL，观察随访；细胞学为 HSIL，结合阴道镜、ECC 结果综合治疗，可行诊断性子宫颈锥切术，并定期子宫颈细胞学和 HPV DNA 检测。不宜盲目扩大手术范围，以免影响患者术后生育功能。

子宫颈 CIN Ⅱ级 约 20% 发展为 CIN Ⅲ级，5% 发展为浸润癌，需积极治疗。物理治疗包括：电熨、冷冻、激光、红外线治疗，或行子宫颈锥切术，术后随访子宫颈细胞学；手术过深过宽，可致子宫颈功能改变，影响患者生育功能。

(2) 子宫颈肌瘤的治疗：子宫颈肿瘤在子宫颈良性肌瘤中最常见，一般可经阴道切断根蒂，残端结扎或缝扎。若瘤蒂在子宫颈管内，可以血管钳钳夹后切断根蒂，保留血管钳 24~48 小时。手术时避免过多切除子宫颈组织或电烧灼子宫颈管内膜组织。

4. 子宫肌瘤　子宫平滑肌瘤在妇科良性肿瘤中最常见，发病率高，好发于生育年龄妇女。子宫肌瘤的治疗方法包括药物治疗、手术治疗及子宫动脉栓塞术等，对有生育要求的年轻女性一般采用观察或手术治疗。

(1) 非手术治疗：肌瘤小且无症状者，一般不需处理，可在门诊定期随访。

(2) 手术治疗：当肌瘤增大影响生育或导致流产时，应考虑手术治疗。手术术式为肌瘤剥除术，肌瘤剥除术中尽可能保留肌层组织；子宫黏膜下肌瘤经宫腔镜切除时，避免损伤子宫内膜。

5. 输卵管卵巢良性肿瘤

(1) 特点：卵巢良性肿瘤是妇科常见肿瘤之一，可发生于任何年龄，组织学类型繁多。肿瘤较小时，或无并发症时多无明显临床症状，常在盆腔超声检查或行妇科检查时发现包块。

(2) 治疗：卵巢囊肿的常见并发症有囊肿蒂扭转、破裂及恶变，治疗原则是一经发现，应行手术治疗。不主张经阴道或经腹穿刺囊肿、抽吸囊液再注入药液治疗，易引起术后粘连、种植，影响卵巢功能，导致不孕。若术中发现输卵管脓肿或输卵管卵巢脓肿、卵巢子宫内膜异位囊肿，盆腔粘连严重，应仔细分离，不能轻易切除输卵管和(或)卵巢组织。

(3) 手术方式:卵巢良性肿瘤的年轻患者选择囊肿剥除术,囊肿剥除后将保留的卵巢皮质层缝合形成新的卵巢组织,并恢复正常的盆腔解剖位置;采用腹腔镜手术时,卵巢剥离面出血给予缝合,不主张电凝止血。

(4) 输卵管卵巢囊肿:多为单纯积液,包块小时不易发现。术中发现为输卵管卵巢囊肿时,行剥除术,术后剥离面间断缝合,避免输卵管扭曲。

(5) 在行小儿腹腔手术时要认识女性内生殖器官,切勿误切幼儿的子宫及卵巢。

第三节 妇科恶性肿瘤保留生育功能治疗

年轻妇科恶性肿瘤患者保留生育功能的治疗已成为可能,应严格掌握适应证,告知患者保留生育功能手术的利弊及治疗方法,不能盲目夸大其好处。在高度选择和充分知情的情况下,可选择单侧附件切除术,可以根据病情在完成生育后考虑再次手术治疗。也可在进行保留生育功能的手术后,根据肿瘤组织的敏感性选择不同的化疗药物,制定个体化化疗方案。不选择放疗。

1. 子宫颈上皮内瘤变的治疗 子宫颈 CINⅢ级的处理:年轻有生育要求者,先行子宫颈锥切术,对切缘阴性的年轻要求保留生育功能的患者,经充分告知病情下,每 3~6 个月复查子宫颈细胞学和 HPV DNA 检测及 ECC 术,长期随访。

2. 早期子宫颈癌保留生育功能的治疗 早期子宫颈癌,对于年轻未生育的患者,若强烈要求保留生育功能,在充分告知患者病情和严格选择病例的情况下考虑行保留生育功能的手术。手术方式为子宫颈广泛切除术加盆腔淋巴结清扫术,要求:①年轻渴望生育,无不孕因素;② ⅠA2~ ⅠB1 期;③肿瘤直径<2cm。

3. 子宫肉瘤保留生育功能的治疗 子宫肉瘤临床少见,预后差,治疗原则以手术为主,Ⅰ期患者应常规行全子宫及双附件切除术。对继发性平滑肌肉瘤的年轻女性,在充分知情的情况下,可考虑保留生育功能。应符合以下条件:①年轻渴望生育,无不孕症;②继发性平滑肌肉瘤,瘤体<5cm、核分裂象<5/10HPF 的年轻女性。

大剂量、高效孕激素治疗,完成生育后,再考虑手术切除子宫,治疗期间,借助影像学检查密切监测病情变化。

4. 子宫内膜癌保留生育功能的治疗 子宫内膜癌的主要治疗方法为手术、放疗及药物治疗,手术是首选的治疗方法。标准的分期手术包括:腹腔冲洗液细胞学检查、全子宫双附件切除术加盆腔腹主动脉旁淋巴结切除术。近年来,子宫内膜癌发病有年轻化的趋势,对于要求保留生育功能的年轻妇女,采用什么方法治疗要权衡利弊。

对于强烈要求保留生育器官和功能的患者可采用大剂量孕激素治疗。治疗过程中严密观察子宫内膜病变,每 3 个月行 1 次诊断性刮宫,治疗 6~12 个月。病情进展或持续存在时,应及时行子宫切除术。病例选择一般符合下列条件:①年轻患者,有生育要求,无不孕症因素;②病灶局限在子宫内膜;必要时治疗前先行腹腔镜手术分期;③细胞高分化;④孕激素受体阳性;⑤血 CA125 指标正常;⑥无孕激素治疗禁忌证。

5. 卵巢恶性肿瘤保留生育功能的治疗

(1) 卵巢上皮性恶性肿瘤:进行保留生育功能的手术应持谨慎态度,严格选择病例,手术方式包括全面手术分期、患侧附件切除、保留子宫及对侧附件。应具备以下条件:①年轻患者,渴望生育,无不孕症因素;② ⅠA 期;③细胞分化好(G1)、非透明细胞癌;④对侧卵巢外观正常，活检阴性；⑤有条件随访；⑥完成生育后视情况再行子宫及对侧附件切除术。

（2）恶性生殖细胞肿瘤：卵巢恶性生殖细胞肿瘤多发生于青少年和年轻女性，常为单侧，对化疗非常敏感，其保留生育功能的手术不受期别限制。对有生育要求的年轻女性，无论期别早晚，只要对侧卵巢和子宫未受肿瘤累及，可仅切除患侧附件，保留子宫及对侧附件的生育功能。

6. 卵巢交界性肿瘤保留生育功能的治疗　卵巢交界性肿瘤是一类性质特别的临床肿瘤，常为早期、恶性程度较低、对化疗不敏感、复发迟、复发也多为交界瘤。应具备以下条件：①早期、年轻患者，渴望保留生育功能；②盆腔冲洗液细胞学检查阴性；③腹膜多点活检阴性。

7. 妊娠滋养细胞肿瘤保留生育功能的治疗　妊娠滋养细胞肿瘤主要发生于生育年龄的妇女，包括侵蚀性葡萄胎、绒癌、胎盘部位滋养细胞肿瘤，临床上以侵蚀性葡萄胎、绒癌为多见。治疗是以化疗为主，手术和放疗为辅的综合治疗。

保留生育功能是治疗滋养细胞肿瘤的一项基本原则。对晚期已有远处转移的患者，只要治疗结果满意，均可保留生育功能。

滋养细胞肿瘤的化疗必须规范、足量、足够疗程；在随访期间应严格避孕，一般在化疗停止一年以上方可妊娠；对耐药、孤立的子宫病灶，血清 HCG 水平不高，可作病灶剜出术，仍可保留生育功能。有研究报道，化疗引起的流产率、胎儿畸形率及产科并发症无增加，长期随访患者所生婴儿染色体异常与正常妇女无显著差异。

（陶　红　何爱琴　王　华　张玉泉）

第二十章　腹腔镜在妇科恶性肿瘤中的应用

学习目标

1. 掌握腹腔镜的常见并发症处理。
2. 熟悉腹腔镜下子宫内膜癌的分期手术范围。
3. 了解目前腹腔镜进行妇科恶性肿瘤手术的几种常见术式。

腹腔镜手术已广泛应用于妇科良性疾病的外科诊断与治疗。与传统的剖腹手术相比，腹腔镜手术具有创伤小、出血少、术后恢复快及术区美观等优点，是妇科手术学上的一次革命。腹腔镜将视野放大，术区清晰、可观察到微小病变；气腹可减少术区小血管的出血。近年来，随着腹腔镜器械及图像处理技术的发展，腹腔镜手术在妇科恶性肿瘤的治疗中得到迅猛发展。

一、应用腹腔镜实施的妇科恶性肿瘤手术

自20世纪70年代腹腔镜手术开始应用于妇科肿瘤以来，腔镜技术得到了广泛的应用，在有些医院已取代了剖腹手术。但是由于既往认为腹腔镜手术视野暴露不清、并发症、复发部位活检受限及假阴性高等缺陷，人们还不能完全接受将腹腔镜手术取代剖腹手术。目前为止妇科学者采用腹腔镜技术已进行了大量的手术，常见的手术方式有以下几种。

(1) 腹腔镜下全子宫双附件切除术：该手术已基本取代剖腹手术。适用于子宫颈或子宫内膜的癌前病变和子宫良性疾病。

(2) 腹腔镜下扩大全子宫双附件切除术：适用于早期子宫颈癌。

(3) 腹腔镜下盆腔和腹主动脉淋巴结切除术：用于妇科恶性肿瘤的诊断与分期，自1989年报道腹腔镜下淋巴结切除术以来，该技术已广泛应用于临床。

(4) 腹腔镜下卵巢移位术。

(5) 腹腔镜下广泛子宫颈切除术加盆腔淋巴结切除术。

(6) 腹腔镜下妇科恶性肿瘤细胞分期加减灭术：1993年报道了腹腔镜下子宫内膜癌的分期手术；1994年报道了应用腹腔镜技术行卵巢癌细胞分期加减灭术，包括淋巴结切除术。

(7) 腹腔镜下腹股沟淋巴结切除术：用于外阴癌或阴道癌需行腹股沟淋巴结切除的患者，该手术创面小，避免皮下淋巴积液及切口皮瓣坏死发生。

(8) 腹腔镜下二次探查术：二次探查术（简称二探术）主要用于卵巢癌，目的是探查残留病灶。理论研究认为，腹腔镜手术假阴性高，但临床研究表明，采用腹腔镜行二探术，可将粘连分解后暴露病变部位，在复发部位或盆腔腹主动脉淋巴结取活检，有创伤小，术中、术后发病率低等优点，且假阴性与剖腹手术相当。

二、妇科恶性肿瘤的腹腔镜手术

(一) 子宫颈癌

子宫颈癌是妇科最常见的恶性肿瘤之一,手术和放疗是早期子宫颈癌的主要治疗手段,目前公认广泛全子宫切除加盆腔淋巴结切除是ⅠB~ⅡA期子宫颈癌的首选治疗方式,年轻患者可保留卵巢。对于要求保留生育功能的ⅠB1期年轻患者,可采用广泛子宫颈切除术加盆腔淋巴结切除术。传统的子宫颈癌根治术手术范围广、创伤大,术后可发生严重并发症。腹腔镜手术能明显提高患者的生活质量。过去10多年,妇科学者对腹腔镜下早期子宫颈癌根治术和晚期子宫颈癌分期手术进行了大量研究。

(1) 手术适应证:① ⅠB~ⅡA期年轻患者可保留双侧卵巢;② ⅠA2期伴脉管浸润、细胞分化差者;③对微灶性子宫颈腺癌患者宜采取更积极的根治手术;④无严重内外科合并症,能耐受腹腔镜手术者。

(2) 腹腔镜辅助下的阴式根治性子宫切除术:腹腔镜手术在妇科恶性肿瘤的治疗早期中具有相当大的难度和风险,中转开腹及并发症发生率较高,多数学者采用腹腔镜辅助下的阴式根治性子宫切除术(laparoscopy assisted radical vaginal hysterectomy,LARVH)或阴式辅助的腹腔镜根治性子宫切除术(vaginally assisted laparoscopic radical hysterectomy,VALRH)。该手术与剖腹手术相比,出血量少,住院时间短。常见并发症包括输尿管损伤(1%~2%)、血管损伤(1%~2%)、膀胱穿孔(4%~5%)、脓肿(1%~2%)。缺点是需联合阴道手术,操作繁琐,增加感染机会。

(3) 腹腔镜下根治性子宫切除术:随着腔镜技术及器械的逐步发展,越来越多的术者采用完全性腹腔镜下子宫颈癌根治术(total laparoscopic radical hysterectomy,TLRH)和盆腔和(或)腹主动脉旁淋巴结切除术。Nezhat于1992年首次报道了腹腔镜下子宫颈癌的根治性手术;1998年,广州佛山医院李光仪教授对一例ⅡA子宫颈癌患者成功实施了TLRH手术,开创了国内腹腔镜下子宫颈癌根治术的先例。

(4) 腹腔镜下广泛子宫颈切除术加盆腔淋巴结切除术:主要手术步骤是先在腹腔镜下行盆腔和腹主动脉淋巴结切除术,术中冷冻切片病理检查确定无转移再行广泛子宫颈切除术,切除标本也行冷冻切片病理检查确定边缘安全无残留。该术式主要适用于ⅠA2~ⅠA1期需保留生育功能的年轻患者,局部肿瘤直径≤2cm,无淋巴结转移,无子宫颈管上端受累,切缘5~8mm无肿瘤。子宫颈广泛切除术后的复发率约3.3%,与广泛子宫切除术复发率无明显差异。广泛子宫颈切除术后患者可在1年内怀孕,但流产及早产率高,建议在妊娠14周时行子宫颈环扎术。

(5) 晚期子宫颈癌的腹腔镜分期手术:由于FIGO分期系统是临床分期,晚期子宫颈癌不采用手术切除,约30%的晚期患者分期不准确,因此,人们对治疗前手术分期的作用进行了研究。

研究表明,晚期子宫颈癌患者腹腔镜下盆腹腔淋巴结切除术是安全可行的,能更准确地明确病变范围,可使放疗、化疗个体化;缺点是少数患者术后出现并发症,如盆腹腔粘连,延误子宫颈癌的后期治疗,且子宫颈癌患者均行全盆腔放疗,盆腔淋巴结状况不影响随后治疗,因此对其临床应用价值仍存在争议。大多数学者仅行肿大淋巴结切除术或放疗范围以外的盆腔及腹主动脉旁淋巴结切除术。如果结果阳性,就将放疗范围扩大至包括腹主动脉淋巴结在内,并行化疗。

(二) 子宫内膜癌

1988 年,FIGO 推荐将子宫内膜癌临床分期改为手术分期,因而子宫内膜癌的手术应采用分期手术。随着腹腔镜手术器械的日益完善和腔镜手术技术的日益成熟,子宫内膜癌的各种手术方式均可在腹腔镜下进行。

1. 腹腔镜下的分期手术 分期手术包括腹腔冲洗液细胞学检查、全子宫双附件切除术及盆腔腹主动脉旁淋巴结切除术。其中,盆腔腹主动脉旁淋巴结切除术是子宫内膜癌患者分期手术的重要指标,可决定患者的预后及下一步治疗方案。

国外 Gemignani 等对 320 例子宫内膜癌患者进行了腹腔镜分期手术与剖腹手术的比较,结果表明,两组患者的复发率无明显差异;腔镜手术术后并发症发生率低、住院时间短。

2. 对未能完成分期患者进行腹腔镜分期手术 腹腔镜可应用于子宫内膜癌不完全分期患者的处理。子宫内膜癌患者行全子宫切除后,分期不明确,如何进一步处理,是临床难以决定的问题。一般有以下选择方案:①无辅助治疗,随访,因此有潜在危险;②辅助治疗,可能为过渡治疗;③进行再分期手术,明确分期,但可能发生手术相关并发症,且有可能延误下一步治疗。

(三) 卵巢癌

1. 对附件肿块的评价 经腹腔镜手术诊断的附件肿块,仅 3% 的肿块为恶性,术中时刻记住肿瘤恶性的可能性,避免肿瘤破裂,一旦冷冻切片病理检查结果为恶性,根据术者的腔镜技能,立即行剖腹或腹腔镜下的卵巢癌分期手术。

2. 早期卵巢癌的腹腔镜分期手术 卵巢癌的手术病理分期是非常重要的预后因素,对于初治的卵巢癌患者,主张实施全面的手术分期,包括腹水或腹腔冲洗液细胞学检查、腹盆腔全面探查、横膈多点活检、大网膜切除、子宫附件切除、盆腔腹主动脉旁淋巴结活检、阑尾切除及腹膜多点活检等步骤。不难看出,全面的分期手术也是卵巢肿瘤细胞减灭术的重要组成部分。对于首次没有进行全面分期手术的患者,原则上应该进行再分期手术。

以往卵巢癌的分期手术大多数是通过剖腹手术来完成的,近年来,随着腔镜技术的日趋成熟,腹腔镜手术经验不断积累,越来越多的妇科腔镜医生通过腹腔镜来完成分期手术。从现有的资料来看,以腹腔镜来完成卵巢癌的分期和再分期手术是安全可行的,甚至有人提出以腹腔镜来取代传统的剖腹手术。以腹腔镜来进行卵巢癌的分期手术具有以下优点:①有利于检查上腹部特别是横膈的转移灶;②有利于提高腹腔冲洗液细胞学检查的准确性;③有利于术后再分期避免不必要的第二次开腹手术。

3. 腹腔镜下二探术 卵巢癌患者进行二探术,目的是对腹腔内的情况进行全面、细致的观察和评价,以了解化疗效果,有无肿瘤复发,并指导下一步治疗。目前传统意义的二探术有一定的并发症和创伤,且不能提高生存率。腹腔镜下二探术能在直视下观察腹腔内情况,具有创伤小、恢复快的特点,是安全可行的。

研究报道,腹腔镜下二探术与剖腹二探术相比,其阳性结果符合率与开腹手术相似,阴性者术后复发率两组相似,而腔镜组手术时间、住院时间及住院总费用均低于开腹组,结果证明,腹腔镜完全可以用于卵巢癌二探术。

由于卵巢癌手术及术后腹腔化疗引起的盆腹腔广泛粘连,且有些部位不能暴露及触觉检查如膈后方肝脏等,因此腹腔镜二探术仍有一定的局限性,还不能完全代替传统意义上的二探术。

三、腹腔镜妇科恶性肿瘤治疗需注意的问题

应用腹腔镜行妇科恶性肿瘤手术时必须考虑以下几点:①手术范围不应受腹腔镜本身的限制;②腹腔镜手术是否对肿瘤的生物学特性产生影响,造成肿瘤的扩散;③腹腔镜手术的并发症应少于其他剖腹手术;④腹腔镜手术的疗效不应低于常规手术;⑤避免进行超出术者能力以外的高难度腔镜手术。随着腔镜技术和器械的改进、临床经验的不断丰富,采用腹腔镜手术的恶性肿瘤患者越来越多,但易引起穿刺部位肿瘤的种植转移,应引起妇科肿瘤学者的重视。

1. 腹腔镜术中是否肿瘤穿刺　应用腹腔镜手术时,卵巢恶性肿瘤往往由于肿瘤大,需先行肿瘤穿刺后切除,造成肿瘤包膜破裂,肿瘤细胞种植,分期升高。虽然还没有足够的临床资料证明腹腔镜下肿瘤穿刺对预后的影响,但早期卵巢恶性肿瘤破裂是一值得关注的问题,一些患者往往成为需要进行化疗的一项决定因素。因此,当卵巢肿瘤高度怀疑恶性时,尽量避免肿瘤破裂。

2. 腹壁穿刺部位肿瘤种植　腹腔镜术后发生腹壁转移的发生率各家报道不一,1.4%~16%不等。高危因素包括晚期临床癌、癌性腹水、姑息性手术及低分化肿瘤等。子宫颈癌、子宫内膜癌均发现有穿刺部位的转移。腹腔镜腹壁穿刺部位转移的具体机制不十分清楚,目前主要提出4种可能机制:机械性机制、代谢免疫机制、血源性机制及腹腔镜气腹环境作用机制。可能与以下因素有关:①穿刺部位肿瘤细胞种植;②小的皮肤切口促进肿瘤细胞生长;③腹腔二氧化碳气体促进肿瘤生长;④肿瘤细胞的生物学特性。

因此,为避免穿刺部位肿瘤转移的发生,腹腔镜手术时,采用“袋装法”取出标本,尽量将穿刺针与腹壁固定,通过吸引器取代穿刺管排出二氧化碳气体,彻底冲洗盆腹腔和切口,术后及时化疗或放疗等。

(何爱琴　叶丽华　王　华　张玉泉)

第二十一章　妇科恶性肿瘤的放射治疗

学习目标

1. 掌握放射治疗计划的设计原则。
2. 熟悉妇科放射治疗剂量参考点——“A”点和“F”点的含义。
3. 了解正常组织器官的放射耐受剂量。

放射治疗(radiotherapy)简称放疗,是妇科恶性肿瘤的三大有效治疗手段之一,是中晚期子宫颈癌患者的首选治疗方式。放射治疗包括体外放射治疗(external beam radiotherapy,EBRT)和近距离治疗(branchytherapy,BT)。

第一节　妇科肿瘤放射治疗的基本理论

一、妇科肿瘤放射治疗的发展史

放射治疗起始于腔内后装镭疗,迄今已有100多年的历史。1898年,玛丽居里夫妇发现了放射源“镭”,1900年,首次应用于妇科恶性肿瘤子宫颈癌的治疗。由于放射源“镭”为低剂量率且治疗时间长,50年代后开始应用人工核素钴-60取代放射源“镭”进行后装治疗,目前临床广为应用的是放射源铱-192。体外放射治疗采用的是电子直线加速器。

二、妇科肿瘤放射治疗的地位及特点

放射治疗是治疗恶性肿瘤的三种基本方法之一,放射治疗作为根治性治疗手段或综合性治疗的一部分也广泛应用于妇科恶性肿瘤的治疗中。根据国内外资料显示,子宫颈癌患者的治疗与放射治疗有关率占70%~80%,子宫内膜癌占60%~80%,阴道癌占68%~80%,外阴癌占37%~60%,卵巢癌占1.4%~7%,因而,从事妇科肿瘤的医师必须掌握妇科放射治疗知识。

妇科肿瘤的放射治疗与其他部位肿瘤的放射治疗相比,有其特殊性,主要表现在以下几点:

(1) 作为子宫颈癌的根治性治疗手段,它是通过远距离及近距离放射治疗合理结合而完成的。

(2) 妇科肿瘤的放射治疗,是基于妇科检查来制定及实施的,影像学检查仅作治疗计划制定的参考,与其他部位肿瘤基于影像学检查不一样。

(3) 妇科肿瘤的放射治疗与妇科操作相关,且密不可分。因为妇科肿瘤的诊断、分期、后装腔内操作离不开妇科操作技能,治疗中会涉及合并妊娠及其他妇科疾病甚至手术。

(4) 妇科恶性肿瘤的放射治疗更关注年轻患者的生理功能。

三、妇科肿瘤放射治疗的设计

(一) 放射治疗计划的设计原则

(1) 保证肿瘤组织获得最大剂量,减少正常组织受量,尽量保护维持器官生理功能。治疗肿瘤时,正常组织不可避免会受到放射线的照射。如果正常组织受量过大,肿瘤治愈的同时也会使患者留下严重并发症,影响患者正常生活。治疗时必须参考正常组织器官的放射线耐受量(表21-1)。

表21-1　某些正常组织器官放射耐受量(cGy)

器官	损伤	1%~5%(TD5/5)	25%~50%(TD50/5)	射野面积或长度
皮肤	溃疡、严重纤维化	5500	7000	$100cm^2$
胃	溃疡、穿孔、出血	4500	5500	$100cm^2$
小肠	溃疡、穿孔、出血	5000	6500	$100cm^2$
结肠	溃疡、狭窄	4500	6500	$100cm^2$
直肠	溃疡、狭窄	6000	8000	$100cm^2$
肝	急慢性肝炎	2500	4000	全肝
		1500	2000	全肝条状照射
	肝功衰竭、腹水	3500	4500	全肝
肾	急慢性肾炎	2000	2500	全肾
		1500	2000	全肾条状照射
膀胱	挛缩	6000	8000	全膀胱
输尿管	狭窄	7500	10 000	5~10cm
卵巢	永久不孕	200~300	625~1200	全卵巢
子宫	坏死、穿孔	10 000	20 000	全子宫
阴道	溃疡、瘘	9000	10000	全阴道
乳腺				
a. 儿童	不发育	1000	1500	全乳
b. 成人	萎缩、坏死	>5000	>10 000	全乳
脊髓	梗死、坏死	4500	5500	$10cm^2$
肌肉				
a. 儿童	萎缩	2000~3000	4000~5000	整块肌肉
b. 成人	纤维化	6000	8000	整块肌肉
骨髓	再生不良	200	450	全身脊髓
淋巴结及淋巴管	萎缩、硬化	5000	>7000	整个淋巴结
毛细血管	扩张、硬化	5000~6000	7000~10 000	
胎儿	死亡	200	400	整个胎儿
外周神经	神经炎	6000	10 000	$10cm^2$
大动静脉炎	硬化	>8000	>10 000	$10cm^2$

(2) 合理选择放射治疗方法:放射治疗有体外照射和近距离放射治疗之分,近距离照射又包括腔内放射治疗及组织间插植等治疗。临床治疗时需根据患者年龄、局部肿瘤大小及病期等临床特点选择体外放射治疗与腔内后装治疗合理的匹配剂量放疗方法。

(3) 个别对待,个体化治疗原则:根据患者的体质、临床分期及放疗的敏感性等情况及时调整放疗计划。

(4) 综合治疗,合理配合应用化学治疗及手术:单纯放射治疗、手术及化学治疗均有其缺陷和局限性,综合治疗是当今肿瘤治疗的发展趋势。它是根据肿瘤的病理特性、疾病的分期及患者的个体状况等进行个体化设计的治疗,期待改善患者生存期及生活质量。

(5) 精心的临床处理:放射治疗前必须有明确的组织病理学证据,明确肿瘤分期(肿瘤的范围)及全面评估患者身体功能状况,这些都是放射治疗成功的关键。

(二) 放射治疗计划的制订及实施

(1) 确定治疗目标:根据患者年龄、病期、病理类型及身体状况选择根治性放射治疗、姑息性放射治疗还是辅助性放射治疗。

(2) 合理选择放射治疗方法:单纯体外放射治疗或腔内后装治疗,还是联合放射治疗。

(3) 由临床医师与模拟定位技术员共同确认放射治疗部位,设野画线。临床医师制定放射治疗计划,填写计划单,交加速器室或后装治疗室。

(4) 核对放射治疗计划,并实施治疗。

(5) 治疗计划完成时,评估治疗疗效及放疗反应,决定是否需要增加放射治疗剂量。

四、放射治疗的技术

按照射方式,放射治疗分为体外放射治疗和近距离放射治疗,其治疗技术可分为体外照射技术和内照射技术。

(一) 体外照射技术

体外照射治疗是指射线经过一定的空间到达肿瘤组织的治疗,又称体外放射治疗。它与内照射合理配合能使肿瘤组织达到较高的剂量,同时能明显减少正常组织并发症的发生。X线由电子直线加速器产生,分高能X线和低能X线,妇科盆腔外照射一般采用10MeV以上的高能射线。目前大部分医院采用SSD技术前后对穿野盆腔外照射,剂量分布和摆位的准确性较差,不能很好地减轻正常组织和器官的受照射体积及剂量。而四野照射在盆腔中部产生类似箱式的高剂量分布,仅有部分膀胱和直肠在高剂量区域内,放射反应小,因此临床建议采用高能X线四野箱式照射法。

(二) 内照射技术

内照射治疗是指放射源紧贴肿瘤或插植在组织内进行放射治疗,主要用于妇科肿瘤的治疗。妇科常用的近距离治疗是将放射源放置于阴道内、子宫颈表面及宫腔内进行内照射治疗。

内照射治疗起始于腔内镭疗,通过医务人员直接将放射源容器放入腔内。该操作使医务人员接触射线,现已被后装治疗取代。后装治疗是指先将不带放射源的施源器放置放射治疗部位,然后通过计算机将放射源通过管道送至施源器治疗的方式。

近距离后装治疗机的放射源主要有钴-60、铯-137、铱-192、锎-252，目前国内广泛应用的是高剂量率铱-192 源后装治疗机。几种放射性核素的半衰期不相同(表 21-2)，换源时间不一样。目前常用放射源铱-192 的半衰期为 74 天，2～3 个月换源 1 次。

表 21-2　妇科放射性核素的半衰期

放射性核素	半衰期
镭-226	1590 年
钴-60	5.3 年
铯-137	30 年
铱-192	74 天
锎-252	2.66 年

近距离放射治疗的治疗剂量会随着放射源的距离呈平方衰退，梯度下降大，可以使治疗体积内不同的点剂量各异，肿瘤原发灶剂量最高，临床上选择参考点作为判断治疗剂量的标准。

子宫颈癌，通常选择 A 点为剂量参考点；子宫内膜癌选择 F 点，并用 F 点及 A 点两个参考点综合评估剂量分布的合理性。A 点：穹隆上方 2cm，子宫中线旁开 2cm，代表宫旁受量，为方便临床上把子宫颈外口上方 2cm，宫腔管旁 2cm 定为 A 点。B 点：A 点同一层面的子宫中线旁开 5cm，此处为闭孔区，代表盆腔淋巴结受量。F 点：位于宫腔源的顶点，旁开子宫中轴 2cm。

根据 A 点的剂量率将后装机分为 3 类：高剂量率(20cGy/min 以上)、中剂量率[(3.33～20)cGy/min]、低剂量率[(0.667～3.33)cGy/min]。国内大多使用高剂量率后装治疗机。

第二节　放射治疗在妇科恶性肿瘤中的应用

放射治疗是治疗妇科恶性肿瘤的主要手段之一。对于子宫颈癌、子宫内膜癌及阴道癌可以达到根治的治疗目的。术后对于高危因素的妇科恶性肿瘤患者可以作为辅助治疗，使患者受益。晚期或复发性妇科恶性肿瘤进行放射治疗仍然可以是一种挽救性的治疗。

一、子宫颈癌

子宫颈癌是女性生殖道最常见的恶性肿瘤，75%～80% 的病理类型是鳞癌，对放射治疗敏感。宫腔、阴道为自然腔隙，置入放射源可直接照射原发病灶，与外照射结合，使子宫颈局部肿瘤达到满意的剂量，成为放射治疗卓有成效的恶性肿瘤之一。

(一) 子宫颈癌放射治疗适应证

(1) 全身状况不适宜手术的早期(IA～IIA 期)子宫颈癌患者。

(2) IIB 期以上的子宫颈癌患者及部分 IB2 和 IIA2 患者。

(3) 巨块型子宫颈癌患者的术前治疗。

(4) 病理存在高危因素的子宫颈癌患者术后补充放射治疗。

(5) 子宫颈小细胞癌,少见,恶性程度高,需放射治疗加化学治疗。

(6) 意外发现子宫颈癌的术后补救治疗。

(7) 复发性子宫颈癌。

(二) 子宫颈癌的放射治疗计划

子宫颈癌的放射治疗包括体外照射和内照射。放射治疗前必须三合诊,准确临床分期;充分了解宫旁及阴道侵犯情况。放射治疗前还需 CT 或 MRI 检查以了解宫旁组织、淋巴结情况及有无远处转移,帮助制定放射治疗计划。

1. 体外照射野的设计 主要照射盆腔淋巴结,子宫颈、宫旁及阴道区域也能受到一定的放射治疗剂量。一般体外照射包括子宫、子宫颈、阴道上 1/3、宫旁和区域淋巴结。目前体外放疗的设野有以下几种形式:

(1) 盆腔矩形野(前后对野):上界:腰 4 ~ 腰 5 间;下界:闭孔下缘或肿瘤下界外 2cm (ⅢA 期患者必须包括全阴道及腹股沟区);两侧界:真骨盆最宽处向外旁开 1.5 ~2.0cm。

(2) 盆腔四野(box 野):前后野界线同矩形野,侧野上下界同前后野,前界为耻骨联合前缘,后界为骶 2 ~3 椎间隙中点。

(3) 延伸野:又称腹主动脉旁淋巴结野,疑有腹主动脉旁淋巴结或髂总淋巴结及盆腔多组、多个淋巴结转移的患者,考虑采用延伸野放疗。沿腹主动脉走向设野,野上缘可向上延至转移淋巴结上缘上 2cm,宽 8cm。最高上界可达胸 10 椎体水平。一般剂量为 35 ~40Gy,照射时注意保护肾脏。

(4) 缩野:体外放射治疗剂量结束后根据宫旁组织肿瘤侵犯的情况,尤其是ⅢB 期患者可适当增加宫旁剂量。需注意肠管的受量,警惕肠道并发症的发生。

(5) 调强放射治疗:目前常用于术后补充放射治疗,复发肿瘤放射治疗,也有用于根治性放射治疗。

2. 子宫颈癌近距离照射方案

(1) 根治性放射治疗:体外联合腔内后装,A 点总剂量 85 ~90Gy。一般先全盆野体外放疗,肿瘤剂量(dose tumor,DT)25 ~30Gy,每周 5 次;结束后中间挡铅 4cm×(8 ~10)cm 即四野放射治疗,DT15 ~20Gy,每周 4 次,四野照射过程中穿插腔内治疗,每周 1 次,参考点 A 点 7Gy/次,腔内总剂量达 35 ~42Gy(剂量分布呈梨形)。

(2) 术前放射治疗:IB2、IIA2 期患者子宫颈局部肿瘤特大,以源旁 1cm 作为参考点,(10 ~12)Gy/次×(1 ~2)次,最大累计消瘤量可达 30Gy,休息 2 周后手术治疗。

(3) 术后放射治疗:子宫颈癌的术后高危因素包括切缘阳性、淋巴结转移、宫旁浸润、术前肿瘤直径>4.0cm、子宫颈深肌层肿瘤浸润、脉管癌栓等。前三种高危因素中的任何一项,或后三种高危因素中的任意两项均需接受术后放射治疗。术后放射治疗采用盆腔野外照射,DT45 ~50Gy,阴道切缘阳性者还需追加腔内照射。

二、子宫恶性肿瘤

子宫内膜癌的治疗主要以手术为主,但放射治疗仍然是不可缺少的治疗手段;子宫肉瘤一般不选择单纯放射治疗,仅用于术后辅助治疗及某些转移部位的姑息治疗。子宫肉瘤中子宫内膜间质肉瘤对放射治疗相对较敏感,其次是子宫中胚叶混合瘤,子宫平滑肌肉瘤对放射治疗敏感性较差。

（一）放射治疗适应证

（1）不能耐受手术的子宫恶性肿瘤患者。

（2）术后有高危复发因素的子宫恶性肿瘤患者。高危因素包括：①盆腔或腹主动脉旁淋巴结转移；②子宫颈管累及的Ⅱ期患者；③Ⅲ～Ⅳ期患者术后根据具体情况可以考虑放射治疗；④脉管有癌栓；⑤病理分化差；⑥特殊病理类型的子宫内膜癌。

（3）Ⅲ～Ⅳ期患者根据具体情况可以考虑术前、术后放射治疗或姑息性放射治疗。

（4）复发性子宫内膜癌的姑息性治疗。

（二）放射治疗计划

（1）单纯放射治疗：适用于有手术禁忌证患者或晚期无法手术患者，体外放疗结合腔内后装治疗，参考点 F 点，体外 DT 40～45Gy，腔内 DT 45～50Gy，剂量曲线呈倒梨形。

（2）术前放射治疗：子宫肿瘤负荷大，直接手术困难，可以术前腔内治疗缩小子宫。腔内 DT 20～30Gy，2 周后手术；有子宫旁浸润考虑术前体外放疗 DT30Gy。

（3）术后放射治疗：术后存在高危因素可接受腔内和（或）体外放射治疗，具体计划参照子宫颈癌术后补充放射治疗。

（4）局部区域复发的患者可采用外照射和（或）内照射结合的治疗。

三、外　阴　癌

外阴恶性肿瘤的放射治疗仅作为辅助治疗。外阴皮肤对放射线耐受性差，放射治疗易引起外阴水肿，皮肤破溃等。放射治疗远期反应为外阴阴道狭窄、挛缩，淋巴回流障碍等。

（一）放疗适应证

（1）无法耐受手术者。

（2）术前局部照射，创造手术条件。

（3）术后原发病灶及淋巴引流区的补充放射治疗。

（4）复发患者。

（二）放疗计划

（1）原发病灶照射：放射野面积视病灶大小范围而定，避开肛门，采用 X 线及电子线结合技术，总剂量达 60Gy。

（2）腹股沟区照射：设野以腹股沟韧带为中线，上下界平行于该线，内侧为耻骨结节，范围（8～10）cm×（10～12）cm，预防照射量 40～50Gy，有肿瘤转移的总剂量需达 60Gy，采用 X 线联合电子线技术照射。

四、阴　道　癌

阴道癌发病率很低，主要是以局部侵犯及淋巴结转移为主的扩散，主要治疗方式是手术和放射治疗。Ⅱ期以上患者选择放射治疗为主,肿瘤位于阴道中、上 1/3 的患者放射治疗计划与子宫颈癌相似;病灶位于阴道下 1/3 的阴道癌体外照射野下界需要包括双侧腹股沟野及股三角。

五、卵巢癌的放射治疗

卵巢癌的治疗方式主要是手术和放射治疗。卵巢无性细胞瘤和颗粒细胞瘤对放射线敏感,在没有有效的化疗药以前,这两种肿瘤术后主要采用放射治疗。由于放射治疗使卵巢功能衰退,年轻患者丧失生育功能,目前已逐渐被化学治疗替代。

卵巢癌复发无法再手术和化学治疗耐药的患者可考虑选用放射治疗。阴道残端复发采用腔内治疗能取得较好的效果。卵巢癌复发病灶局限时可以考虑三维适形或调强放射治疗。盆腹腔广泛转移,外照射需全腹放射治疗,放射治疗反应大,几乎不用。

六、放射治疗并发症

(一) 放射反应

即近期并发症。指放射治疗中或放射治疗结束近期出现的不适称放射反应。

(1) 全身反应:乏力、困倦、食欲减退、头晕,一般在放射治疗初期出现,随着放射治疗进程可逐渐缓解或消失。

(2) 皮肤反应:有干性及湿性反应之分,放射治疗期间应保持放射野皮肤干燥,避免刺激。

1) 干性反应(干性皮炎):主要表现为皮痒、脱屑、色素沉着等。

2) 湿性反应(湿性皮炎):早期红斑,继之水肿,甚至糜烂。

(3) 胃肠反应:常常表现为恶心、呕吐、腹泻、便血等。

(4) 直肠反应:大便次数增多、里急后重、黏液便,甚至黏液血便,可适当抗感染治疗,严重时可暂停放射治疗。

(5) 膀胱反应:尿频、尿急、尿痛,类似急性膀胱炎,可按膀胱炎处理。

(6) 黏膜反应:可有阴道排液增多,放射治疗期间需坚持阴道冲洗。

(7) 血液系统反应:可以三系减少,早期中性粒细胞下降,而血小板下降出现较晚。

(8) 宫腔积液:放射治疗期间,尤其腔内治疗过程中及结束后,子宫颈管充血、水肿,渗出物增多及颈管粘连、狭窄、萎缩,导致宫腔积液。若合并感染,出现宫腔积脓。宫腔积脓时应在抗感染治疗的基础上,扩宫引流,保持子宫颈管通畅,必要时可作低压灌洗宫腔。

(9) 子宫穿孔:由于肿瘤导致子宫颈口无法暴露、子宫颈管堵塞,子宫位置明显前倾或后倾,子宫无活动度,腔内操作置施源器或取环时,常致子宫穿孔。

(二) 放疗后的远期并发症

放疗后组织器官发生病理改变,且产生相应的症状,诊断放射治疗后并发症,可以在治疗结束后相当长的时间内出现。一般分为轻(G1)、中(G2)、重(G3) 三类。

轻度(G1):症状轻,可能有某些功能轻度损伤。

中度(G2):有明显症状及体征,可造成间歇性或持续性功能损伤。

重度(G3):症状及体征危及患者生命或出现持久的、严重的组织器官损伤。

1. 放射性直肠炎　放射治疗后的肠管一般不适宜肠镜及活检等创伤性检查。

(1) 轻度:主要表现少量便血,直肠黏膜充血,可不予处理。

(2) 中度:反复或持续出现大便次数增多,里急后重,血便或黏液血便,肠壁充血、水肿,甚至溃疡,可对症止血、止泻、消炎、中药保留灌肠。

(3) 重度:直肠狭窄、梗阻,直肠阴道瘘,需行外科横结肠永久性造瘘。

2. 放射性膀胱炎

(1) 轻度:突发性血尿,可伴尿频、尿急,往往发生于劳累、憋尿后,可自愈。

(2) 中度:反复、持续、顽固性血尿,伴有尿急、尿频、尿痛。可以抗炎、止血、留置尿管,并膀胱灌注冲洗。

(3) 重度:膀胱阴道瘘,无特殊有效的处理。若自身护理得当,即使不能解决漏尿问题,仍能长期生存。

3. 其他　阴道挛缩,性交困难,少数患者阴道闭锁;盆腔及腹壁纤维化;淋巴回流障碍,可导致会阴及下肢水肿。

第三节　妇科恶性肿瘤的调强放射治疗

随着计算机技术及影像学的进步,放射治疗从二维放射治疗技术不断向精确化、个体化的方向发展,先后出现三维适形(3D-CRT)、IMRT、IMAT 等精确的调强放射治疗技术。

1. 调强放射治疗　调强放射治疗(intensity modulated radiation therapy, IMRT)是一种三维适形放疗技术,目前国内多家医院已开展应用。它可以对不同方向入射的照射野强度进行调整,从而以非均匀射野对靶区进行照射。所有照射野合成后,获得期望的靶区适形剂量分布,同时减少正常组织的受照射体积及剂量,提高治疗比。

2. 调强放射治疗的几个靶区范围的确定　精确调强放射治疗技术的临床实施基于靶体积的合理勾画。靶体积的确定是 IMRT 的关键。临床常用靶体积有以下几种:

(1) 肿瘤靶体积(gross target volume, GTV):通过临床或 CT、MRI、PET-CT 等影像学发现的肿瘤范围,包括转移的淋巴结和其他转移的病灶。子宫颈癌的 GTV 靶区包括阴道、宫颈、宫体、宫旁以及转移的淋巴结和其他转移病灶。

(2) 临床靶体积(clinical target volume, CTV):包括 GTV、显微镜下亚临床肿瘤病变及肿瘤可能侵犯的范围、淋巴引流区。如子宫颈癌的 CTV 包括上部分阴道、宫颈、宫体、宫旁、骶前区和盆腔淋巴结(髂总、髂内、髂外淋巴结区)。

(3) 计划靶体积(planning target volume, PTV):是为确保 GTV 和 CTV 得到足够剂量的照射而设定的靶区,是考虑器官移位、摆位误差和实施误差所设的边界。PTV 是根据各医疗机构具体情况将 CTV 外放 2～25mm 不等。

(4) 危及器官(organ at risk, OAR):指照射野周围的正常组织和器官勾画。目的是设计治疗计划时,可通过计算控制这些危及器官的受照射剂量。

3. 调强放射治疗的实施步骤

(1) 首先选择合适的病例仰卧或俯卧制作体膜。

(2) 进行 CT 模拟机下定位,是 IMRT 的重要步骤。

(3) 勾画靶区,是 IMRT 治疗的关键。一般描述两个靶区:GTV 和 CTV。

(4) 给予合适 PTV 及处方剂量。目前子宫颈癌调强治疗常规剂量为:45～50Gy,每次 1.8Gy,共 5 周,由于考虑到 IMRT 内部剂量的不均匀性,每次用量不推荐>2Gy。

(5) 物理师利用计划系统计算并合理地布置子野,确定射野的数量和方向,验证计划,达到治疗设计要求后实施治疗。

4. IMRT 在妇科肿瘤治疗中存在的问题　研究报告显示,妇科肿瘤特别是子宫颈癌的调强放射治疗有许多优势,它在不减少肿瘤控制的前提下,可减少正常组织急性和慢性毒性反应,但临床中仍存在许多问题需要解决。

(1) 靶区的不确定性:影像学显示的病灶边缘是不可靠的,所以依据影像学勾画靶区有一定的不确定性。

(2) 放射生物学问题:放射治疗时子野的增加,延长了照射时间,细胞会因亚致死损伤修复引起生物学效应的下降。

(3) 低剂量照射超敏问题:有研究显示可能会增加继发性恶性肿瘤的发生。

(4) 调强放射治疗是否可以替代近距离治疗:调强放射治疗可以在靶区内调节剂量分布,但不能拥有近距离治疗的剂量梯度优点,是否能替代后装治疗还是一个值得进一步研究的问题。

(5) 缺乏长期的随访资料,其远期疗效还不肯定。

(何陈云　何爱琴　王　华　张玉泉)

第二十二章　妇科肿瘤的化学治疗

学习目标

1. 掌握卵巢癌的一线化疗方案。
2. 熟悉滋养细胞肿瘤化疗的停药指征。
3. 了解化疗药的给药途径。

化学治疗(简称化疗,chemotherapy),是利用药物阻止癌细胞增殖、浸润、转移并最终杀灭癌细胞的一种治疗方式,与手术及放疗,并称为妇科肿瘤治疗的三大主要手段。

妇科肿瘤的化疗最初应用于化疗敏感的滋养细胞肿瘤的治疗中,可以达到治愈的疗效。随着新的有效化疗药物的出现和医学治疗模式的转变,目前化疗也相继广泛地应用在卵巢恶性肿瘤、子宫体恶性肿瘤及子宫颈癌的治疗中,能有效控制肿瘤的生长、转移及扩散。化疗已开始从妇科肿瘤的辅助性治疗角色向主导性治疗角色过渡,与放疗、手术及生物治疗相结合的综合性治疗模式是妇科恶性肿瘤治疗的发展趋势。

第一节　妇科肿瘤化疗原则及策略

(一) 化疗指征

妇科良性肿瘤及交界性肿瘤一般不使用化疗,化疗主要用于妇科恶性肿瘤的治疗。原则上需要取得肿瘤组织的病理学诊断,明确为恶性肿瘤才可进行化疗,影像学资料及肿瘤指标也能协助诊断,不主张诊断不明的情况下行试验性化疗。明确妇科肿瘤的组织病理学类型和临床分期,才能有针对性地选择制定正确有效的化疗方案。

(二) 化疗作用

化疗可以用于妇科恶性肿瘤治疗的各个不同阶段。了解掌握化疗在妇科肿瘤治疗中的作用,有利于选择正确及合理的化疗,保证治疗达最佳疗效。化疗的主要作用有:

(1) 新辅助化疗(又称为先期化疗,neoadjuvant chemotherapy,NACT):大多用于手术前,主要化疗作用及目的是缩小肿瘤,减灭肿瘤活性,为完成高质量的手术提供必要的条件。

(2) 辅助化疗(adjuvant chemotherapy):大多用于手术后,主要作用及目的是杀灭手术残留的微小肿瘤病灶,达到肿瘤缓解的目的。

(3) 巩固化疗(consolidation chemotherapy):主要用于肿瘤达到临床和(或)病理完全缓解后的补充治疗,其作用及目的是强化疗效,防止复发。

(4) 补救性化疗(salvage chemotherapy):主要用于复发性肿瘤的治疗,其作用及目的是控制肿瘤生长,改善患者生存质量,延长生存期。

(5) 同步放化疗:又称同期放化疗,即在放疗的同时应用某些化疗药物作为化疗增敏剂与放疗同期进行，提高放疗对肿瘤的局部控制效果，有时也可以减少远处转移，提高治愈率。目前同步放化疗已成为晚期子宫颈癌的标准治疗模式。

(6) 根治性化疗：主要用于对化疗高度敏感的妇科恶性肿瘤，如妊娠滋养细胞肿瘤，可以通过化疗达到根治的疗效。

(三) 化疗途径

妇科肿瘤的化疗给药途径很多，不同的患者，不同的病变应选择不同的化疗途径，合适的化疗途径是影响化疗疗效的重要因素。主要化疗途径有：

(1) 口服化疗：口服给药，用药方便，一般选择口服易吸收的化疗药物，如甲地孕酮、六甲蜜胺、三苯氧胺等，主要用于早期妇科恶性肿瘤患者的辅助治疗或晚期妇科肿瘤患者的姑息治疗。

(2) 肌注化疗：肌内注射给药，吸收快，需选择无局部刺激的药物，如 MTX 等。

(3) 静脉化疗：可以选择外周浅静脉、经外周中央静脉导管(PICC)、深静脉留置管、输液泵等静脉途径给药，是一种最常用、最经典的化疗途径，适用于所有妇科恶性肿瘤的化疗。

(4) 动脉化疗：常常以介入形式给药，妇科一般选择穿刺髂内动脉、子宫动脉及其分支或肿瘤的供血动脉等灌注化疗药物，主要用于局部大块病灶患者的治疗，如局部晚期巨块型子宫颈癌，病灶主要位于盆腔的卵巢癌、滋养细胞肿瘤及肿瘤的肝转移等。

(5) 腔内化疗：是指大量胸腹腔积液排出后，将化疗药物注入胸腹腔内，达到控制恶性体腔积液目的的一种治疗形式，具有局部药物浓度高，全身化疗毒副反应较小的特点。

腹腔化疗在临床治疗中很常用，一般经腹腔置管向腹腔内灌注化疗药物及液体，形成人工腹水保证药物在腹腔内满意分布，使药物充分得到吸收。腹腔化疗在妇科恶性肿瘤的治疗中占有重要的地位，尤其是卵巢癌及原发性腹膜癌，常用药物有顺铂，也有报道用紫杉醇、卡铂等药物。腹腔化疗最常见的毒性是局部毒性，化疗药物分布腹腔，引起腹膜刺激及炎症而出现严重腹痛、肠粘连、肠梗阻等。

(6) 椎管内化疗：通过腰椎穿刺，向椎管内注入化疗药物，主要用于滋养细胞肿瘤脑转移的治疗。

(7) 肿瘤内注射化疗：将化疗药物直接注射到肿瘤瘤体内，可用于局部晚期巨块型子宫颈癌的治疗，不常用。

(四) 妇科常用化疗药物

常用于妇科肿瘤的化疗药物主要有以下几种：

(1) 烷化剂：①环磷酰胺(CTX)：临床上最常用的氮芥类化合物之一，无明显静脉刺激作用，最主要的不良反应是出血性膀胱炎。常用剂量 500mg/m^2；②异环磷酰胺(IFO)：为环磷酰胺衍生物，具有尿路刺激症状，大剂量治疗时必须使用泌尿系统保护剂美司钠。

(2) 抗代谢药：①5-氟尿嘧啶(5-FU)：是一种假性嘧啶，为细胞周期特异性药物，对 S 期的细胞毒性最大，一般为静脉用药，也有口服及外用剂型，主要不良反应为腹泻、便血；②氨甲喋呤(MTX)：以竞争方式抑制二氢叶酸还原酶，属细胞周期特异性药物，大剂量使用时需要四氢叶酸(CF)解毒，主要不良反应为口腔溃疡，主要用于滋养细胞肿瘤。

(3) 抗肿瘤抗生素：①放线菌素 D(KSM)：主要抑制 RNA 及 DNA 合成，可静脉及腔内给药；②阿霉素(ADM)：只能静脉点滴，剂量 40mg/m^2，心脏毒性较明显，与药物累积剂量有关,终身累积剂量限定为450~550mg/m²,其渗透到皮下会造成局部皮肤坏死;③表阿霉素(E-ADM):与阿霉素的区别只是在氨基酸部分的4′位上的羟基由顺式变为反式。常用剂量50mg/m²,终身累积剂量限定可提高至900~1000mg/m²;④博莱霉素(BLM):主要抑制DNA合成,是针对G2期的细胞周期特异性药物。主要不良反应为肺纤维化,累积剂量450~500mg/m²。

(4)植物碱类:①长春新碱(VCR):是细胞周期特异性药物。骨髓抑制小,主要毒性反应为神经毒性、下肢麻木及刺痛感;②足叶乙苷(VP-16):是一种半合成的鬼臼毒的苷类化合物,抗癌性有时间及剂量依赖性,常与顺铂、阿霉素有协同作用,可以口服及静脉给药。主要不良反应为骨髓抑制;③紫杉醇(泰素、paclitaxel、taxol、PTX等):是目前妇科应用最广泛的抗肿瘤药,适用于卵巢癌、子宫内膜癌及子宫颈癌等,该药是近二三十年来发现的最主要的抗癌新药,最初由短叶红豆杉的树皮获得,其主要不良反应是过敏、骨髓抑制及周围末梢神经炎,常用联合化疗剂量135~175mg/m²。

(5)铂类:①顺铂(PDD):主要抑制DNA合成,由肾脏排泄(70%~90%)。主要不良反应为肾毒性、消化道反应、耳毒性及神经毒性;②卡铂(carboplatin):是顺铂的二代衍生物,其肾毒性较顺铂小,其主要副反应表现为骨髓抑制中的血小板减少,只能用5%葡萄糖溶解,需避光。

(6)其他:除了以上常用药之外,还有一些用于二线方案的新药,如多西紫杉醇、伊立替康(campto,CPT-11)、拓扑替康(和美新,topotecan,TPT)、奥沙利铂(oxaliplatin,草酸铂,L-OHP)、吉西他滨(健择,gemzar,GEM)、培美曲塞及贝伐单抗(avastin)等。

第二节　化疗在卵巢恶性肿瘤中的应用

化疗在卵巢恶性肿瘤治疗中有着举足轻重的地位,即使肿瘤已广泛转移,通过化疗也能取得一定治疗效果。通过新辅助化疗,肿瘤缩小,为满意减瘤术创造条件;术后辅助化疗,能杀灭残留癌灶、控制复发,延长生存期;是不能耐受手术及复发性癌患者的主要治疗手段。

根据肿瘤细胞的来源,卵巢恶性肿瘤包括多种类型,不同的病理类型选择不同的化疗方案。卵巢上皮性癌术后一般采用以铂类为基础的6~8个疗程以上的联合化疗,首选一线化疗方案,对于耐药或难治性卵巢癌采用二线方案,或根据药物敏感试验选择化疗药(表22-1,22-2);卵巢恶性生殖细胞肿瘤术后化疗3~6个疗程(表22-3);卵巢恶性性索间质肿瘤常用化疗方案为BEP或TC(紫杉醇+卡铂);输卵管癌的化疗原则及化疗方案与卵巢癌相同。

表22-1　卵巢上皮性癌常用初始化疗方案(静脉化疗方案)

药物及用法
紫杉醇175mg/m² 静滴3h;随后卡铂AUC5.0~7.5,静滴1h。每3周重复(首选,1类证据)
多西他赛60~70mg/m² 静滴1h;随后卡铂AUC5.0~6.0,静滴1h d1。每3周重复(1类证据)
紫杉醇80mg/m² 静滴1h d1、8、15;卡铂AUC6.0,静滴1h d1。每3周重复(1类证据)
紫杉醇135mg/m² 静滴24h d1;顺铂75~100mg/m²,IP(紫杉醇用药结束后);紫杉醇　60mg/m²,IP d8。每3周重复(1类证据)

续表

药物及用法
紫杉醇175mg/m² 静滴3h；随后卡铂AUC6.0，静滴1h；贝伐单抗7.5mg/kg，静滴30～90min。每3周重复，共5～6个疗程。此后贝伐单抗维持治疗，总共使用贝伐单抗12个疗程（3类证据）
紫杉醇175mg/m² 静滴3h；随后卡铂AUC6.0，静滴1h。每3周重复，共6个疗程。自第2个疗程开始，第1天加用贝伐单抗15mg/kg，静滴30～90min，每3周重复，共22个疗程（3类证据）

注：AUC指曲线下面积，根据患者的肌酐清除率计算卡铂剂量

表22-2 复发性卵巢上皮性癌的化疗方案

推荐方案		药物
铂类敏感型	联合方案	卡铂/紫杉醇（1类证据）
		卡铂/紫杉醇周疗
		卡铂/多西紫杉醇
		卡铂/吉西他滨
		卡铂/吉西他滨/贝伐单抗
		卡铂/脂质体多柔比星
		顺铂/吉西他滨
	单药方案	卡铂
		顺铂
铂类耐药型	单药方案	多西紫杉醇
		依托泊苷　口服
		吉西他滨
		脂质体多柔比星
		紫杉醇周疗
		拓扑替康
	其他可能有效的方案	六甲蜜胺、白蛋白结合紫杉醇、卡培他滨、环磷酰胺、伊利替康、奥沙利铂、培美曲塞、长春瑞滨
	激素治疗	阿那曲唑、来曲唑、亮丙瑞林、甲地孕酮、他莫昔芬
	靶向治疗	贝伐单抗

表22-3 卵巢恶性生殖细胞肿瘤常用化疗方案

化疗方案	药物及用法
BEP方案	依托泊苷100mg/(m²·d)，静滴，共5天
	顺铂20mg/(m²·d)，静滴，共5天
	博来霉素30U/d，静滴或肌内注射，d1、d8、d15
	疗程间隔3周
EP方案	依托泊苷100mg/(m²·d)，静滴，共5天
	顺铂20mg/(m²·d)，静滴，共5天
	疗程间隔3周

注：ⅠB～Ⅲ期无性细胞瘤患者，可以选依托泊苷+卡铂，依托泊苷120mg/m²·d，静滴，共3天，卡铂AUC5.0～6.0，d1，4周1个疗程，共3个疗程

第三节　滋养细胞肿瘤的化疗

侵袭性葡萄胎、绒癌和胎盘部位滋养细胞肿瘤统称为妊娠滋养细胞肿瘤(gestational trophoblastic neoplasia,GTN)。迄今为止,妊娠滋养细胞肿瘤是唯一能用化疗途径根治的妇科恶性肿瘤。即使肿瘤广泛转移的晚期患者,也不要轻言放弃治疗。

GTN 患者化疗方案的选择是依据病情轻重而定的。

(1) 低危 GTN 患者以单一药物化疗(表 22-4),常用药物有甲氨蝶呤(MTX)、放线菌素 D(Act-D)或国产放线菌素 D (更生霉素,KSM)、氟尿嘧啶(5-FU)、环磷酰胺(CTX)、长春新碱(VCR)、依托泊苷(VP-16)等。

表 22-4　低危 GTN 患者推荐的化疗方案

药物	剂量、给药途径、疗程日数	疗程间隔	首次治疗失败率
MTX	0.4mg/kg · d　肌内注射× 5d	2 周	无转移　11%~15% 有转移　27%~3%
Weekly MTX	50mg/m² 肌内注射	1 周	30%
MTX+四氢叶酸(CF)	1mg/(kg · d) 肌内注射 d1、3、5、7 0.1mg/(kg · d) 肌内注射 d2、4、6、8	2 周	20%~25%
MTX	250mg 静滴,维持 12 小时		30%
Act-D	10~12μg/(kg · d)　静滴× 5d	2 周	20%
Act-D	1.25mg/kg　静脉推注(脉冲式)	2 周	8%
5-FU	28~30mg/(kg · d) 静滴×8~10d	2 周*	

*疗程间隔一般指上一程化疗的第 1 日至下一程化疗的第 1 日之间的时间间隔。这里特指上一疗程结束至下一疗程化疗开始的时间间隔

(2) 高危 GTN 患者推荐采用联合化疗,首选 EMA-CO 方案或以氟尿嘧啶为主的化疗方案(表 22-5)。

表 22-5　高危 GTN 患者推荐的化疗方案

方案		药物及用法
EMA-CO 方案		
第一部分 EMA	第 1 日	MTX　100mg/m² 静脉推注 MTX　200mg/m² 静滴 12h VP16　100mg/m² 静滴 Act-D　0.5mg 静滴 需水化,尿量>2500ml/d
	第 2 日	VP16　100mg/m² 静滴 Act-D　0.5mg 静滴 四氢叶酸(CF) 15mg 肌内注射,q12h(自 MTX 起 24h 后开始,共 4 次)
第二部分 CO	第 8 日	VCR　1.0mg/m² 静脉推注 CTX　600mg/m² 静脉推注 疗程间隔 2 周,即第 15 日重复上述疗程

续表

方案	药物及用法
5-FU+KSM 方案	5-FU　26～28mg/(kg · d) 静滴×8d KSM　6μg/(kg · d) 静滴×8d 上一疗程化疗结束至下一疗程化疗开始的时间间隔为 3 周

(3) 化疗注意事项:滋养细胞肿瘤的化疗一定要给予规范的化疗方案,一定要遵守按时、足量、足疗程的化疗原则,否则极易出现耐药,导致治疗失败。几乎全部无转移和低危转移的滋养细胞肿瘤患者均能治愈,但尚有 20% 左右的高危转移病例出现耐药和复发,并最终死亡。

(4) 停药标准:推荐症状体征消失、转移病灶消失及 HCG 每周测定 1 次、连续 3 次阴性后再巩固 2～3 个化疗疗程。

第四节　化疗在子宫体恶性肿瘤中的应用

子宫体恶性肿瘤主要包括子宫内膜癌及子宫肉瘤。子宫内膜癌主要以手术治疗为主,晚期患者及具有高危因素的早期患者易发生转移及复发,预后较差,可以辅助化疗及其他治疗。子宫肉瘤具有早期血行转移和晚期远处转移的生物学特点,术后辅助化疗。延缓肿瘤复发及转移是目前子宫肉瘤治疗的热点。常用化疗方案如下(表 22-6, 22-7)。

表 22-6　子宫内膜癌的化疗方案

化疗方案	药物
(可以耐受,首选联合化疗)	顺铂/多柔比星(1 类证据)
	顺铂/多柔比星/紫杉醇(1 类证据)
	顺铂/多柔比星/紫杉醇(1 类证据)
	异环磷酰胺+紫杉醇(癌肉瘤 1 类证据)
	卡铂/紫杉醇
	卡铂/多西紫杉醇
	顺铂
	卡铂
	多柔比星
	多柔比星脂质体
	紫杉醇
	多西紫杉醇
	贝伐单抗
	顺铂/异环磷酰胺(癌肉瘤)
	异环磷酰胺(癌肉瘤)
激素治疗	孕激素
(激素治疗只用于子宫内膜腺癌)	芳香化酶抑制剂
	他莫昔芬
	甲地孕酮/他莫昔芬

注:子宫癌肉瘤属特殊类型子宫内膜癌。子宫浆液性癌术后应给予化疗,方案同卵巢上皮性癌

表 22-7　子宫肉瘤的常用化疗方案

化疗方案	药物及用法
PEI 方案	顺铂 70mg/m^2 静滴 d1
	表阿霉素 60mg/m^2 静滴 d1
	异环磷酰胺 1.5mg/m^2 静滴 d1～d3
	(适用于子宫平滑肌肉瘤、子宫内膜间质肉瘤及癌肉瘤)
PI 方案	顺铂 70mg/m^2 静滴 d1
	异环磷酰胺 1.6mg/m^2 静滴 d1～d5
	(适用于子宫癌肉瘤)
AP 方案	阿霉素 60mg/m^2 静滴 d1
	顺铂 50mg/m^2 静滴 d1
	(适用于子宫平滑肌肉瘤)
TI 方案	紫杉醇 135mg/m^2 静滴 d1
	异环磷酰胺 1.6mg/m^2 静滴 d1～d3
	(适用于子宫癌肉瘤)

第五节　化疗在子宫颈癌中的应用

手术和放疗是子宫颈癌的两大主要治疗手段。近年来,化疗在子宫颈癌治疗中的作用越来越被人们所认识,主要用于晚期或复发转移癌患者,有术前新辅助化疗,术后化疗及同步放化疗等形式。用于子宫颈癌的抗癌药物主要有顺铂、卡铂、氟尿嘧啶拓扑替康和紫杉醇等,常采用以铂类为基础的联合化疗方案,如铂类与紫杉醇、顺铂与氟尿嘧啶、顺铂与拓扑替康、顺铂与吉西他滨等。

术前 NACT 可以清除淋巴结和宫旁病灶,降低术后淋巴结阳性率,但有学者认为 NACT 使术后病理无法真正反映真实情况,不能帮助医师准确判断术后是否需要辅助放疗加(或不加)辅助化疗。同时有资料显示早期子宫颈癌患者,单纯手术,对生存期无明显提高。目前 NACT 也是一个值得商榷的问题。

同步放化疗是子宫颈癌化疗的主要形式,目前已作为子宫颈癌的标准治疗模式适用于各期放疗患者,目的是增加放疗的敏感性。一般选择单药或二联药物(表 22-8)。

表 22-8　子宫颈癌同步化疗方案

化疗方案	药物及用法
DDP	DDP　40～50mg/m², 每周 1 次, 共 4～6 周
DDP+5-FU	DDP　100mg/m², d1, q21d
	5-FU　1000mg/m², d1～5, q21d

注:目前也有临床试验给予紫杉醇(60mg/m^2 · d1, d8, d15, 间隔一周重复)、奈达铂(30～40mg/m², 每周一次, 共 4～6 周)及联合方案等同步增敏

第六节　化疗常见的不良反应及预防

1. 骨髓抑制　最常见,细胞毒类抗肿瘤药物致骨髓抑制的发生率达 90%,一般多出现

中性粒细胞减少,其次出现血小板减少及贫血。化疗结束后需定期监测血细胞分析,及时使用粒细胞集落刺激因子或促红细胞生成素、促血小板生成因子等。

2. 消化道反应　主要表现为恶心、呕吐及食欲下降,一般于用药数日后开始,1 周左右达高峰,后逐渐消失。轻者给予甲氧氯普胺、地西泮对症处理。呕吐严重者给予 5-羟色胺受体阻滞剂止吐,并注意补充液体及电解质。

3. 肝肾功能损害　化疗期间适当护肝、水化及相应化疗药物的解毒处理。肝功能不全患者化疗时注意避免应用肝毒性药物,并适当减少用药剂量。

4. 心脏毒性　主要药物是阿霉素,与药物累积剂量相关,重在预防,控制药物剂量,密切监测心电图。

5. 肺毒性　常见药物为博莱霉素。化疗期间密切监测胸片、症状等,不要超过限制剂量,有高危因素患者总量不可超过 300mg。

6. 神经毒性　常见药物为紫杉醇、顺铂、奥沙利铂等。主要表现为手足麻木等不适,可予营养神经药物如 B 族维生素。

7. 皮肤反应　化疗药物外渗皮下可出现皮肤及周围软组织坏死溃烂,需提高静脉穿刺技术或改用深静脉导管、PICC 导管化疗。

8. 过敏反应　紫杉醇最常见,平阳霉素、铂类等也可发生。化疗前做好预处理,在紫杉醇治疗前口服或静脉推注地塞米松,给予苯海拉明肌内注射和西咪替丁静脉点滴。治疗时使用心电监护,若出现严重过敏反应如全身荨麻疹、血压明显降低,甚至血管神经性水肿、呼吸困难,须立即停药并给予及时处理。

9. 其他不良反应　口腔溃疡、腹痛腹泻、卵巢功能障碍、关节肌肉疼痛等。

为了预防以上化疗反应的发生,选择化疗方案时需考虑以下几点:①严格掌握化疗的指征及适应证,选择合适的化疗药物、化疗途径及给药时间等,联合用药时避免化疗药物毒性叠加的出现;②根据体表面积和 AUC 计算给药剂量,并根据患者体质及上一疗程化疗毒性进行个体化药物剂量调整,调整幅度一般为 20%~25%,常不超过 30%;③化疗期间,进行心理疏导,给予止吐、护胃、护肝、水化等预防性对症处理及保护重要器官,严密观察化疗反应;④化疗后,密切检测血、尿常规,肝肾功能及心电图等,可根据上一疗程化疗的血液毒性情况,预防性使用集落刺激因子(化疗结束 24~48h)开始。

第七节　妇科肿瘤化疗的发展

化疗在妇科恶性肿瘤的治疗中占有重要地位,已开始从辅助性治疗向主导型治疗过渡。不断寻找治疗效果好、毒性反应小的化疗药物和方案始终是妇科恶性肿瘤化疗的研究目标。近年来,细胞生物学及分子生物学的研究发展为化疗药物的高效低毒研究提供了很多新靶点,临床出现了许多新型靶向治疗药物,如癌细胞分化诱导、免疫调节剂、血管生成抑制剂等。另外,寻找新的有效药物联合和多途径给药也是妇科恶性肿瘤的研究方向。对化疗毒副反应的防治已引起了临床的重视。规范化、个体化、人性化、高效低毒是治疗妇科恶性肿瘤的发展方向。

(何陈云　何爱琴　王　华　张玉泉)

第二十三章　妇科肿瘤的介入治疗

学习目标

1. 掌握动脉介入放疗的基本原理。
2. 熟悉子宫肌瘤栓塞治疗的适应证。
3. 了解介入治疗常见并发症的防治。

随着介入治疗技术的发展，其在妇科恶性肿瘤治疗中的价值越来越受到重视，应用的范围也越来越广。介入治疗技术在妇科肿瘤治疗中的应用主要包括三方面：①应用妇科肿瘤的局部栓塞化疗；②控制妇科出血；③作为妇科恶性肿瘤治疗并发症的处理。

一、介入治疗的概述

介入放射学(interventional radiology)是指在传统的X线诊断学基础上，利用X线、电视、CT、超声和MRI等影像导向下，将特制的穿刺针、导管插入人体所要到达的部位(病灶、器官、血管)，进行造影治疗的一种新学科。它包括血管内和血管外两部分。与外科手术相比，是微创、安全、痛苦少而经济有效的方法。目前已广泛用于多种疾病的诊断和治疗。

1. 介入治疗的应用分类　介入放射学的临床应用越来越广，虽然经皮穿刺治疗已得到大家认可，但导管介入治疗仍占主导地位。主要临床应用有：①经皮血管腔内成形术(PTA)；②选择性动脉血管栓塞；③动脉内灌注抗癌药治疗肿瘤；④静脉性介入，主要包括下腔静脉造影诊断深静脉栓塞、肺血管造影诊断肺血管栓塞、放置下肢静脉过滤器防止肺栓塞；⑤非血管性介入技术，如穿刺活检术、经皮囊肿或脓肿引流术、经皮肾造口术、经皮摘除胆管残余结石等。

2. 动脉介入治疗的基本原理

(1) 应用解剖学在DSA影像引导下，使动脉导管准确到达肿瘤部位的营养动脉，如子宫动脉、卵巢动脉及直肠等器官的血管，通过栓塞或灌注药物，进行有效的治疗。

(2) 应用组织解剖及病理学选择抗癌药进行动脉灌注，使肿瘤区药物浓度大幅度增加，提高抗癌疗效，同时减少对肝、肾等的全身影响。

(3) 肿瘤组织血管丰富，通过栓塞治疗，使肿瘤区血管阻塞，肿瘤缺血坏死，同时栓子中的化疗药物缓慢释放对癌细胞产生持久杀伤作用。

3. Seldinger 技术　目前临床常用Seldinger技术进行动脉插管治疗。最初的Seldinger技术主要用于血管造影，近年来，随着DSA技术的发展，其主要用于心血管造影及介入治疗。

(1) 操作方法：患者仰卧位，消毒后经皮穿刺股动脉前壁，见血喷后引入导丝、导管，在DSA指引下准确定位、造影、注药、栓塞等。

(2) 常用器械:穿刺针、导丝、导管、扩张器及开关接头等。导管粗细用 F 数(French No)来表示。

(3) 常用造影剂:现用的造影剂主要经尿路排泄,可同时作为尿路造影剂。造影剂有离子型和非离子型两种。离子型造影剂主要是复方泛影葡胺;非离子型造影剂主要有欧乃派克(omnipaque)、优维显(ultrravist)和碘吡哆(lopamidol)。

理想的造影剂符合以下条件:①水溶性对比清晰;②对化学反应和热的稳定性好;③具有非抗原性;④选择性排泄;⑤安全可靠、对血管无刺激。

(4) 常用栓塞剂:在动脉栓塞介入治疗时,根据栓塞的部位、栓塞血管大小及栓塞目的来选择栓塞剂。包括:①明胶海绵,是临床也是妇科肿瘤介入治疗最常用的栓塞剂。它取材方便,具有可压缩性及遇水再膨胀性,一般在 3 ~ 21d 开始吸收,三个月后可完全吸收,属中期栓塞剂;②不锈钢圈,是一种长效栓塞剂,只栓塞动脉近端,易建立侧支循环;③微囊、微球,栓塞毛细血管床或前小动脉,可包裹抗癌药成囊如 CDDP 微囊等;④碘乳剂,碘油与抗癌药物混合制成,使药物能长时间驻留在肿瘤内缓慢释放,增强抗癌疗效;⑤其他,自凝血块和组织、无水酒精等。

(5) 动脉内药物灌注类型:根据导管到达部位不同而分三种类型:①亚选择性插管,靶血管为动脉主干,属一级血管;②选择性插管,靶血管系二级血管、一级血管的分支;③超选择性插管、系三级血管及分支,如子宫动脉、肝动脉等。

(6) 动脉灌注方式:临床上一般采用一次冲击性动脉灌注、长期药物灌注、动脉灌注与栓塞配合治疗及动脉加压灌注。

4. 动脉介入治疗的影像标志 数字减影血管造影(DSA)虽然具有易于操作和图像直观等优点,但没有明确的图像标志进行组织定位,手术难以成功。因此,为使导管沿着血管走形准确地到达靶器官,避免操作失败或误入酿成不良后果,术者操作过程中必须熟悉并正确使用影像学图像标志。主要包括造影技术的图像标志、恶性肿瘤血管影像标志及血管分叉部位的骨性标志等。

(1) 造影技术的图像标志:①冒烟现象。是 DSA 过程中,为分辨导管是否到达靶器官血管必须观察的影像标志。通过导管注入的碘造影剂,收到动脉血流冲击后,荧光屏显示"烟雾",由此得名。因此在灌注药物前,均应先通过冒烟现象判断血管解剖方位;②"成攀"图像。由于血管在体内不断分支循环,为使导管从大动脉至小动脉分支,特别是动脉成角分支,术者必须采用抖动、改变方向及捻转体外导管部分等技术使血管内导管随意插至预计的靶器官而不会折叠地运行,此时荧光屏上可见动脉中的导管成"袢"型。

(2) 恶性肿瘤血管影像标志:肿瘤的发生、发展与肿瘤血管异常密不可分,通常各种实体恶性肿瘤的血管影像均显示出相似性。包括:血管增粗、增多、走形迂曲、移位;不规则血管扩张或血管池形成;动静脉瘘表现的动静脉显影;肿瘤出血表现为造影剂外渗;肿瘤染色;包裹征及血管包绕等。

(3) 血管分叉部位的骨性标志 通过寻找显示屏上骨性标志可初步判断血管分叉位置,如第 4 腰椎下缘、第 5 腰椎上缘相当于腹主动脉末端分叉处;肠系膜上动脉位于第 2 腰椎下缘、第 3 腰椎上缘;肠系膜下动脉位于第 3 腰椎下缘、第 4 腰椎上缘;腹腔干位于第 12 胸椎下缘、第 1 腰椎上缘等。

二、子宫肌瘤的栓塞治疗

1. 临床特点　子宫肌瘤是女性生殖系统最常见的良性肿瘤，育龄期妇女的发病率占20%～25%，通常认为与雌激素、孕激素有关，肿瘤的大小从几毫米至20厘米不等。常用的手术方法主要包括子宫肌瘤剔除术和子宫切除术。子宫动脉栓塞术是近几年发展起来的新方法，通过栓塞子宫动脉，使肌瘤缺血坏死，达到治疗的目的。由于子宫血供减少，改善了月经症状。该方法可保留子宫，提高患者的生活质量。

2. 适应证

(1) 月经量过多，伴有或不伴有贫血。

(2) 子宫肌瘤引起的慢性盆腔、背部腿部疼痛。

(3) 子宫肌瘤的压迫症状。

(4) 患者要求保留子宫和生育功能。

(5) 子宫肌瘤摘除后复发。

3. 插管治疗方案的选择

(1) 血供选择：一般选择子宫动脉分支，最好越过子宫颈阴道分支后再栓塞。行双侧子宫动脉栓塞。

(2) 栓塞剂选择：主要有：聚乙烯醇（PVA）、明胶海绵颗粒、平阳霉素碘油乳剂等。

4. 子宫动脉栓塞后并发症

(1) 栓塞后近期并发症：包括盆腔疼痛、恶心、呕吐及发热等，一般对症处理即可。

(2) 远期并发症：包括感染、子宫缺血性损伤、过早闭经等。因此行子宫动脉栓塞时应避开月经期，术中不要误栓卵巢动脉。

三、恶性滋养细胞肿瘤的介入治疗

1. 恶性滋养细胞肿瘤的临床特点　恶性滋养细胞肿瘤是由胚胎滋养叶细胞变化而来的恶性肿瘤，包括恶性葡萄胎和绒癌，其临床特点：①生育期妇女，发病率低；②以血行转移为主，发生早而广泛；③对化疗敏感；④化疗能治愈，可保留生育功能；⑤分泌HCG，可作为诊断和预后判断的标志物。

2. 插管治疗适应证　恶性滋养细胞肿瘤发展快，细胞周期短，适宜强力化疗。根据年龄、病变范围、是否要求保留子宫及有无子宫外转移，而选择不同的化疗途径。动脉插管治疗主要用于：①无子宫外转移，子宫病变范围广泛，全身化疗局部消退不满意。②全身化疗后转移灶不能消退，肿瘤无法切除。③合并远处转移，全身化疗多疗程耐药，原发或转移灶不再缩小。除股动脉外，也可经腹壁下动脉或股深动脉、闭孔动脉进行插管。临床观察，疗效满意。④肿瘤侵犯血管引起盆腔或阴道大出血患者需紧急介入。⑤子宫旁明显肿瘤侵犯，预计很可能引起盆腔大出血者。

3. 介入治疗化疗药物的选择　恶性滋养细胞肿瘤敏感的化疗药物有：5-氟尿嘧啶，放线菌素D，丝裂霉素C，氨甲喋呤，顺铂等。

髂内动脉灌注常用配伍用药有：①5-氟尿嘧啶（5-FU）1500～2000mg配阿霉素（ADM）50mg；②5-FU 1000mg、顺铂（CDDP）40mg、丝裂霉素C（MMC）20mg；③5-FU 1000mg、ADM50mg、CDDP40mg；④KSM200μg、5-FU 1000mg。

化疗药物配伍后，经动脉脉冲式推注。为提高肿瘤区的药物浓度，常采用化疗与栓塞相结合，先用明胶海绵颗粒栓塞动脉小分支，再灌注化疗药物，最后再用明胶海绵条暂时阻断血流，造成肿瘤缺血坏死。

4. 恶性滋养细胞肿瘤介入治疗的疗效评价　随着抗癌药物的发展，滋养细胞肿瘤被认为是化疗能根治的妇科肿瘤。其治疗的关键在于有效化疗。采用髂内动脉灌注化疗栓塞治疗，使肿瘤组织内的药物浓度远远高于静脉化疗，可提高化疗效果。局部动脉化疗与静脉全身化疗配合使用，取长补短，特别适用于晚期和耐药患者。当病灶发生难以控制的大出血时，髂内化疗与栓塞联合使用，不仅能治疗肿瘤本身，也能紧急止血，挽救患者的生命。

四、子宫颈癌的介入治疗

1. 子宫颈癌的临床问题　由于子宫颈癌早诊早治工作的广泛开展及癌前病变的阻断治疗，使子宫颈癌发病率有所下降。但随着 HPV 感染率的上升，发病年龄有年轻化的趋势。但由于晚期复发子宫颈癌治疗困难，子宫颈癌患者的复发率及死亡率仍未改善。近来，新辅助化疗，即手术前或放疗前进行化疗，在子宫颈癌中的应用得到了重视。随着介入治疗技术的发展，盆腔动脉插管灌注化疗已成为新辅助化疗的途径之一，主要适应证有：局部巨块型肿瘤的术前治疗、晚期子宫颈癌形成冰冻骨盆放射前辅助治疗、肿瘤大出血、术后残留、复发性子宫颈癌的姑息治疗等。

2. 子宫颈癌介入治疗方案的选择　子宫颈癌的介入技术一般采用一侧股动脉插管，先行盆腔动脉 DSA，根据肿瘤的血供，选择不同方案。

（1）肿瘤区血管丰富，供血动脉较粗患者，一般先用碘乳剂化疗栓塞，再灌注化疗，最后用明胶海绵栓塞供血动脉。

（2）肿瘤血管分散、稀疏的术后患者，先进行动脉灌注化疗，再用明胶海绵栓塞髂内动脉。

（3）DSA 示盆腔内无肿瘤血管，盆腔动脉血管稀疏者，则将双侧股动脉加压阻断后，导管头端置于髂总动脉分叉上方，行单纯灌注化疗，多应用于术后预防性化疗。

（4）子宫颈癌Ⅲ期或Ⅳ期患者，进行双侧髂内动脉灌注后，根据病变侵犯范围，再行髂内动脉脏支或壁支栓塞。

3. 子宫颈癌介入化疗药物的选择　根据肿瘤组织学类型、瘤区血管表现、患者的一般情况等，选用不同的药物配伍及剂量。常用药物有：①5-氟尿嘧啶（5-FU）1500～2000mg 配阿霉素（ADM）50mg；②5-FU、顺铂（CDDP）、丝裂霉素 C（MMC）20mg；5-FU 750～1000mg、ADM 20～40mg、CDDP 60～100mg；KSM 200～400μg、MMC 10～20mg。栓塞剂为明胶海绵和碘油。

4. 子宫颈癌介入治疗的疗效评价　介入治疗可使子宫颈局部肿瘤病灶缩小，降低肿瘤活性，提高患者的手术可切除率，降低淋巴结转移、宫旁转移及脉管浸润的比例，但其远期疗效还有待于进一步观察。

五、介入治疗在卵巢恶性肿瘤中的应用

1. 卵巢癌的临床特点　卵巢癌是妇科恶性肿瘤中治疗效果最差的肿瘤。死亡率为妇科恶性肿瘤之首。手术及术后 6 个疗程以上的化疗是卵巢癌的重要治疗手段。由于卵巢癌

早期无明显症状,70%的患者发现时已是晚期,丧失手术机会,需要先进行化疗缩小肿瘤。传统的静脉化疗和腹腔化疗反应大,部分患者难以耐受,且部分肿瘤对化疗不敏感。近年来发展起来的动脉灌注化疗给卵巢癌治疗提供了一种新方法。通过介入栓塞化疗,盆腔肿瘤坏死缩小,肿瘤松动,为进一步的手术创造条件。

2. 晚期卵巢癌介入治疗及化疗方案的选择　晚期卵巢癌介入治疗及化疗方案的选择与子宫颈癌介入治疗及化疗方案相似,已在本节子宫颈癌介入治疗方案及化疗方案的选择中介绍。

3. 卵巢癌介入治疗的疗效评价　辅助介入化疗作为卵巢癌治疗的一种新方法已取得了一定成绩,特别是术前介入化疗以其特有的优势为临床医生所接收,但仍存在许多问题需要探讨,如术前行多少疗程、介入后选择何时手术,以及选择哪些化疗药等。其远期疗效还需与标准化疗进行大样本研究。

六、盆腔大出血的介入治疗

1. 盆腔大出血的临床特点　盆腔大出血可发生于严重的外伤或手术后,以及是泌尿生殖系统肿瘤发生的并发症。出血量往往较大,如不能采取积极有效的措施,常危及生命。自从介入技术应用于临床以来,控制出血有其独到的优势,创伤小,痛苦少,能起到立竿见影的效果。大多数盆腔出血来自于髂内动脉的分支。实践证明,髂内动脉的一支或所有分支出血,都能栓塞治疗,且没有大的危险。

2. 介入治疗的操作技术

(1) 如果已明确出血部位,行健侧股动脉入路。如果不明确,行右侧股动脉入路。

(2) 原则上要两侧髂内动脉造影,或进一步分支血管造影,找到出血部位后,分别栓塞。

(3) 髂内、髂外及子宫动脉造影均未发现出血征象,则行双侧髂内动脉栓塞。

3. 疗效评价　采用明胶海绵微粒栓塞髂内动脉,既能栓塞1mm以上的肌性动脉,导致从血管分叉处至毛细血管前小动脉不同平面侧支循环暂时或持久的闭塞而获得可靠的止血,又保证了前毛细血管小动脉丛的血流通畅,从而避免了膀胱、臀肌和皮肤的坏死。明胶海绵吸收后继发血栓的形成、机化使血管保持较久的闭塞。用不锈钢圈栓塞出血动脉主干,可起到永久的闭塞病变血管的目的。而手术止血创伤大,术中不易找到出血血管,结扎髂内动脉止血,常因侧支循环很快建立,使止血失败。

七、介入治疗并发症的防治

介入治疗并发症主要包括造影术中的并发症、血管损伤并发症及栓塞引起的并发症。

1. 血管造影术中的失误　常见有血管内导管断裂、靶血管显示不良、误穿膀胱等。因此,使用前应先检查导管是否完好,术前排空膀胱,穿刺时不能过猛过快。

2. 血管损伤　主要于穿刺部位发生出血及血肿、内膜下通道、血管穿孔及血管壁撕裂、血管血栓形成及栓塞等。为了预防上述事件的发生,穿刺时,要熟悉穿刺血管的解剖部位,按原则准确穿刺;导管介入前,肝素盐水冲洗要完善,导管在运行中或在血管停留时均需肝素液以防血栓形成。冲洗导管及导丝插入后,切忌用力推进,造影前要试注,如遇阻力及时调整导管方向,直至导管抽吸回液通畅时,再接注射器。正确判断识别变异、畸形血管,一旦发生穿孔,严密观察血压变化,必要时手术修补及输血处理。

3. 栓塞治疗并发症

(1) 栓塞综合征及胆道感染　在进行栓塞治疗的同时,局部及周围组织会引起炎症反应,临床表现为局部疼痛、低热及恶心呕吐等症状,一般发生在治疗后2~3天之内,给予对症处理即可。

(2) 正常组织器官缺血、坏死　常常是栓塞剂误入正常组织器官引起,如:①注入的压力过大致栓塞物反流;②栓塞物通过动静脉短路误入静脉系统,致肺梗死;③导管未进入病变靶血管。并发症一旦发生,治疗较困难,重点是以预防为主,操作过程中应正确判断畸形血管及选择靶血管无误。

(何爱琴　叶丽华　王　华　张玉泉)

第二十四章 肿瘤标志物及其在妇科肿瘤临床的应用

学习目标

1. 掌握肿瘤标志物的定义及临床意义。
2. 熟悉各肿瘤标志物的特点及参考值。
3. 了解妇科肿瘤标志物的检测及诊断技术。

从19世纪40年代第一个肿瘤标志物发现至今,临床上发现的肿瘤标志物已有200余种,目前已成为临床肿瘤检验的重要组成部分,发挥着不可替代的作用。妇科相关的肿瘤标志物作为辅助指标对于临床妇科恶性肿瘤的诊断、治疗、监测复发或转移及判断预后均具有非常重要的意义。近20多年以来,随着分子生物学技术的发展,肿瘤标志物的研究已不再局限于传统的体液肿瘤标志物(如酶、激素、糖蛋白等),随着基因水平的分子肿瘤标志物研究,蛋白质组学、代谢组学等技术日趋成熟及应用,新的肿瘤标志物不断问世,并伴随着研究中的肿瘤标志物逐渐应用于临床,使妇科肿瘤的临床诊断出现了革命性的进步并日臻完善。

第一节 概 述

一、定义及特点

肿瘤标志物(tumor marker,TM)这个名词,是1978年Herberman在美国国立癌症研究院(National Cancer Institute,NCI)召开的人类免疫及肿瘤免疫诊断大会上提出的,次年在英国第七届肿瘤发生生物学和医学会议上被确认,并开始引用。它是指伴随肿瘤出现,在量上通常是增加的糖类抗原、激素、受体、酶或代谢产物形式的蛋白质、癌基因和抑癌基因及其相关产物等成分。这些成分由肿瘤细胞产生和分泌,或是被释放的肿瘤细胞结构的一部分,它不仅仅存在于肿瘤组织细胞内,而且还经常释放至血清或其他体液中,能在一定程度上反映体内肿瘤存在及相应生物学特性的一类物质。

作为理想的肿瘤标志物需要具备以下特点:①特异性强;②灵敏度高;③表达量与肿瘤组织多寡成正比;④血清中的含量与肿瘤组织多寡成比例;⑤易于检测或动态检测;⑥器官特异性,能对肿瘤进行器官定位,从而来判断肿瘤的来源、类型等;⑦可作为病情评估及预后判断的特异性指标。但目前尚没有发现一种肿瘤标志物能够完全达到上述要求,但是有些肿瘤标志物仍有一定的临床应用价值。

二、妇科肿瘤标志物分类

对于肿瘤标志物的分类,尚没有统一的方法。目前常见的有两种分类方法:①根据肿瘤标志物的基本特性进行分类;②根据其来源进行分类。根据以上两种分类方法进行分

类,其中与妇科肿瘤相关的标志物分类如下:

(一) 根据肿瘤标志物的基本特性分类

1. 酶类 肿瘤在发生发展时,酶的活性或表达会出现异常改变,或是出现酶的异位表达,从而形成酶类肿瘤标志物。特点:①分布广泛,涉及全身多种酶类;②酶类肿瘤标志物的敏感性较高,但特异性差,其低特异性限制了酶类肿瘤标志物的应用,目前主要用于肿瘤治疗疗效和预后监测;③同工酶的应用提高了酶类肿瘤标志物的敏感性和器官的特异性。

乳酸脱氢酶(lactic dehydrogenase,LDH)是卵巢癌专有性不强的肿瘤标志物。许多学者认为,正常组织癌变后,糖的无氧酵解增强,促糖酵解的关键酶活性升高。Yuce 等研究发现,卵巢癌中 LDH 的含量明显高于卵巢良性疾病,而且 LDH 的含量与卵巢癌的分期和组织分化有关,因而认为 LDH 可以预测卵巢癌的预后。

溶血磷脂酸(lysophosphatidic acid ,LPA)是一种结构简单的磷脂,也叫 1-脂酰-2-甘油-3-磷酸。是血清中的正常组分之一,易溶于水,与清蛋白的亲和力高。它通过 G 蛋白偶联受体引起多种生物学效应,被称为是多功能的“磷酸信使”。研究证明,卵巢癌患者腹水存在 LPA,能刺激卵巢癌细胞的增殖、浸润和转移。

2. 激素类肿瘤标志物 是一类由特异的内分泌腺体或散在于体内的分泌细胞所产生的具有生物活性的物质。如 HCG 是在妊娠期由胎盘滋养细胞分泌的糖蛋白,HCG 升高主要见于滋养细胞肿瘤,此外其升高还可见于精原及非精原细胞性睾丸癌。雌激素受体(estrogen receptor, ER)及孕激素受体(progesterone receptor,PR)表达异常可见于乳腺癌、卵巢癌、子宫颈癌和子宫内膜癌等多种妇科肿瘤。

3. 胚胎抗原类 正常情况下,此类物质只在胎儿期存在,成年后逐渐停止合成和分泌,但在恶性肿瘤患者体内这些胚胎抗原会重新出现,可能和恶性细胞转化时激活了某些在成年后已关闭了的基因有关。此类肿瘤标志物在妇科肿瘤中以甲胎蛋白(AFP)和癌胚抗原(CEA)最常见。AFP 和 HCG 联合应用还可用于精原细胞瘤的分型和分期。正常人血清中检测不到 AFP。卵巢卵黄囊瘤患者大多有 AFP 的升高,对于鉴别卵巢肿瘤的类型很有价值,也是患者治疗后随访的一个重要指标。若 AFP 值持续不降低,往往预示病变持续存在,若 AFP 值降至正常后复又升高,往往预示肿瘤复发。凡卵巢肿瘤患者,尤其是年轻患者在术前均应检测 AFP 以期发现生殖细胞肿瘤。

CEA 在多种妇科肿瘤患者的肿瘤组织及血清中可检测到。在妇科恶性肿瘤中,子宫颈癌、子宫内膜癌、卵巢上皮癌及非上皮性癌,血清阳性率分别为 41. 7% 、37. 6% 、39. 5% 及 30. 3% 。已有研究表明,血清中 CEA 浓度与肿瘤分期、肿瘤范围、肿瘤组织中的 CEA 浓度及抗原代谢有关。

4. 糖蛋白类 此类肿瘤标志物是指位于肿瘤细胞表面或由肿瘤细胞所分泌的一种糖蛋白类物质,又称为糖类抗原(CA)。它可存在于细胞内或者分泌至体液中,如 CA125、CA153、CA199 和 CA724 等。CA125 的抗原决定簇和胚胎发育期卵巢上皮的大分子量糖蛋白相关,该指标主要在卵巢浆液性癌及未分化癌中表达较高,而在黏液性癌中表达较低,在透明细胞癌中不表达。CA125 水平和肿瘤大小、分期相关。CA153 是一种高分子量的糖蛋白,升高可见于卵巢癌等。CA199 由正常人胰腺、胃、结肠、胆管细胞、子宫内膜及唾液腺上皮合成。在妇科肿瘤中,CA199 增高在卵巢上皮性癌中为 37% ~ 53% ,在卵巢黏液性囊腺癌中达 76% ,在卵巢浆液性囊腺癌中为 29% 。此外,在子宫内膜癌中为 27% ,在子宫颈癌为 14% ,在卵巢良性肿瘤为

20%。CA199 和 CA125 联合检测,可以提高卵巢黏液性癌及透明细胞癌的诊断敏感性。CA724 的敏感性不高,升高可见于卵巢癌及某些良性胃肠道疾病等。

5. 特殊蛋白质类　大多数实体瘤是由上皮细胞衍生而来,当肿瘤细胞快速分化、增殖时,一些在正常组织中不表达的细胞类型或组分大量出现,从而成为肿瘤标志物,此类肿瘤标志物是与妇科肿瘤相关的,包括鳞状细胞癌抗原等。

鳞状细胞癌抗原(squamouscell carcinoma antigen, SCCA)是一种糖蛋白,是 1977 年从子宫颈鳞状细胞分离的抗原亚组分。血清中的 SCCA 升高可见于子宫颈癌等,且其升高水平和肿瘤的恶性程度密切相关。

组织多肽性抗原(tissue polypeptide antigen, TPA)是 1957 年由瑞典的 Bjorklun 从肿瘤组织中分离出来的一种不含糖和脂的蛋白质,相对分子质量为 17~40kDa。目前认为,TPA 是一个增殖分化的标志,在卵巢癌中发现 TPA 和 CA125 两者与病情转归是一致的,提示 TPA 在卵巢癌的病情监测中有较好的应用前景。

6. 肿瘤相关病毒类　研究发现某些特异的病毒感染与肿瘤的发生、发展存在密切的关系,我们将任何能引起人或动物肿瘤生成或细胞恶性转化的病毒,统称为肿瘤病毒。临床上常见的与妇科肿瘤发生相关的病毒类肿瘤标志物主要是 HPV 等。该病毒与女性子宫颈癌的发生密切相关,临床上 99.8% 的子宫颈癌患者可以检测到高危型 HPV 感染,因而高危型 HPV 检测可作为子宫颈癌患者的筛查指标,提高子宫颈癌的早期诊断率。

7. 基因及基因产物类　肿瘤是一类基因性疾病,它的发生、发展、转移及耐药与体内癌基因、抑癌基因、DNA 修复基因、肿瘤转移及耐药相关基因的突变及异常表达密切相关。临床上可以分别从基因水平及表型水平对此类肿瘤标志物进行检测和分析。

(1) 癌基因:*Ras* 基因家族由 *K-Ras*、*H-Ras* 和 *N-Ras* 组成。在子宫颈癌患者中均可发现 3 种 *Ras* 基因的异常突变;子宫内膜癌仅发现 *K-Ras* 基因突变;而部分卵巢癌患者可有 *K-Ras* 和 *N-Ras* 的突变,但至今未发现与 *H-Ras* 基因突变有关联的肿瘤。在 *Ras* 基因异常的子宫颈癌患者中,70% 的患者同时伴有 *Myc* 基因的扩增或过度表达,提示这两种基因共同影响了子宫颈癌的预后。基因突变后的表达产物 P21 蛋白增加与肿瘤浸润的深度及转移相关。

Myc 基因是从白血病病毒中发现的,属于原癌基因。它与 DNA 合成、细胞信号转录及细胞分化相关,尤其在 G1 和 S 期表达最强,所以认为 *Myc* 基因是细胞周期的正性调节基因。*Myc* 基因家族由 *C-Myc*、*N-Myc*、*L-Myc* 和 *R-Myc* 组成,其中以 *C-Myc* 基因最常见,*Myc* 基因的改变往往是扩增或重排。在卵巢恶性肿瘤、子宫颈癌和子宫内膜癌等妇科恶性肿瘤中可发现有 *Myc* 基因的异常表达。*Myc* 基因的过度表达在卵巢肿瘤患者中约占 20%,多发生在浆液性肿瘤中。而 30% 的子宫颈癌有 *Myc* 基因的过度表达,表达量可高于正常的 2~40 倍。*Myc* 基因的异常扩增意味着患者预后极差。

*C-erb B*2 基因家族:也称 *neu* 或 *HER*-2 基因,其核苷酸编码含有 185kDa 膜转运糖蛋白。卵巢癌和子宫内膜癌的发生也与 *C-erb B*2 密切相关。家族编码一种具有酪氨酸激酶活性的跨膜糖蛋白,这类蛋白被命名为 EGFR 家族,该家族包括 HER-1(又称为 EGFR)、HER-2、HER-3、HER-4,其中以前两者最常见。HER-1/EGFR 由 *C-ERBB*-1 基因编码,过度表达主要见于卵巢癌等。HER-2 蛋白由 *C-erb B*2(或称 *HER*-2)基因编码,过度表达主要见于卵巢癌等,以乳腺癌最为多见。10%~20% 的子宫内膜癌患者过度表达 *C-erb B*2。一些初步研究表明,*C-erb B*2 的过度表达与不良预后相关。通过组织化学方法可较容易地检测到细胞及其

间质中 *C-erb B*2 阳性蛋白抗原。

(2)抑癌基因:*p*53 基因是研究最为广泛的人类肿瘤抑制基因。P53 蛋白与 DNA 多聚酶结合,可使复制起始复合物失活,此外,P53 蛋白含有一段转录活性氨基酸残基,可将肿瘤的抑制效应通过激活其他抑制基因得以表现。*P*53 基因的异常包括点突变、等位片段丢失、重排及缺乏等方式。这些变化使其丧失与 DNA 多聚酶结合的能力,当 DNA 受损后,由于 *p*53 缺陷,使细胞不能从过度复制状态解脱出来,更不能得以修复改变,进而导致恶性肿瘤细胞过度增殖。50% 的卵巢恶性肿瘤有 *p*53 基因的缺陷,在各期卵巢恶性肿瘤中均发现有 *p*53 异常突变,这种突变在晚期患者中远远高于早期患者,提示预后不良。在子宫颈癌患者中,*HPV* 基因产物 E6 与 P53 蛋白结合后能使后者迅速失活。同样 20% 的子宫内膜癌患者可有 *p*53 的突变。*P*53 突变导致该基因的过度表达,与临床子宫内膜癌的临床分期、组织分级、肌层侵蚀深度密切相关。

肿瘤抑制基因 *nm*23 也称肿瘤转移抑制基因,主要针对肿瘤转移,其基因产物为核苷酸二磷酸激酶(NDPK)。NDPK 通过信号转导,影响微管的组合和去组合,并且通过影响 G 蛋白的信号传递,最终控制细胞增殖和蛋白结合 GDP 的磷酸化过程。*nm*23 的表达水平与卵巢恶性肿瘤的转移侵蚀性密切相关,为负相关关系。若表达受抑制,则伴随卵巢癌淋巴结转移和远处转移。*C-erb B*2 基因过度表达可使 *nm*23 基因失活。

乳腺癌易感基因(breastcancer susceptibility,*BRCA*1):人 *BRCA*1 基因组 DNA 全长约 100kb,约为 5. 6kb 的编码序列,其蛋白的相对分子质量约 220kDa。研究发现,约 80%~90% 的遗传性卵巢癌患者携带 *BRCA*1 的胚系突变,而在散发性卵巢癌患者中仅有约 10%~20% 为 *BRCA*1 突变携带者,但无论在遗传性还是在散发性卵巢癌中,约有 90% 的患者其癌组织的 *BRCA*1mRNA 及蛋白表达下降。因此,认为 *BRCA*1 是一种抑癌基因,其表达的下降与遗传性及散发性卵巢癌的发生发展均有关。作为一种抑癌基因,*BRCA*1 有抑制肿瘤生长的作用。体外实验证明,*BRCA*1 mRNA 或蛋白表达下降,则细胞增殖明显增加,而将 *BRCA*1 基因直接导入这些细胞,细胞生长则受到抑制。另外,BRCA1 蛋白的过度表达,可导致肿瘤细胞凋亡,这也是 *BRCA*1 作为肿瘤抑制基因的直接生物学证据。其次,*BRCA*1 具有转录调节因子的作用,参与 *P*21、*C-myc* 等基因的转录。*BRCA*1 还可参与细胞周期调节,介导细胞凋亡等过程,在正常细胞的生命活动中亦发挥重要的作用。*BRCA*1 可应用于卵巢癌高危人群的筛查和早诊。携带 *BRCA*1 突变基因的妇女,一生中患卵巢癌的危险性达 65%,因此,有必要进行 *BRCA*1 突变筛检。*BRCA*1 在遗传性乳腺癌、卵巢癌者中的突变率最高约 50%~100%,在卵巢癌和(或)乳腺癌患者的 1~3 级亲属中突变携带率约 10%~30%,在普通人群中不到 0. 1%。因此,*BRCA*1 突变检测的对象主要是卵巢癌和(或)乳腺癌患者的 1~3 级亲属,以期达到预防和早期发现卵巢癌的目的。

(3) DNA 修复基因:*BRCA*1 和 *BRCA*2 基因均为 DNA 修复基因,其表达产物具有参与 DNA 修复、细胞转录调节、诱导细胞凋亡、抑制雌激素依赖型转录通路和维持基因组稳定性等功能。该基因突变可见于卵巢癌患者。该基因突变所致卵巢癌的发生具有一定的遗传倾向性。切除修复交叉互补 1(*ERCC*1)基因为一种 DNA 修复基因,是核苷酸切除修复系统(nucleotides excision repair, NER)的关键基因。其过度表达可使停滞在 G2/M 期细胞的损伤 DNA 得到迅速修复,导致其对顺铂化疗药物耐药。

(4) 转移相关基因:其中血管内皮生长因子(VEGF)的研究较成熟,并已经广泛地应用于临床。编码 VEGF 的基因位于染色体 6p21,其表达产物 VEGF 是一种能与肝素结合的二聚体糖基化的碱性蛋白。VEGF 是最有效的血管生成刺激物，通过和血管内皮细胞的特异性受体结合，从而促进肿瘤内微血管生成，并与肿瘤的生长及转移密切相关。

(5) 耐药相关基因 1：多药耐药基因 1(multiple drug resistance 1，MDR1) 是第一个被确定的多药耐药基因，编码的蛋白是相对分子质量为 170kDa 的 P-糖蛋白(P-glycoprotein，P-gp)。它是一种跨膜蛋白，其表达水平升高的细胞对化疗药物尤其是蒽环类、春碱类及多柔比星等具有一定的耐药性。以往的研究表明，P-gp 在卵巢癌组织中的阳性表达率为 15%～40%，接受化疗或复发者的阳性表达率增加。但 P-gp 表达与肿瘤的病理类型和预后的关系尚存在争议。

(6) *KLK* 基因家族：*Kallikrein*(*KLK*) 基因家族是属于丝氨酸蛋白酶家族的一组蛋白分解酶。目前认为 *KLK* 基因家族包括 *KLK*-1 至 *KLK*-14 共 14 个基因成员。其中最主要的为 3 个基因，即 *KLK*-1、*KLK*-2 和 *KLK*-3。在前列腺癌、内膜癌和卵巢癌组织中发现了 *KLK*-4 的表达，而且其表达水平与病情相关。Diamandis 等首次报道了卵巢癌患者中 *KLK*-6 和 *CA*125 的测定结果，发现 *KLK*-6 和 *CA*125 的变化具有相关性，认为 *KLK*-6 可能会成为卵巢癌的一种新的肿瘤标志物。Yousef 等研究发现了 *KLK*-9 基因，并认为 *KLK*-9 有可能会成为卵巢上皮癌有前景的能预测预后的肿瘤标志物。*KLK*-5 和 *KLK*-11 也被认为与卵巢癌有关，有望成为新的卵巢癌肿瘤标志物。

(二) 根据其来源分类

可分为细胞肿瘤标志物和体液肿瘤标志物两种：

(1) 细胞肿瘤标志物主要是指肿瘤组织或肿瘤细胞膜上表达的标志物，如生长因子、癌基因及癌基因表达的产物等。

(2) 体液肿瘤标志物是由肿瘤组织分泌到外周血和尿等体液物质中的标志物，其浓度高于正常生理水平，如肿瘤相关抗原 CEA、AFP 和 CA 系列抗原等。

第二节　相关肿瘤标志物在妇科肿瘤中的表达及研究进展

一、卵巢癌标志物

1. 癌抗原 125　1981 年，Bast 等以卵巢浆液性囊腺癌细胞株 OVCA433 作为抗原所产生的单克隆抗体 OC125，可以识别卵巢上皮癌的肿瘤抗原，这种抗原称为癌胚抗原 125 (cancer antigen 125，CA125)。CA125 抗原是一种细胞表面糖蛋白，其相对分子质量约为 200kDa。CA125 组织分布广泛，可在下列组织中检出：①间皮细胞组织，包括胸膜、腹膜和心包膜；② 苗勒管上皮，包括输卵管、子宫内膜及子宫颈内膜；③ 自间皮细胞及苗勒管衍生物所发生的肿瘤，包括卵巢上皮癌、输卵管癌、子宫颈癌及间皮细胞瘤等；④其他苗勒管衍生物的良性肿瘤、子宫内膜异位症、腹膜炎性反应及腹腔结核等。妇女在月经周期及妊娠期时，CA125 的值也会有波动，但是妇科良性疾患的血清 CA125 值较低，而卵巢上皮癌的 CA125 值则很高。

CA125 在胚胎时期的体腔上皮及羊膜中有阳性表达，一般表达水平低并且有一定的时限。在多数卵巢浆液性腺癌中表达阳性，一般阳性准确率可达 80% 以上。CA125 是目前世界上应用最广的上皮性肿瘤标志物，在临床上广泛应用于鉴别诊断盆腔肿块、监测疗效及判断预后。有效的手术切除及成功的化疗后，血浆 CA125 水平明显下降，持续的血浆 CA125 高水平预示术后肿瘤残留、肿瘤复发或恶化。CA125 水平高低可反映肿瘤大小，但血浆 CA125 降至正常水平却不能排除直径<1cm 的肿瘤存在。血浆 CA125 的水平在治疗后明显下降者，如在治疗开始后 CA125 下降 30%，或在 3 个月内 CA125 下降至正常值，则可视为有效。若经治疗后 CA125 水平持续升高或一度降至正常水平随后再次升高者，复发转移概率明显上升。一般认为，持续 CA125>35U/ml 时，在 2～4 个月内肿瘤复发危险性最大，复发率可达 92.3%，即使在二次探查时未能发现肿瘤，很可能在腹膜后淋巴结群和腹股沟淋巴结已有转移。

CA125 的单抗还可应用于卵巢癌的免疫治疗。Oregovomab 是一种鼠源的 CA125 单克隆抗体，可与 CA125 抗原特异性结合，形成免疫复合物激活机体的细胞免疫和体液免疫，从而发挥抗肿瘤作用。1996 年已被美国 FDA 指定为治疗卵巢癌的罕见病用药，2002 年被欧盟指定为罕见病用药。

CA125 检测方法多选用放射免疫测定方法（RIA）和酶联免疫吸附试验（ELISA），可使用标准试剂盒。常用血清检测阈值为 35U/ml。

2. 人附睾分泌蛋白 4 人附睾分泌蛋白 4（human epididymis secretory protein 4，HE4）又称为 WFDC2，1991 年由 Kirchhoff 等从人的附睾中克隆出 cDNA，基因定位在染色体 20q12～q13.1，全长为 12kb 左右，由 5 个外显子和 4 个内含子组成，编码的蛋白质与细胞外蛋白酶抑制剂有很高的同源性，是一种酸性蛋白质。1999 年 Schummer 等通过基因芯片发现具有蛋白酶活性的 HE4 基因在卵巢癌组织中高表达，而在癌旁组织中不表达，并且在早期卵巢癌组织中均有不同程度的表达上调。免疫组化研究发现 HE4 在 93% 的卵巢浆液性癌和 100% 的卵巢子宫内膜样癌中有表达，透明细胞癌中也有 50% 阳性率，而在黏液性肿瘤中表达阴性。HE4 敏感性略低于 CA125，但特异性高于 CA125。与 CA125 联合应用不仅具有较好的一致性和互补性，在提高诊断敏感性的同时还可提高特异性，而且在预测盆腔包块的性质，子宫内膜异位症、盆腔炎性包块等的鉴别诊断方面具有独特的优越性。此外，HE4 的连续追踪检测，亦初步显现出与病情具有较高的符合率。HE4 是目前认为有可能对早期卵巢癌诊断价值超过 CA125 的指标之一，但仍有待于大样本病例研究证实。

HE4 可使用标准试剂盒进行检测。常用血清检测阈值为 150pmol/L。

3. 糖链抗原 199 糖链抗原 199（carbohydrate antigen199，CA199）属于肿瘤相关糖链抗原，是涎酸 Lea 末端半乳糖上连接唾液酸而成的糖神经节脂，血清中主要以黏蛋白的形式出现，相对分子质量 500 万 kDa 以上。CA199 是由直肠癌细胞系相关抗原制备的单克隆抗体，除对消化道肿瘤如胰腺癌、结直肠癌、胃癌及肝癌有标记作用外，对卵巢上皮性肿瘤也有约 50% 的阳性表达，卵巢黏液性腺癌阳性表达率可达 76%，而浆液性肿瘤则为 27%，子宫内膜癌及子宫颈管腺癌也可阳性。

糖链抗原 199 测定方法有单抗或双抗 RIA 法，血清检测阈值为 37U/ml。

4. 癌胚抗原 癌胚抗原（carcinoembryonic antigen，CEA）属于一种肿瘤胚胎抗原，属糖蛋白，胎儿胃肠道及胰腺、肝脏有合成 CEA 的能力，出生后血浆中含量甚微。多种妇科恶性肿瘤如子宫颈癌、子宫内膜癌、卵巢上皮性癌、阴道癌及外阴癌等均可阳性表达，因此 CEA 对肿瘤类别无特异性标记功能。在妇科恶性肿瘤中，卵巢黏液性腺癌 CEA 阳性率最高，其次为 Brenner 瘤，子宫内膜样癌及透明细胞癌也有相当 CEA 表达水平；浆液性肿瘤阳性率相对较低。肿瘤的恶性程度不同，其 CEA 阳性率也不同。实验室检测结果显示，卵巢黏液性良性肿瘤 CEA 阳性率为 15%，交界性肿瘤为 80%，而恶性肿瘤可为 100%。50% 的卵巢癌患者血浆 CEA 水平持续升高，尤其黏液性低分化癌最为明显。血浆水平持续升高的患者常发展为复发性卵巢肿瘤，且生存时间短。因此，CEA 测定对动态监测跟踪各种妇科肿瘤的病情变化和观察治疗效果有较高临床价值。

CEA 检测方法多采用 RIA 和 ELISA。一般认为，当 CEA>5μg/L 可视为异常。

5. 甲胎蛋白　甲胎蛋白（alpha-fetoprotein，AFP）是单链多肽，相对分子质量为 70 000kDa，糖含量为 3%。主要由胚胎肝脏和卵黄囊合成，胎儿胃肠道也有少量合成，妊娠 3 周后合成减少，出生后含量很低。属于胚胎期的蛋白产物，但在出生后部分器官恶性病变时可以恢复合成 AFP 的能力，如肝癌细胞和卵巢的生殖细胞肿瘤都有分泌 AFP 的能力。在卵巢生殖细胞肿瘤中，相当一部分类型肿瘤 AFP 水平明显升高。例如，卵黄囊瘤（内胚窦瘤）是原始生殖细胞向胚体外卵黄囊分化形成的一种肿瘤，其血浆 AFP 水平常>1000μg/L，卵巢胚胎性癌和未成熟畸胎瘤血浆 AFP 水平也可升高，部分也可>1000μg/L。上述肿瘤患者经手术及化疗后，血浆 AFP 可转阴或消失，若 AFP 持续一年保持阴性，患者在长期临床观察中多无复发；若 AFP 升高，即使临床上无症状，也可能有隐性复发或转移，应严密随访，及时治疗。因此，AFP 对卵巢恶性肿瘤尤其是内胚窦瘤的诊断及监视有较高价值。凡卵巢肿瘤患者，尤其是年轻患者在术前均应检测 AFP 以期发现生殖细胞肿瘤。

AFP 是由胚胎肝细胞及卵黄囊产生的一种糖蛋白，通常应用 RIA 或 ELISA 检测，血清正常值为<20μg/L。

6. NB/70K　NB/70K 是用人卵巢癌相关抗原制备出的单克隆抗体，对卵巢上皮性肿瘤的敏感性达 70%。50% 的早期卵巢癌患者血中可检出阳性结果。实验证明，NB/70K 与 CA125 的抗原决定簇不同，NB/70K 在黏液性腺瘤也可阳性表达，因此在临床应用中可互补检测，提高肿瘤检出率，特别对卵巢癌患者早期诊断有益。

NB/70K 测定多选用单克隆抗体 RIA 法，正常血清检测阈值为 50AU/ml。

7. B7-H4　B7-H4 是最近被确定的 B7 家族成员，为 282 个氨基酸编码的蛋白质。在卵巢癌组织和乳腺癌组织中高表达。Simon 等应用了 251 例卵巢癌患者的肿瘤组织，用 ELISA 法检测 B7-H4 和 CA125 的表达水平，同时用 43 例良性卵巢肿瘤组织和 32 例正常卵巢组织作为对照，结果发现 B7-H4 在Ⅰ期的肿瘤患者中有 48% 的过表达，Ⅱ期的患者中有 55% 的过表达，在晚期的肿瘤患者中有 67% 的过表达，在早期的肿瘤患者中 CA125 有 31 % 的升高，B7-H4 在 CA125 阴性的早期肿瘤患者中有 30 名患者是升高的，联合使用 B7-H4 和 CA125 检测出了 56 例早期卵巢癌患者（65%），标志物的联合应用与临床结果显示 B7-H4 高水平表达与不良预后是相关的，B7-H4 在正常卵巢组织和良性卵巢肿瘤低表达、早期卵巢癌 1/2 高表达、晚期卵巢癌 2/3 高表达。B7-H4 具有较高的特异性，CA 125 和 B7-H4 显示在早期诊断卵巢癌方面具有较好的诊断意义，曲线下面积（area under the curve，AUC）分别为 0. 90 和 0. 80。

8. 溶血磷脂酸　溶血磷脂酸（lysophosphatidic acid，LPA）通过 G 蛋白偶联受体引起多种生物学效应，被称为是多功能的“磷酸信使”。1995 年，XU 研究证明卵巢癌患者的腹水中存在 LPA，能刺激卵巢癌细胞的增殖、浸润和转移，并对其进行了分离。Sutphen 等对 117 例卵巢癌患者和 27 例正常对照进行了双盲研究，认为 LPA，LPI（lysophosphatidylinositol），LPC（lysophosphatidylcholine）和 SIP（sphingosine-lphosphate）可作为诊断和判断预后的肿瘤标志物。但目前这类研究多为卵巢癌细胞株研究，很少有患者动态检测方面的报道。

9. 骨桥蛋白 骨桥蛋白(osteopontin,OPN)是首先在骨基质中发现的一种分泌型钙结合磷酸化糖蛋白,广泛分布于人体组织中,且具有多种功能。近年来,OPN 与肿瘤的发生发展,特别是它与肿瘤转移的关系日益引起人们的关注。大量研究证实,OPN 在许多人类肿瘤组织中过表达,在部分患者的血清中也以较高水平存在,在有转移能力的肿瘤组织中其表达更高,因而被公认为是肿瘤转移相关基因或转移基因。研究认为,OPN 可能与疾病的侵袭转移有关,在卵巢癌中它的表达可以判断预后。Nakae 等评价了 32 例卵巢癌、34 例良性卵巢肿瘤、30 例其他妇科恶性肿瘤手术前血浆和 31 例健康妇女的血浆作为对照,同时检测血浆中的 CA125 和 OPN,比较敏感性和特异性。卵巢癌患者术前血浆中 OPN 水平高于良性肿瘤、其他恶性肿瘤和健康妇女,具有明显的统计学意义。OPN 在检测卵巢癌方面的敏感性达 81.3%,几乎达到了 CA125(84.4%)的敏感性。特异性为 50%,与 CA125 联合使用敏感性增高到 93.8%。

10. CP2 CP2 为一种类似于 CA125 的肿瘤标志物,与 CA125 抗原决定簇不同,但其生物学及临床特性与 CA125 极为相似,在卵巢上皮癌诊断中灵敏度高于 CA125,特异性略低于 CA125。但临床一般建议可联合 CA125 同时检测以提高阳性率。国内研究者用卵巢癌抗原 CP2 及卵巢癌抗独特型单克隆抗体 6B11Ab2 进行卵巢癌患者血清中相关抗体的检测,结果提示,非黏液性卵巢上皮癌的阳性率高于黏液性卵巢上皮癌、非上皮性卵巢恶性肿瘤及生殖系统其他恶性肿瘤,并且明显高于卵巢良性肿瘤。

11. 组织多肽性抗原 组织多肽性抗原(tissue polypeptide antigen,TPA)是 1957 年由瑞典的 Bjorklun 从肿瘤组织中分离出来的一种不含糖和脂的蛋白质,相对分子质量为 17~40kDa。Panza 等检测了 81 例卵巢癌患者,171 例正常人和 105 例非卵巢癌的其他肿瘤患者血清中的 TPA,结果显示,其对卵巢癌诊断的敏感性为 78.6%,特异性为 96.5%。同时动态观察了 19 例卵巢癌治疗后的 TPA 和 CA 125 变化结果,发现 TPA 和 CA125 两者与病情转归是一致的,提示 TPA 在卵巢癌的病情监测中有较好的应用前景。目前认为 TPA 是一个增殖分化的标志,在消化道肿瘤、乳腺癌、泌尿系统肿瘤和呼吸道肿瘤中均有升高。

12. 乳酸脱氢酶 一些研究认为,正常组织癌变后,糖的无氧酵解增强,促糖酵解的关键酶活性升高。卵巢癌中乳酸脱氢酶(lactic dehydrogenase,LDH)的含量明显高于卵巢良性疾病,而且 LDH 的含量与卵巢癌的分期和组织分化有关,因而认为,LDH 可以预测卵巢癌的预后。但 LDH 一般认为是卵巢癌专有性不强的肿瘤标志物。

二、子宫内膜癌标志物

子宫内膜癌和子宫颈癌、卵巢癌不同,相当一部分患者在疾病的早期阶段就可以出现症状。前者如绝经后出血;多数患者伴有肥胖、高血压、糖尿病等所谓的“三联症”也具有相当的预警作用。后者则可经过方便的子宫颈细胞学检查而发现。因此,对于使用肿瘤标志物进行早期诊断似不像卵巢癌那么迫切。但对于高危人群的监测,随访时对复发的提示,肿瘤标志物则仍是非常重要的。

1. CA125 对子宫内膜癌的诊断也有一定的敏感性,对原发性腺癌,其敏感度为 40%~60%,而对腺癌的复发诊断敏感性达 60%~80%。子宫内膜异位症患者血 CA125 水平增高,但很少超过 200U/ml。

2. CEA 在妇科恶性肿瘤中,卵巢黏液性腺癌 CEA 阳性率最高,其次为 Brenner 瘤,子宫内膜样癌及透明细胞癌也有相当量的CEA表达;浆液性肿瘤中的阳性率相对较低。肿瘤的恶性程度不同,其CEA阳性率也不同。借助CEA测定手段,动态监测跟踪各种妇科肿瘤的病情变化和观察治疗效果有较高的临床价值。

CA125、CA199、CEA、CA153、CA724等作为其他恶性肿瘤的标志物已经广泛地应用于临床辅助诊断和病情监测中。虽然也有作为子宫内膜癌的标志物应用于临床的报道,但都不是子宫内膜癌特有的标志物,单一标志物的总体阳性率不高。常常需要采用多种肿瘤标志物联合使用的策略。

3. HE4　HE4在正常的子宫内膜中有表达。新近发现在部分子宫内膜癌患者血清中亦可检查到HE4的异常升高。2008年,Moore等报道,在分析156例健康志愿者血清标本和171例子宫内膜癌患者(其中Ⅰ期122例,Ⅱ期17例,Ⅲ期26例,Ⅳ期6例)血清HE4水平后发现,在90%的特异度下CA 125的敏感性较低,Ⅰ期子宫内膜癌为30.0%,Ⅱ～Ⅳ期亦仅为46.7%;而相应的HE4则分别为48.4%和71.4%。在早期和晚期子宫内膜癌中单独使用HE4优于其他肿瘤标志物。在特异度相同的情况下,HE4与CA125联合使用的敏感性远优于单独使用CA125,略优于单独使用HE4,可提高诊断的阳性率。但再联合多种肿瘤标志物并不能明显提高其敏感性。

目前,HE4的临床研究规模和数量尚少。但初步结果显示,该标志物在子宫内膜癌诊断方面具有较高的特异性和敏感性。HE4与CA125的联合检测有可能提高早期子宫内膜癌的诊断率,但最终的结论仍有待于大样本病例研究证实。

4. 雌激素受体与孕激素受体　雌激素受体(estrogen receptor,ER)与孕激素受体(progesterone receptor,PR)存在于激素的靶细胞表面,能与相应激素发生特异性结合,进而产生特异性生理或病理效应。ER和PR主要分布于子宫、子宫颈、阴道及乳腺等靶器官中。子宫内膜癌和子宫颈癌ER、PR的阳性率在高分化肿瘤中明显较高。此外有证据表明,受体阳性者生存时间明显较受体阴性者长。实验研究表明,ER、PR在大量激素的作用下可影响妇科肿瘤的发生和发展。雌激素可有刺激ER、PR合成的作用,而孕激素可有抑制ER合成的作用,并有间接抑制PR合成的作用。ER、PR在子宫内膜癌中的研究较多。

ER和PR多采用单克隆抗体组织化学染色定性测定,若从细胞或组织匀浆进行测定,则定量参考阈值ER为20pmol/ml,PR为50pmol/ml。

三、子宫颈癌标志物

子宫颈癌可以通过筛查获得早期诊断。关于子宫颈癌标志物的研究主要集中在对患者预后、治疗效果的评估和癌症治疗后的随访。但由于仍有相当多的患者诊断时已是晚期,因而,近年来许多研究者致力于发现更具有预测价值的生物标志物。

1. 高危型HPV检测　为了弄清高危型HPV感染妇女的病毒负荷是否可以预测子宫颈上皮内瘤变的发生风险,Constandinou-Williams等用定量PCR技术对60例HPV 16和58例HPV18感染的年轻妇女连续追踪标本进行病毒拷贝数的检测。结果发现,病毒拷贝数量升高10倍与子宫颈细胞学异常轻度增加有关,HPV16和HPV 18的风险指数分别为1.76(95% CI,1.38～2.25)和1.59(95% CI,1.25～2.03),但在中位每千个细胞最大拷贝数方面,发生子宫颈细胞学异常者和无异常者没有差异。研究者认为,由于仅观察到HPV大量拷贝数的升高与子宫颈细胞学异常增加相关,因此,在

HPV 自然感染过程中某一不确定时间进行的单次病毒负荷检测并不能稳定地预测子宫颈细胞学异常的发生，单次检测的病毒拷贝数不能作为临床有用的生物标志物。但一方面该研究的病例数尚较少，仍需要大宗病理的证实；另一方面连续定期追踪标本检测的意义亟需更深入的研究。因此，虽 HPV 感染与子宫颈癌的关系已经十分清楚。但在 HPV 持续感染状态下，患者携带的病毒拷贝数与子宫颈癌发生的关系一直是一个悬而未决的疑问，受到众多临床医生的关注。

2. 鳞状细胞癌抗原　鳞状细胞癌抗原（squamouscell carcinoma antigen，SCCA）是从子宫颈鳞状上皮细胞癌分离制备得到的一种肿瘤糖蛋白相关抗原，其相对分子质量为 48kDa。70% 以上的子宫颈鳞癌患者血浆 SCCA 升高，而子宫颈腺癌仅有 15% 的左右的升高，对外阴及阴道鳞状上皮细胞癌的敏感性为 40%～50%。SCCA 的血浆水平与子宫颈鳞癌患者的病情进展及临床分期有关，若肿瘤明显侵及淋巴结，SCCA 明显升高。同时，SCCA 对肿瘤患者有判断预后、监测病情发展的作用，当患者接受彻底治疗痊愈后，SCCA 水平持续下降。当化疗后 SCCA 持续上升，提示对此化疗方案不敏感，应更换化疗方案或改用其他治疗方法。SCCA 对复发癌的预示敏感性可达 65%～85%，而且在影像学方法确定前 3 个月，SCCA 水平就开始持续升高了。

鳞状细胞癌抗原通用的测定方法为 RIA 和 ELISA，也可采用化学发光方法，其敏感度明显提高。血浆 SCCA 正常阈值为 1.5μg/L。

四、滋养细胞肿瘤标志物

人绒毛膜促性腺激素（humanchorionic gonadotropin，HCG）是一种糖蛋白激素，相关分子组成了 HCG 分子家族。HCG 分子家族在分子水平的结构上具有多型性的特点。通过对 HCG 分子家族的测定，可以诊断妊娠及与妊娠有关的疾病，特别是滋养细胞肿瘤。HCG 绝大多数是由合体滋养细胞分泌的，细胞滋养细胞也可以产生，但是量很少。国内外关于 HCG 的测定方法很多，最初为生物测定，由于特异性和试验稳定性较差现在几乎被淘汰。近年来主要为免疫测定，包括放射免疫的测定法、免疫放射测定法和非放射性核素测定法。有人研究表明，每产生 1 IU HCG 需要 105 个滋养细胞工作一天。滋养细胞疾病患者的血清中，HCG 的含量可以反映体内生长活跃的滋养细胞的含量。葡萄胎排出后 60～90 天，血清 HCG 仍未降到正常范围，或持续不下降甚至上升者，提示可能已发生恶变。正常分娩和流产后血清 HCG 常在 1～3 周内转成正常，个别长达 4～8 周才消失。如超过这一时限，HCG 仍维持在高水平，则高度怀疑为绒癌。如果合并子宫增大、阴道不规则出血及出现阴道、肺或其他部位转移时，则可明确诊断。HCG 含量的变化也可以指导化疗、监测病情变化和评价治疗的疗效。HCG 还可以用于侵蚀性葡萄胎或绒癌治疗后的随诊，监测是否有复发。

第三节　妇科相关肿瘤标志物的临床应用

尽管肿瘤标志物在妇科肿瘤检测中的作用日益广泛和成熟，但因为这些肿瘤标志存在着非特异性，从而使得肿瘤标志物在临床作为辅助肿瘤诊断、监测疗效及判断复发的标志时，还存在诸多问题。

临界值是肿瘤标志物临床评价的生命线。而我国还未建立类似的临界值,只能参考国外资料或数据。此外,在对肿瘤标志物进行评价时,一般要按照临床流行病学原理和方法来确定肿瘤标志物的临界值及临床诊断价值,并与公认的最准确的诊断方法——金标准进行比较,得出肿瘤标志物的灵敏度、特异性、阳性预测值和阴性预测值、准确性等,才能确定此项肿瘤标志物的诊断价值。而实际工作中,临床医生没有很好地理解肿瘤标志物的临床价值和各种试验的特点。把各类肿瘤标志物及其检测技术不加评价地用于普通正常人群的筛查,既降低了试验效能,又增加了患者的经济负担。肿瘤标志物的检测方法有多种,不同测定系统之间的校准不统一,来自于实验的整个过程和用于实验的试剂、仪器的实验室间变异较大。这些元素导致了无法保证肿瘤标志物检测结果的可比性和溯源性。

第四节　妇科肿瘤标志物的检测及诊断技术

尽管可以用于妇科肿瘤标志物的检测技术很多,但真正用于临床检测的技术只有数种,主要有以下几方面。

一、生物化学技术

利用该技术可以测定肿瘤细胞产生并分泌到体液中的肿瘤标志物,没有损伤性,并可以进行定量测定。由于肿瘤标志物的含量与肿瘤活动度有关,所以它对于肿瘤患者的监测是有意义的。

二、免疫组织化学技术

该技术可以从形态学上阐明细胞分化、增殖和功能变化的情况,有助于确定肿瘤组织类型分部,进行肿瘤定位、分期、预后和临床特征的分析。

三、酶联免疫吸附试验(ELISA)

其检测浓度可达 ng/ml,不需要特殊仪器装置,简便且容易掌握,一般实验室即可操作,价格便宜,检测项目最多。但其操作步骤和影响因素较多,易造成假阴性和假阳性。所以,每次检测均需设定阳性和阴性对照进行排除。

四、聚合酶链反应(PCR)及相关技术

1985 年,美国 Cetus 公司 Kary Mullis 博士首创出 PCR 技术,这是一种极为简便和快速的体外扩增 DNA 的方法,能在很短的时间内,通过变性、退火和延伸,将数量仅几个拷贝的基因放大上百万倍,极大地提高了 DNA 扩增率,PCR 已成为生物学普遍应用的技术。PCR 具有诸多特点,如简便、快速、灵敏度高,不足之处为由于过分敏感,容易污染,需特别注意使用专用器具、专用场所等。

五、基因诊断技术

随着人类基因组计划研究的完成,应用新的生物学技术,通过结构和功能的改变,进行肿瘤发病机制等的研究也是肿瘤标志物的重要研究内容。基因诊断技术具有其特有的高灵敏性和高特异性,可以直接查明基因水平的变化,已经开始应用于肿瘤诊断和病因学的研究。

六、放射免疫显像技术

放射免疫显像(radioimmunoimaging,RII)原理为采用单克隆抗体对相应的抗原决定簇具有的高度特异性,标记抗体进入人体后,与其相应的抗原相结合,从而显示肿瘤或相应组织所在的部位,是一种无创伤性的定位、定性诊断和检测肿瘤或其他病灶的方法。所采用的抗体,从杂交瘤技术建立的鼠源单克隆抗体(单抗),至各种含不同程度鼠源成分的人鼠嵌合单抗、人源化单抗及完全人源单抗基因工程抗体。如子宫内膜癌的抗雌激素治疗后肿瘤病灶对雌激素受体显像剂摄取的减少可作为评价治疗是否有效的一种辅助检查手段。随着新同位素研发及标记技术的提高,促进了单克隆抗体技术在疾病诊断和治疗上的应用,也促进了放射免疫显像技术的临床应用,而放射免疫显像较传统诊断方法可准确协助分期,协助对化疗后有活性病灶的定位,监测复发病灶等,同时也促进靶向治疗的进展。

七、影像学在妇科肿瘤诊断中的应用

(一)妇科肿瘤 MR 弥散加权成像及 MR 全身弥散加权成像

MR 弥散加权成像技术(DWI)在中枢神经系统病变方面的价值得到了广泛的肯定并已应用于临床,对于妇科肿瘤的临床应用价值,学者们在鉴别诊断及疗效评价方面也进行了不少的探索。Moteki 等运用 DWI 对卵巢囊性病变作了一系列研究,比较卵巢囊肿、浆液性囊腺瘤、黏液性囊腺瘤及囊腺癌囊性部分的表观弥散系数(ADC 值),结果发现卵巢囊肿、浆液性囊腺瘤及黏液性囊腺瘤的 ADC 值大于囊腺癌,且有统计学意义。Vanessa 等利用 DWI 成像来观察子宫颈癌放化疗后的早期反应,其结论认为,DWI 有替代标志物来检测肿瘤对治疗早期反应的潜力,并且利用 ADC 值的变化提供的信息,有望最终达到个体化治疗的目的。

全身弥散加权成像(WB-DWI)是最新的 MR 技术之一,是 DWI 技术临床应用的进一步拓展。它是基于一种抑脂的反转恢复脉冲序列与弥散加权成像平面回波序列的组合(STIR-DW-EPI)技术。该技术可用显著压低肌肉、脂肪、肝脏等背景信号,而使那些造成水分子弥散受限的病灶凸显出来,它独到的优势在于恶性病变及全身范围转移的检出。运用该技术扫描后获得的图像进行重建及黑白变换之后,就能得到一副“类 PET”的图像,而国内外的研究也表明,它对病灶检出的灵敏度和特异度与 PET 相似甚至优于 PET。而它相对于 PET 非侵袭性、无放射性而且费用相对较低的优势,必将有广泛的临床应用前景。对于妇科肿瘤方面的应用,有学者对比了子宫颈癌与其他盆腔疾病患者子宫颈的 ADC 值,另外还比较了正常炎性淋巴结与癌性淋巴结的 ADC 值。研究认为,测量 ADC 用于子宫颈癌的检出并有望进行病理分型,并可提高淋巴结转移的检出。

(二) 分子影像学

分子影像学是医学影像技术与分子生物学相结合的一门新兴学科,近年来得到了飞速的发展。肿瘤分子成像主要研究领域包括肿瘤受体成像、免疫成像、基因成像,另外还有酶成像及细胞凋亡成像等,在受体成像及免疫成像方面,国内外在卵巢癌的放射免疫成像研究中应用较多并已取得了不少可用于临床的成果。主要标记的抗体有 CA125 单抗,抗 TAG-72 单抗,抗 PEM 单抗等。

综上所述,伴随着肿瘤蛋白质组学基础研究的快速进展,新的肿瘤标志物不断出现,肿瘤标志物检测技术也正飞速地发展和日益完善,正朝着更敏感、更特异、更准确、更快速、少样品、广谱性分析、高通量、自动化的方向推进,相信通过基础和临床科学家的共同努力,一定会提供肿瘤早期诊断依据和有效治疗措施。

八、其　他

核糖核酸印迹(Northern blot)、脱氧核糖核酸印迹(Southern blot)、原位杂交(FISH)等技术也用于一些肿瘤标志物的检测。

(杨晓清　陶　红　王　华　张玉泉)

参考文献

曹泽毅. 2004. 中华妇产科学. 第 2 版. 北京:人民卫生出版社

曹泽毅 . 2007. 妇科常见肿瘤诊治指南 . 第 2 版 . 北京:人民卫生出版社

曹泽毅 . 2010. 妇科肿瘤学 . 北京:人民卫生出版社

曹泽毅 . 2010. 中华妇产科(临床版). 北京:人民卫生出版社

曹泽毅 . 2011. 中国妇科肿瘤学 . 北京:人民军医出版社

曹泽毅 . 2013. 中华妇产科学(临床版). 北京:人民卫生出版社

曹泽毅 . 2014. 中华妇产科学 . 第 3 版 . 北京:人民卫生出版社

陈惠祯. 2006. 现代妇科肿瘤学. 武汉:湖北科学技术出版社

董志伟 . 2002. 临床肿瘤学 . 北京: 人民卫生出版社

丰有吉. 2010. 妇产科学. 第 2 版. 北京:人民卫生出版社

华克勤. 2013. 实用妇产科学. 第 3 版 . 北京:人民卫生出版社

华克勤. 2014. 实用妇产科学. 第 3 版. 北京:人民卫生出版社

李光仪. 2006. 实用妇科腹腔镜手术学. 北京:人民卫生出版社

连利娟 . 2006. 林巧稚妇科肿瘤学 . 第 4 版 . 北京:人民卫生出版社

连利娟,林巧稚 . 2006. 妇科肿瘤学 . 第 4 版 . 北京:人民卫生出版社

连利娟 . 1999. 林巧稚妇科肿瘤学 . 第 4 版 . 北京:人民卫生出版社

沈铿,郎景和. 2007. 小儿妇科肿瘤. 妇科肿瘤临床决策 . 北京:人民卫生出版社

沈铿. 2007. 妇科肿瘤卵巢决策. 北京:人民卫生出版社

沈铿. 郎景和. 2007. 妇科肿瘤临床决策. 北京:人民卫生出版社

苏应宽 . 2001. 妇产科临床解剖学 . 山东: 山东科学技术出版社

隋军 . 2006. 临床肿瘤外科学 . 昆明:云南科技出版社

孙建衡 . 2002. 妇科恶性肿瘤放射治疗学 . 北京:中国协和医科大学出版社

孙建衡 . 2007. 妇科恶性肿瘤继续教育教程 . 北京:中国协和医科大学出版社

孙建衡 . 2009. 妇科肿瘤学的一些问题及妇科肿瘤医师的培养 . 中华肿瘤杂志,4(31):946-948

屠规益 . 2009. 从肿瘤外科学到头颈肿瘤学 . 中华肿瘤杂志,31: 877-879

托马斯 · 博尔特费尔德 . 2012. 影像引导调强放射治疗. 牛道立译. 天津:天津科技翻译出版公司

王冠军 . 2013. 肿瘤学概论 . 北京:人民卫生出版社

谢幸. 2013. 妇产科学. 第 8 版. 北京:人民卫生出版社

谢幸. 苟文丽. 2013. 妇产科学. 第 8 版. 北京:人民卫生出版社

薛凤霞 . 2014 . 妇科肿瘤诊治指南 . 北京:人民卫生出版社

薛凤霞 . 2014. 妇科肿瘤诊治指南解读 · 病案分析 . 北京:人民卫生出版社

杨冬梓,石一复. 2008. 小儿与青春期妇科学. 北京:人民卫生出版社

John O. Schorge, Toseph I. Schaffer, Lisa M. Hatvarson. 2010. 威廉姆斯妇科学 . 陈春玲译 . 北京:科学出版社

Kimberly B. Fortner, Linda M. Szymanski, Harold E. Fox, et al. 2009. 约翰 · 霍普金斯妇产科学 . 第 3 版 . 高雪莲,张岩,杨慧霞译 . 北京:人民卫生出版社

Ronald S. Gibbs. Beth Y. Karlan, Arthur F. Haney, et al. 2013. Danforth 妇产科学 . 第 10 版 . 魏丽惠译 . 北京:科学出版社